目录

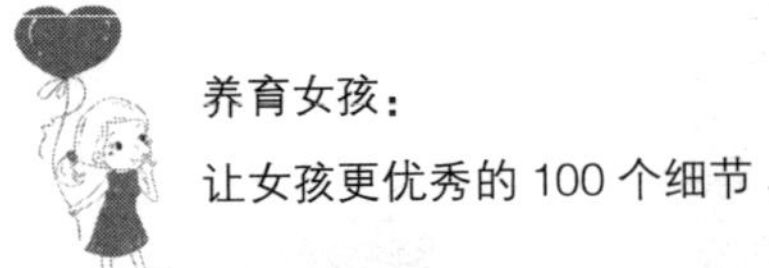

养育女孩

让女孩更优秀的100个细节

赵雪峰◎编著

中国纺织出版社有限公司 | 国家一级出版社
全国百佳图书出版单位

内 容 提 要

“望女成凤”是每一位家有女孩的父母的热切期盼，然而如何养育女孩却成为一件棘手的事情。

为了帮助广大父母解决这一难题和女孩的健康成长，本书从女孩的性别、安全、品格、习惯、解决问题的能力、处世心态、成长环境以及女孩成长过程中容易进入的误区等多个方面，为家有女孩的家庭提供了100个教育细节，让每一位父母都摒弃“不打不成才”的教育理念，成为女孩真正的朋友，并把女孩培养成有出息的人才！

图书在版编目（CIP）数据

养育女孩：让女孩更优秀的100个细节 / 赵雪峰编著. --北京：中国纺织出版社有限公司，2019.9

ISBN 978-7-5180-6271-3

Ⅰ.①养… Ⅱ.①赵… Ⅲ.①女性—家庭教育 Ⅳ.①G78

中国版本图书馆CIP数据核字（2019）第106161号

责任编辑：江 飞　　责任校对：王花妮　　责任印制：储志伟

中国纺织出版社有限公司出版发行

地址：北京市朝阳区百子湾东里A407号楼　邮政编码：100124

销售电话：010—67004422　传真：010—87155801

http：//www.c-textilep.com

E-mail：faxing@c-textilep.com

中国纺织出版社有限公司天猫旗舰店

官方微博http://weibo.com/2119887771

三河市宏盛印务有限公司印刷　各地新华书店经销

2019年9月第1版第1次印刷

开本：710×1000　1/16　印张：15

字数：172千字　定价：45.00元

凡购本书，如有缺页、倒页、脱页，由本社图书营销中心调换

前言

世上有了女孩，才少了些单调，多了些可爱；世上有了女人，才少了些寂寞，多了些温暖和快乐。小女孩的可爱美，少女的青春美，成年女性的成熟美，女性的每个阶段都有自己的美丽。在探究这些美时，每一位父母都希望自己的女儿是世界上最美的、最有出息的。

当探讨成功教育优秀女孩的经验时，我们发现了一个共同的特点：注重细节！细节很小，容易被父母所忽视，但它的作用却是不可估量的。“不积跬步无以至千里，不积小流无以成江海。”在养育女孩的过程中，有很多细节，往往在无形之中决定着女孩是否能够健康快乐地成长。

生命是由一分一秒组成的，对于女孩而言，注重细节就是在生命长河的每一分每一秒都认认真真地做好每一件事，成为一个快乐的女孩，一个有出息的女孩；对于女孩的父母而言，就是留心孩子成长过程中所要注意的每一个细节，帮助女孩走好生命的每一步，但又要掌握好“度”，既能让孩子自由选择自己的成长空间和道路，又能对女孩的成长给予充分的关爱。

本书紧紧围绕女孩的个性特征、教育方法展开，共分为10章、100个细节，从女孩独特的个性、心理特征和成长规律出发，探讨培育女孩的独特优势，使女孩的教育更有针对性；从家庭教育的高度探讨女孩的教育问题，将决定女孩命运的重点问题、女孩成长中的烦恼和快乐，用一个个生动的小故事讲给父母；针对女孩的性别特征、成长过程中经常出现的问题，提出了富有针对性的指导；向父母传授培养女孩的重要技巧，全面塑

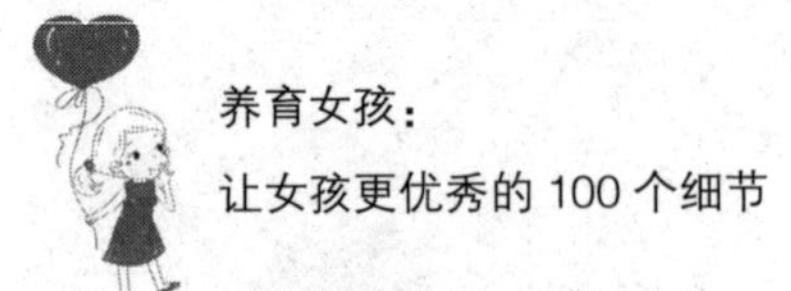

造女孩的修养、情感、品格，让女孩走向聪慧和幸福，做一个举止得体、乐观上进、自尊自立的完美女孩。

任何成功都弥补不了对孩子教育的失败。通过阅读本书，父母们可以领悟到全面的女孩教育之道，其中所蕴含的沟通艺术、批评艺术、身教艺术等能帮助广大父母轻松建立亲密的亲子关系，为女孩的成长提供一个健康、向上、快乐的环境。

细节决定成败，细节决定人生。注重细节，崇尚平凡，并不意味着得小而遗大，这恰恰是从小处着眼，从大处努力，去成就有出息的女孩。细节是平凡的、具体的，却是不容忽视的。只有父母多给女孩一点爱，多给女孩一点关注，女孩才能靠细节取胜、靠细节成就完美人生！

赵雪峰

2019年6月

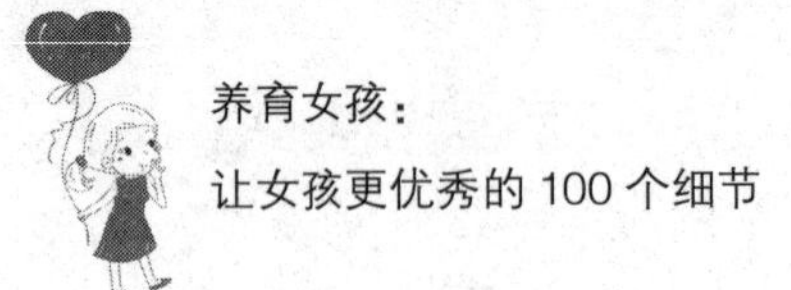

第一章

教育女孩，父母要早知道

细节1 父母要给予女孩充分的安全感

在现代社会，越来越多的父母都喜欢自家有个女孩，因为女孩乖巧可爱，女孩温柔如妈妈的贴心“小棉袄”，不需要父母太操心。然而，正因为如此，很多父母都会忽视对女孩的细节教育。

作为父母，我们要明确自己养育女孩的义务，在女孩健康成长的过程中，给她们良好的全面的教育环境，而不要等到孩子不愿跟自己交流的时候，才清醒地意识到对女孩教育的重要。当然，父母首要为女孩做的，便是给女孩足够的安全感。

经常会听到一些父母抱怨青春期的女儿多疑、不信任父母、不和父母交流、早恋等，这些都是女孩缺乏安全感的表现。女孩缺乏安全感，不仅会影响学习成绩，影响朋友关系，严重的还会发生自我伤害，成年之后可能会影响婚姻和家庭。

上小学三年级的女孩小雯上课没精神，越来越不愿意和同学交往，学习成绩一路下滑。在老师多次耐心的说服下，她终于说出了内心的秘密：她的父母总是在家里吵架，而且经常晚归，对她更是不闻不问，甚至用谎言来告诉她是由于工作忙、应酬多，才无法顾及她。其实，小雯心里都明白，父母的关系更是让她心里特别不踏实。平时，父母很少跟她交流，时间长了，小雯便成了一个十分内向的女孩。晚上睡觉，她总是把头蒙在被子里；白天在学校，她也不愿意跟同学交流，更没有一个知心的朋友；每次老师跟她说话，她都会吓得直发抖。

心理学研究表明，正是儿童时期，特别是3岁之前，父母没有给予女孩安全感，才导致女孩成年之后对诸多事情的恐惧，对事物不必要的过度担心，缺乏自信，特别在意别人对自己的看法，总是希望依靠别人，希望别人能够帮助自己；同时，内心深处对自己和别人又都不够信任，对自己身边的人与事总是抱着怀疑的态度。有的女孩甚至还总会觉得自己生病了，对死亡异常的害怕，等等。

那么，作为父母，应该怎样给予女孩充分的安全感呢?

1. 给女孩足够多的爱的目光

孩子从一生下来，就开始寻找爱的目光，她会判断妈妈的目光透露出的是开心还是不开心，妈妈的心情会在很大程度上影响孩子的情绪。日本小儿科医生内藤寿七郎先生曾提出一个响亮的口号：“爱的目光足够吗？”提醒大人要给孩子足够多的爱的目光。爱的目光里有鼓励、有赞美、有批评，也有原谅。女孩子在爱的目光中长大，她的眼神里就会盈满爱，无论遇到任何困难，她都会感受到爱的目光在支持她，在鼓励她，使她由衷地感受到安全，从而战胜一切困难。

2. 给女孩足够的抚爱

孩子最喜欢的就是大人抱，无论是碰到陌生的人，还是走在大街上，在爸爸妈妈的怀抱里总会觉得很安全。在中国，由于受封建思想的影响，很多父母都没有跟孩子拥抱的习惯，更没有特意地去给孩子温馨的抚爱，这自然会拉开与孩子之间的距离。也许，我们做父母的，可以尝试着改变一下自己，偶尔给孩子一个拥抱，让她觉得父母就是她的坚强后盾，无论面对任何困难与挫折，父母都会站在她的身边，这样，孩子的心中会因此而充满爱的力量。

3. 给女孩足够的赞赏

美国历史上伟大的总统林肯曾这样说：“人类本质里最殷切的需求是渴望被人肯定。”积极的正面肯定，会使女孩子感受到父母发自内心的爱和喜悦，也会给女孩子带来愉快的心理感受。强化女孩正面的表现，可以促使她努力做得更加完美。如果父母想让女孩有足够的安全感，伴随其一生的赞赏是很重要的。

给予女孩足够的抚爱和赞赏的重要条件是，保证与女孩的相处时间。父母要尽可能地亲自带孩子，不要把女孩送去全托或寄养在亲属家，长期不见孩子，会给孩子造成被父母遗弃的不安全感。白天上班的母亲，要把晚上的时间多留一些给女孩，和女孩一起做游戏、给女孩读书、帮女孩整理床铺直到睡觉等。为了女孩美好的人生，请父母给女孩充分的安全感吧，让女孩在爱的氛围中健康成长。

细节2　从小培养自信，让女孩由内而外散发魅力

自信是相信自己的能力、相信自己的判断力。自信的女孩，不仅能调动自身的积极性，发挥出最大的潜能，取得好的成绩，还会散发出无穷的魅力，影响着周围的人。别人会不由自主地跟随她、信任她，促使她更加努力。在生活中，我们发现自信的女孩不仅学习成绩不错，人际关系也很好，做事有主见，碰到问题自己也能够积极解决。

女孩小的时候，也许并不知道什么叫自信，以及自己有没有自信。很多父母有时也会处于一种茫然的状态，不知道要为自己的女儿做些什么。对于女孩来说，事业成功来自于自信，家庭幸福也来自于自信。所以，正确地引导女孩，帮助她从小建立自信的任务，责无旁贷地落在父母的肩上，这也是一件父母应该为女孩做的重要事情。

1. 注意细节，别给女孩设陷阱

女孩天生比男孩脆弱和敏感，内心更加细腻，所以，教育女孩就更需

要注意细节。比如，如果回答错了某个问题，男孩很快就会忘记，女孩却可能会觉得这是个耻辱，并因此而拒绝学习。

3岁的女孩婧婧原本认识了两百多个字，一个大姐姐让她分辨“官”和“管”两个字，她犹豫了一下说错了，在大家的笑声中，婧婧逃跑了，从此拒绝认字，这种情况一直持续到小学三年级，在她妈妈和老师的不断鼓励下，她才有了改变。

妈妈拿着画册给妞妞讲小猫钓鱼的故事，妈妈翻开画册问妞妞：“妞妞，鱼在哪里？”而那一页根本没有鱼，妞妞把手指向了小猫，妞妞的妈妈赶紧纠正：“这是小猫咪，不是鱼。”妞妞的小脸立刻沉了下去。

这种给孩子设陷阱的方式，无疑是在破坏着孩子的自信。

2. 发挥孩子的特长，适时表扬女孩，提高女孩的自信

很多女孩都有自己的特长，父母可以根据孩子的特点，给孩子找一个展示的平台，让孩子发挥自己的特长，这种平台对提高孩子的自信心很有帮助。

3. 父母要帮助女孩“取长补短”

做父母的，不要替孩子排除一切挑战，而应扮演支持者的角色，在她们难过时鼓励她们，在她们感到困难时帮助他们。给她们克服障碍的信心和勇气，很重要的一项工作就是“取长补短”。帮助女孩认识到自己的长处，在发挥长处的同时克服自己的短处，这样才能不断进步。

比如，女孩在考砸之后，父母可以这样说：“尽管你的综合成绩不是班级最好的，但是你的英语成绩却无人能及。”或者“尽管你不是班级前几名的学生，但是你的书法却是全校最棒的”……做父母的责任就是要帮助女孩找到自己的长处，不断发挥长处，从而建立自信，让“我不行”三个字从女孩的字典中消失。

爱默生说：“自信是成功的第一秘诀。”的确，自信的女孩更易获得成功。自信能给一个女孩莫大的勇气，让她敢于向任何困难挑战；自信也

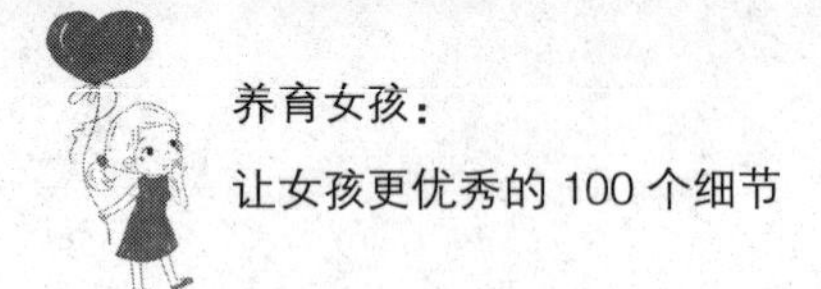

能使女孩急中生智，从而化险为夷；自信更能使女孩赢得别人的信任，从而帮助她走向成功的彼岸。

细节3　宠爱女孩，但不把女孩培养成“刁蛮公主”

如今“女孩要富着养”已经成为很多女孩父母的养女经，然而，他们总觉得女孩天性懦弱，父母应该多宠爱一些，有的甚至掉进了“美丽的陷阱”。

一是过分保护。“不要动，小心烫着你！”“别自己削苹果！小心刀子划伤手！妈妈给你削！”在父母的宠爱下，女孩变得胆小懦弱，离开父母的保护就手足无措。

二是过分溺爱。孩子想干什么就干什么，想买什么就买什么，父母自己省吃俭用，但对孩子的要求却是百求百应。在父母的溺爱下，女孩变得娇纵、不可一世；稍有不顺心，就大发脾气，不是大声顶撞父母，就是摔门、赌气不吃饭。父母打也不是、哄也不听，吃尽了苦头。

一些家长们凑到一起，开始诉说自己的苦衷：

“我女儿一点儿都不怕我，每次她犯了错误我说两句，她都会强词夺理地和我争辩。你说打她吧，一个小女孩，娇滴滴的，我还心疼；不打吧，我还生气。真是左右为难啊！”

“都说小子不好管，可我们家闺女也是越大越难管了。你说一句，她有一百句等着反驳你。”

“有时候我苦口婆心地给女儿讲道理，她不但听不进去，还说我不懂小孩子的事。你说我生不生气……”

这样的小女孩真是太多了。如何让小女孩成为可爱的公主，如何让“刁蛮公主”不再刁蛮，下面的做法值得父母们尝试一下。

1. 接受孩子的情绪

当女孩遇到不顺心的事乱发脾气，甚至吵闹时，父母尽量不要火上浇油，要先接受孩子的情绪，听她倾诉。对于刁蛮任性、唯我独尊、不善于控制自己情绪和行为的女孩，也要在她发脾气时，不指责也不安慰，任她哭闹，不给她把气撒在父母身上的机会。当父母接受孩子的情绪时，就等于告诉孩子，你的感受是正当的，你有这个权力。这能使孩子激动的情绪很快平复下来，等她冷静下来后——气也就消了。这时父母再心平气和地与她交谈，孩子才会听进父母说的话，才会意识到自己刚才的冲动，才会下决心改正。

2. 对女孩的过分要求说“不”

“女孩富着养”是说父母在条件允许的前提下尽量给予女孩子物质上的富足，但不等于说对孩子的不合理要求也可随意迁就。在适当的时候，父母对女孩子的过分要求说“不”，反而会收到好的效果。

现实生活中我们常看到，一些不太富裕的家庭，父母舍不得买衣服，孩子却被名牌包装着。这样做除了教会孩子虚荣，不能达到教育的目的，结果还会适得其反。富养，并不单纯是物质上的，更多的是对女孩品质的培养，让她们在精神上富足起来。如果女孩过分地看重物质上的需求，父母就应该要说“不”！

3. 做一回“狠心”的父母

对任性的孩子，有时劝说不行，父母们不妨狠下心来。

詹姆斯是一位心理学博士。一天，他和几个朋友路过公园的游乐区，只见一个旋转木马上坐着一个小女孩，她的爸爸妈妈在旁边几乎是在哀求她下来，可是无论大人说什么，小女孩都不肯下来。有朋友对詹姆斯说：“你是心理学博士，看你有没有什么办法让孩子下来。”詹姆斯博士走到女孩旁边，附耳向女孩说了几句话，女孩二话没说就下了木马。女孩的父

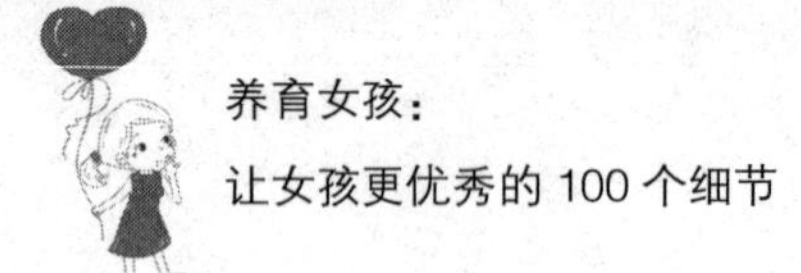

母既钦佩，又诧异，就向博士请教："您究竟对孩子说了些什么呀？怎么这么有效？"

"也没什么，"博士平心静气地说："我只是小声地对她说：'如果你还不下来，我就立刻狠狠打你一顿，你要不要试试看？'"

这个故事给我们一个重要的启示，培养孩子不能一味顺着她，如果父母连她的恶习都能容忍，对孩子的成长是极其不利的。所以，该狠心的时候就狠心，不过分迁就任性的女孩子。

关爱孩子、保护孩子是做父母的责任，但教育孩子有多种方式。有时应该温和，有时又必须严厉，关键是要把握好"度"。只有宽严相济，才能把我们的小女孩都培养成可爱的小公主。

细节4 "重男"不"轻女"，女孩也是父母的宝贝

受传统的养儿防老、重男轻女观念的影响，今天的一些老人们，还是十分看重孩子的性别。一位老人说："我们是现实主义者，有孙子名气大，同事见面都说恭喜话。"有些年轻人也受这些思想的影响，希望生个男孩，家里有个接户口本的。从某种程度上说，这种观念会影响到对女孩子的培养与教育。

在一些家庭里，女孩子从小受到的教育不如男孩子，容易使女孩子产生自卑感；另一方面也会造成畸形教育，因为父母们担心女儿将来竞争不过男孩子，想用课外教育弥补女孩竞争力的不足，结果夺走孩子的业余时间，加重了孩子的负担，造成女孩子厌学。

正确对待孩子的性别差异，对女孩子的家庭教育同样重视，是每个父母必须尽的义务。女孩的父母既要真正从心里爱自己的女孩，也要在教育

上与男孩同等对待。

1. 生男孩是名气，生女孩是福气

生个男孩，最高兴的是爸爸一家人，心里的一块石头落了地，“门牌、户口”继续了，尽管嘴上还在说“生男生女都一样”；妈妈也松了一口气，自古“母凭子贵”，这下妈妈在家里可是挺直了腰杆。然而，妈妈没有了贴身的“小棉袄”，图个名气，却丢了福气。

正确看待孩子的性别差异，是培养女孩的关键。父母们要知道，这个社会是由男人和女人组成的，二者缺一不可，所以也就谈不上谁重要，谁不重要。等到自己可爱的女儿出现在眼前时，所有关于生男好还是生女好的争论，全都化为了乌有。女孩父母应该调整自己的思考角度，对女孩同样抱有责任感、激情、梦想。像对待小公主一样精心地呵护自己的宝贝女儿，无条件地爱她、喜欢她。生了男孩子，父母有了名气；生了女孩，父母得到了福气。父母喜欢的是自己的孩子，希望的是孩子能健健康康、快快乐乐地成长。所以，无论是年迈的长辈还是年轻的父母们，都要正确看待孩子的性别。

2. 给女孩更多关爱

对孩子的教育必须以关爱为基础，尤其是对比较敏感的小女孩，应给予特别的关爱。细心的父母都会发现，小女孩喜欢玩“过家家”的游戏，而且女孩子最喜欢扮演妈妈的角色，她会按照想象中的妈妈的样子无微不至地照顾“自己的宝宝”。这传达了一个信息，孩子也想让妈妈这样对待自己，父母们就应该满足孩子的这个要求。

雯雯的爷爷奶奶都喜欢男孩子，但妈妈偏偏生了个女孩。雯雯3岁时，妈妈又生了一个小弟弟。弟弟成了全家保护的重心，雯雯却被冷落了。当雯雯知道了自己被冷落的原因后，为了得到家人更多的关注，她就想当男孩，而且平时总是全副武装成男孩，拒绝穿女孩的衣服。为了显示自己的

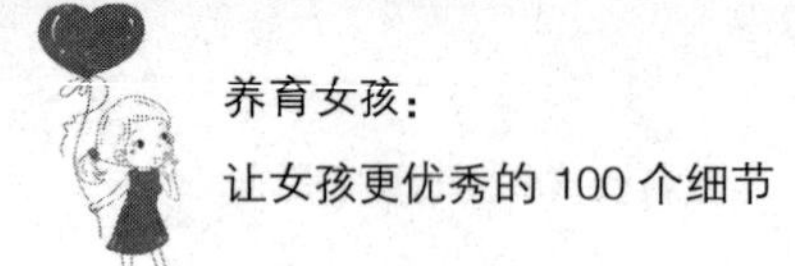

男孩性格，她比一般的男孩更调皮，每天非要弄得全身脏兮兮的才肯罢休。久而久之，雯雯讨厌别人说她是女孩，造成了其不正常的心理。

女孩子更需要父母的关爱。所以，从做父母的角度，无论生孩子前你希望的是男孩还是女孩，从孩子出生的那一刻起，这些都不重要了。无论男孩女孩，父母都要立刻无条件地爱上这块从自己身上掉下来的肉。

3. 望子成龙还要望女成凤

对于今天的独生子女家庭，多数年轻的父母们对于孩子的性别问题看得淡了，他们重视的是孩子的将来，有儿子的望子成龙，有女儿的望女成凤。

一位准妈妈知道自己将要出生的孩子是个女孩，她充满了期待：我早就想好了给女儿打扮得多么漂亮，教她背我从小背的《三字经》和《木兰辞》以及一些声律启蒙，还要带她去学我想学的京戏……

这位母亲的想法不错，女孩子与男孩子天赋不同。与男孩子相比，女孩子有自己的优势：女孩子有较好的心智能力，在记忆方面有先天的优势；女孩子天生敏感，做事认真，注重细节；女孩子有良好的语言思维、推理能力，与人交流的欲望强；很多女孩子有艺术的潜质。所以要按照女孩子生长发育的不同时期进行有针对性的教育，培养孩子，开发孩子的潜能，才能实现望女成凤的梦想。

每个孩子都是天使，天使降临人间，都应该接受一样的教育，一样享受父母的爱。让男孩成龙，更要让女孩成凤，这才是明智的父母应该做的选择。

细节5　为女孩的成长寻找适合的玩伴

如今许多独生子女家庭，女孩们看到的是整天忙碌的父母，虽然家里的玩具已经很多，可是女孩子们仍感觉缺了点什么，觉得很孤独。很多父

母却没有意识到孩子的这种心理需求，他们认为，只要对孩子百依百顺，要什么给什么，有好玩的、有好吃的就够了，而没有注意到孩子情绪上的细微变化。

女孩子产生孤独感后有不同的表现，有的对父母的依赖感越来越强；有的在家里打不起精神，不想玩也不想吃；有的产生自卑感，经常想："妈妈是不是不爱我了？""小朋友们是不是不爱理我了，是不是瞧不起我了？"可以想象，这对孩子的成长发育十分不利。当你的孩子有这些表现时，父母们应意识到，该给孩子找个玩伴了。

1. 重视女孩的要求

"一个人玩真没意思！"这是现在独生子女家庭孩子们常说的一句话。

3岁的娇娇是家里的独生女，在幼儿园的时候，娇娇很高兴，可是，一回到家里就总缠着妈妈。妈妈让她去玩，她总是说："我和谁玩啊？"甚至有时会哭起来。娇娇的妈妈看到孩子这么不开心，不知怎么办好。上班时跟同事们谈起娇娇的事，她们也有同感："家里花鸟虫鱼、各种玩具都有，孩子却毫无兴趣，一个人不想玩，就喜欢有人陪伴，不然就不高兴，对我的依赖感也越来越强。""我家孩子不哭也不闹，但性格内向，怕见生人，对什么都没兴趣。"

其实孩子的表现在告诉妈妈：我很孤独，我想和同龄的小伙伴一起玩。作为父母，应该理解孩子的心理，认同孩子的要求，主动帮助孩子找伙伴，来改变她的性格，让她变得开朗、快乐。

2. 鼓励女孩多交朋友

心理学研究表明，现在的独生子女常常处于优越的但同时也是封闭的环境中"自娱自乐"，这在一定程度上会影响她们的情商。尤其是女孩子，封闭的环境会使她们性格中的弱点更明显，鼓励女孩子多和同龄孩子在一起，有利于孩子的成长。同龄孩子有一种天然的亲近感，她们能够很好地沟通，她们在一起会感到很愉快。让孩子多交一个朋友，就等于帮助孩子多打开一扇窗口，能够开阔孩子的视野和心胸。因此，父母要鼓励孩子多交朋友，让孩子在与同龄孩子的交往中，学会如何与他人相处，克服以自我为中心的自私心理，培养合作意识，为孩子进入幼儿园、小学、中学打下基础。

3. 教女孩学会与人相处

同龄的孩子在一起，也是一个学习交流的过程。由于孩子们年龄小，在玩的过程中难免出现争吵、闹矛盾、互相攻击等不愉快的事情。出现这种情况，父母们不必烦恼，也不要因此不让孩子们互相交往。这时父母就应该有意识地教给孩子一些与人相处的知识，让孩子学会分享，改变孩子以自我为中心的个人意识。

比如，当自己的孩子不让小朋友玩她的玩具时，妈妈可对孩子说："你玩一会儿，让她也玩一会儿，有两个小朋友陪着你的小娃娃，她会更高兴的。"对于父母有意识的引导，善解人意的小女孩们就会在父母的鼓励中慢慢学会与他人相处。竞争意识不强的女孩子，在互相交流中，会通过与他人相处，学会竞争和妥协，也会得到更多的朋友。

为孩子寻找合适的玩伴，让孩子多与同龄的小伙伴交往，这对女孩子的成长十分重要。多与同伴交往，使孩子不觉得孤独，孩子不但身心愉悦，健康地成长，更能使孩子学习交往的知识、提高与人相处的能力，为孩子成人后与人正常交往打下基础。

细节6　让女孩从小正视自己的性别

生活中常出现这样的现象，一些父母把女孩当作男孩子养，整天儿子、儿子地称呼自己的女儿，还让女孩在穿衣戴帽上扮假小子，造成女孩柔性不足而刚性有余。这不仅让小小年纪的女孩子失去了女性特有的魅力，也给女孩将来的社会角色定位埋下了隐患。

其实，男女天生有别，男孩和女孩成人之后，在社会上扮演着不同的角色。因此，父母首先要正视女孩与男孩性别上的差异，让女孩认同自己的性别。在这个前提下，按照女孩的特性，顺势而为，才能把女孩培养成有出息的人。让女孩从小正视自己的性别，父母要注意以下几点：

1. 让女孩认识自身的长处

可爱的小女孩是这个世界上得到赞美最多的人：像花儿一样、天真、纯洁、美丽、温柔、可爱、天生丽质、出水芙蓉……《红楼梦》的主人公贾宝玉喜欢女孩子，他说女孩是水做的骨肉，男人是泥做的骨肉，看见女孩就觉得清爽。在生活中有女孩的家庭都会对“女儿是父母的贴心小棉袄”有切身的感受。正是有了这些可爱的女孩，我们的世界才会变得如此美丽。

相对于男孩，女孩有许多优势。比如性格优势，女孩沉静细腻，这是女性所特有的财富，也是社会和家庭和谐稳定的重要因素。比如，天生的温柔体贴使女孩子更善良、更有爱心；女孩子注重关系，善于讨人喜欢，能体谅他人，容易与他人和谐相处。

2. 让女孩正视自己性别上的劣势

当然，任何事情都具有两面性，女孩子具备了人类的许多优点，但也有先天的弱点。女孩天生感情细腻，注重别人的评价，这常常给她们带来烦恼：为了维护关系，常常会放弃自己的正当利益；为了取悦他人，常常掩饰自己的观点和感受，容易妥协和软弱。因父母的过分疼爱和天性的柔弱，容易自娇、依赖性强，不想依靠刻苦努力成就一番事业，而把未来的希望寄托在不切实际的幻想中，不利于形成独立意识，在未来的竞争中容易处于劣势；女孩爱美、注重外表，容易爱慕虚荣，容易被物质利益引诱

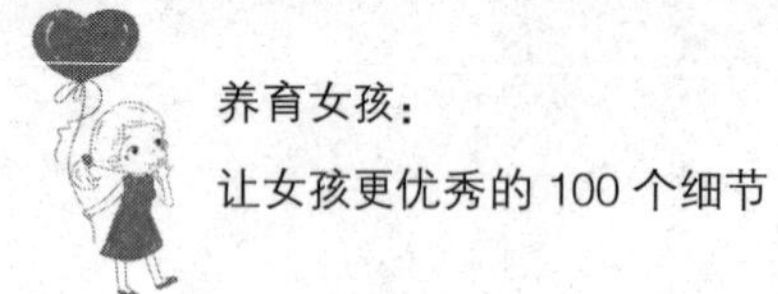

而迷失自我。

此外，女孩性格多疑、嫉妒心强、爱耍小脾气等弱点，常常使她们目光短浅。女孩从小如果能正视自己性别上的劣势，就会在成长过程中逐渐克服自己，使自身的修养更加完善，使自己的人生更加美丽。

3. 让女孩从小就喜欢上自己的性别

受长辈特别喜欢男孩的影响，有的女孩不喜欢自己的性别，总希望自己是个男孩，于是平日总以男孩装束打扮自己。这里不是说像男孩打扮不可以，但时间长了，经常这样多少会对女孩的将来产生不利的影响，因为有这种倾向的女孩不仅是从外表上不能接受自己的性别，更是从心理上不能接受自己已有的性别。现在社会上有很多人做变性手术，就是这个原因。所以，父母应该在女孩小的时候，就引导她喜欢上自己的性别。

女孩的一生是一个不断追求的过程。一个女孩，只有懂得幸福生活的真谛并满怀信心地拥有它，才能有所作为。为此，父母要注意发掘、培养、完善女孩的品行气质，让女孩获得更多的成功。

4. 让女孩不断提高学识和修养，积淀内涵

一个有出息的女孩子应该拥有丰富的知识、广阔的视野和高雅的修养，会积淀自己的内涵，令自身产生一种内在的气质美，能够增强自身适应社会需要的能力。

5. 让女孩学会自尊自爱

由于女孩自身性别的特点，使得一些女孩渴望依靠别人去生活，或为了物质利益而失去人格。这是不可取的。所以，父母从小就要培养女孩子的独立自主意识，让她有自己的世界，有独立生存的能力，在将来的生活中，自己珍惜自己，自己维护自己，不依赖任何人，靠自己的努力赢得别人的尊重。

6. 培养女孩做生活的强者

女孩子具有娇弱的特性，但是父母不能为自己的女儿贴上“弱者”的

标签。要让孩子以积极的心态和乐观的精神面对成功与失败，以适应未来激烈的竞争。

7. 保持女孩温柔的天性

女人永远的美丽在于温柔，温柔可以化解矛盾，也可以改造心灵。当然，温柔并非只属于文静和柔顺的女孩子，性格开朗、乐观的女孩子同样可以保持温柔的魅力。

女孩就是女孩，父母在培养女孩时要重视她们性别上的特性，让女孩充分认识和了解自己性别的优点和特点，因势利导，最大限度地发挥她们自身的能量，把女孩培养成优秀的人才。

细节7　女孩更需要父母赏识的眼光

赏识就是努力挖掘和发现孩子的优点和长处，赏识能够让孩子在“我是好孩子”的良好心态中自信自强，脚踏实地，一步步迈入成功的殿堂，活出生命的精彩。

赏识对于成长中的女孩来说至关重要，一个女孩如果能不断地从父母那里得到赞美和鼓励，她就有信心不断向更高的目标挑战。心理学家威廉·杰姆斯曾说过：“人性最深层的需要就是渴望别人的赞赏，这是人类之所以区别于动物的地方。”女孩更渴望得到父母的赏识，哪怕只是一个鼓励的眼神，轻轻地点头或一个满意的微笑，都能让她心领神会，甚至成为终生不忘的前进动力。

传统教育之所以受到人们的质疑，就在于它把重点放在了孩子是否达到家长为她们制订的标准上，一味严格要求，一味指责，而忽略了对孩子每一点成绩的及时赞美和激励。无数成功人士的例子都告诉我们，父母的赏识给了她们力量，给了她们信心和勇气，才使她们克服了前进道路上的一切艰难险阻，攀登上生命的高峰。

1. 用赏识的眼光发现女儿的优点

每一个孩子都有她的长处和优点，做父母的要善于发现她们的优点，发现她们与众不同的地方，要始终相信自己的孩子是优秀的。只要父母真正从内心去赏识孩子，赞美孩子，她们就会在赞美声中更健康地成长。

知心姐姐卢勤讲过自己小时候的故事："我5岁的时候，有一次一个人在家收拾屋子，妈妈一回来，就说：'哇，是谁这么勤劳把屋子收拾得这么干净？'于是我就从门后边站出来。妈妈说：'真想不到是你，你可真能干！'就这一句话，我便爱上了收拾屋子的活儿，总想给妈妈一个惊喜。"她还说："小时候妈妈给我的鼓励是我一辈子都不会忘记的。"

赏识和赞美有这么大的作用，父母就多给孩子们一些赞美吧！当女孩第一次擦地板时，当女孩画第一幅画时，当女孩的学习成绩有了提高时，哪怕只提高了一分，父母也要不吝赞美之辞。相信这些及时的赏识和赞美，会让女孩更加快乐和自信。

2. 赏识要发自内心

父母赏识孩子必须是从内心深处发出的，是真心为自己孩子的成长高兴，而不是向孩子玩技巧。如果父母不是发自内心赞扬孩子，孩子会觉得父母是假惺惺的，这样反而达不到亲子沟通的良好效果。

3. 善于从孩子的错误中发现优点

每个孩子都免不了会犯这样那样的错误，女孩也一样，正是在不断犯错误、不断纠正错误的过程中，孩子们才逐渐成长起来。

陶行知先生用"四块糖"教育学生的故事值得我们深思。

有一天，陶行知发现学生王友用泥块砸自己的同学，他当即制止了王友，并让他放学后到校长办公室去。

放学后，陶行知来到校长室，看到王友已经在门口等候了。陶行知立即掏出一块糖送给他："这是奖给你的，因为你按时来到这里，我却迟到了。"

接着，陶行知又掏出一块糖放到他手里："这也是奖给你的，因为我让你不再打人，你就立即住手了，这说明你很尊重我。"

王友迷惑不解，陶行知又掏出第三块糖说："我调查过了，你砸他们，是因为他们欺负女同学。这说明你很正直，有跟坏人作斗争的勇气！"

王友感动地哭了，他后悔地说："陶校长，你打我两下吧，我错了，我砸的不是坏人，是我的同学呀！"

陶行知满意地笑了，他随即掏出第四块糖递过去："为你正确地认识了错误，我再奖给你一块糖。"

面对孩子的错误，陶行知既没有批评，更没有打骂，而是从错误中发现了学生诚实守信、尊重师长、为人正直、敢于承认错误的优点，并及时给予表扬，使学生从心灵深处产生改正错误、完善自己的愿望。

用赏识的眼光看待你的孩子，就会发现，孩子们都很棒。无论你的孩子现在是好是差，只要家长用心查找，就会发现孩子身上的闪光之处。发掘出孩子的闪光点，就等于给了孩子进步的阶梯。

细节8　父母的举止都是女孩成长的榜样

父母是孩子最好的榜样，女孩生命色彩的底色就是父母为她染上的。父母又是孩子的第一任老师，孩子的儿童期、少年期的个性和品德的形成会直接受到父母的影响。所以，从某种程度上说，父母也是孩子的终身之师，父母要胜任老师这一角色，就要成为孩子的好榜样。

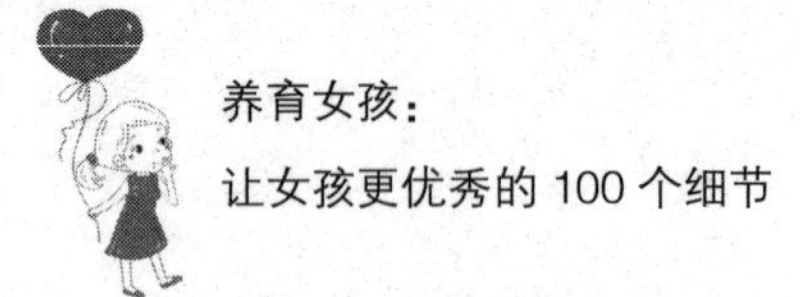

1. 身教重于言教

父母教育孩子的第一步是以身作则，为女儿树立榜样。父母要从自我教育着手，在言谈举止方面做出表率。孩子们有着很强的模仿能力，父母的言行举止无论好坏都会被孩子自觉不自觉地效仿，尤其是年幼的孩子。

有一个人习惯在每天工作之前，先去镇上的酒馆喝上一盅。在一个下雪天，他穿好衣服，吻别妻子后，和往常一样吹着口哨向酒馆走去。没走多远，他觉得有人跟在后面。回头一看，竟是自己年幼的儿子。

孩子踩着父亲留在雪地上的脚印，边跑边兴奋地喊："爸爸，你看，我正在踩你的脚印！"儿子的话令他心中一顿，他想："如果我去酒馆，儿子踏着我的脚印，将来他也会去酒馆的。"

从那以后，这位父亲再也不光顾酒馆了。

这个故事令人深思。在现实生活中，有很多父母抱怨小孩子不喜欢学习，就爱看电视、上网，可是父母们却忘了检讨自己每天看电视、打麻将、上网的行为。要教育好孩子，父母首先应当在行为、举止和谈吐等方面做出好样子。

2. 为孩子创造适宜的成长氛围

要想把你的女儿培养成优秀的女孩，就要给女孩营造一个适宜的成长氛围，这样女孩才能身心健康，快乐成长。这里的成长氛围主要是指家庭氛围，它对孩子性格和气质的形成具有重要的影响。对于孩子来说，父母是最亲近的人，父母的情绪、喜怒哀乐都会通过或显或隐的形式外化出来，感染孩子，又悄无声息地内化于孩子的心里。如果父母开怀大笑，孩子也会高兴得手舞足蹈；如果父母怒气冲冲，孩子也会吓得心惊胆战，不知所措，甚至号啕大哭。父母的情绪对孩子的性格形成有直接的影响。有的孩子性格倔强，有的温顺，有的急躁，有的比较敏感等，都与父母的情绪有关。父母应该有一个开朗的性格、与人为善、富于同情心、和蔼可亲、保持情绪稳定，这些都有利于孩子从小形成一种健康的情感。尤其是女孩的性格、言谈、举止的形成，都得益于良好的家庭氛围的熏陶。

3. 父母要扮演好自己的角色

在家庭教育中，父母扮演着不同的角色，发挥着不同的作用。

母爱代表着人性和社会生活的情感方面，父爱则往往象征着坚强、思想和奋斗。在一个父性和母性影响力均衡的家庭中长大的女孩，往往会对社会和人际关系有较为正确、恰当的理解。

从母亲那里，女儿得到的不仅是生命，还有对自己的关爱。由于母女之间的性别相同，在很大程度上，母亲更容易理解女儿。而母亲的责任就是做女儿的塑造者，母亲教育女孩子，除了在精神、学识上给女儿以必要的关怀外，还要在其形体、言谈、举止上给予引导。女孩温柔、善良、关心、体贴他人、善解人意等特质的形成，都与母亲的言传身教有直接关系。在女孩感受着母亲从生活细节中传递出来的对于自我、女人、男人以及生活的观念时，她对生活中的关系就有了自己的看法。

父亲是女孩生命中重要的男性榜样。女儿从父亲那里了解到权威、能力、责任感、金钱、力量和自尊的价值。父爱为女儿提供了满足她们心灵需求的信心和才能榜样。当这些有责任感、有激情、有梦想的爸爸们像对待小公主一样精心呵护自己女儿的时候，女儿也在默默地学习这一切。

由于性别不同，父亲的异性眼光可以为女儿的成长道路提供更好的建议。父亲通过促进女儿人格中男性气质和女性气质的平衡，给女儿一种均衡感，这是母亲所无法给予的。

有人说，没有父母的成长，就没有孩子的成长。也有人说，父母有多少工夫在家读书，家中有多少藏书，在一定程度上决定了孩子的境界。而父母的学习态度、敬业精神，以至于他们对社会关系的处理方式，也在潜移默化地影响着孩子们。当父母们事业有成，他们的孩子为自己的父母感到自豪的同时，也会默默地为自己的人生设置更高的目标。父母的不断进步、不断学习，其影响是无形而深刻的。

父母是女孩生命中最重要的人，所以更应该通过自己的言谈举止、学识和胆量，为孩子树立好榜样，为女孩的成长奠定良好的基础。

细节9　不要把女孩的教育全抛给学校

家庭教育是一切教育的基础和起点，既是人的一生中接受最早的教育，又是伴随人一生的教育。它对一个人的情感、品德、个性等方面的发展影响很大，对一个人的生活、学习、品德等各项习惯的养成起着至关重要的作用。

塞德兹说过：“人如同陶瓷器一样，小时候形成一生的雏形，幼儿时期就好比制造陶瓷器的黏土，给予什么样的教育，就会形成什么样的雏形。”但是，现在社会普遍关注的焦点是学校教育，父母们也都几乎把教育孩子的责任全部交给了学校。当孩子上学时，他们如释重负地跟老师说：“老师，这孩子全交给您啦，拜托啦！”其潜台词是孩子的教育与父母无关。这种意识忽略了家长自己的教育职责，忽视了家庭才是决定孩子命运的关键。那么，父母应该怎样承担起自己教育女孩的责任呢？

1. 父母要认识家庭教育与学校教育的区别

在孩子的成长过程中，家庭教育和学校教育承担的职责有着本质的区别。学校教育是自觉地、有意识地按社会对人才的要求而进行的，其侧重点是教孩子知识和技能。而家庭教育不同，家庭教育的场所是家庭，教师就是父母本人，教育方法是父母的言传身教，对孩子影响的侧重点在于孩子非智力因素的培养。

尽管有这些区别，但家庭教育却是基础，无论在时间、教育内容、教育方式上，家庭教育都具有优势：它的教育时间最长，教育内容最灵活，方式也不受限制，这是社会教育和集体教育不能与之相比的。研究表明，一组社会环境、学校环境、年龄相同的孩子，由于所受的家庭教育不同，其长大后的成长道路和取得的成就各不一样；受到良好家庭教育的孩子，则有着更好的发展前途。从这一点来说，父母的责任是不可推卸的，父母和家庭教育是任何人都替代不了的。

2. 父母要明白家庭教育最重要的任务是培养孩子健全的人格

影响孩子终生发展的因素中，起制约作用的是品德和健全的人格。家庭教育最重要的任务就是培养孩子健全的人格。

1920年发现的印度狼孩卡玛拉是在与狼群生活了8年后被找回来的。卡玛拉在人生打基础的阶段与狼在一起生活，基础是狼性。后来，他用4年时间学会了直立行走，但一跑还是四肢着地；用了6年时间只学会了四个单词。17岁去世时，他的智力只相当于两岁半的儿童。

与卡玛拉相反，1972年在东南亚原始森林发现的日本兵衡井庄一，他在“二战”时期撤退时与部队走散，他独自在森林中生活了28年，失去了人类的语言。当他回来后，却只用了82天就完全恢复了人体功能，一年后娶妻生子。

一个人离开人类28年，82天就可以重归人类，而卡玛拉与狼生活只有8年，却4年都恢复不了人性，其根本原因就在于基础教育的缺失与否。家庭教育不仅是基础教育，也是主导教育，它对孩子的影响是深入骨髓的，是任何学校和社会教育都代替不了的。

3. 父母要明确教育孩子是谁的责任

父母是孩子最重要的老师，然而，总有一些父母对自己的言传身教缺乏耐心和信心，觉得自己没有能力教育好孩子。于是，老师们常会听到父母这样的话："我家孩子很不听话，我们都没有办法管他，他会听老师的话，请老师多操心。"且不论一个班级四五十个孩子，每个孩子都如此托付老师"多操心"，老师能否操心得过来，就是孩子本身也不愿意老师越俎代庖，代为履行父母的职责和义务。另外，父母这样把孩子推给学校和老师是对孩子不负责的行为，因为教育孩子是父母应尽的责任。父母要明白孩子是我们自己的，不是学校的，更不是老师的。

细节10　重视与女孩的非语言交流

非语言交流是人际沟通的一种形式，是以人体语言作为载体，通过人的眼神、表情、动作和空间距离等进行的信息交流。在人际交往中，非语言交流具有非常重要的作用。它能将很多难以用语言表达的情感、情绪及感觉等表达出来。在家庭教育中，父母的非语言交流不但有助于与孩子更好地沟通，而且有助于孩子身心的健康发展。

1. 无声的交流有时更有效

在家庭教育中，眼神、表情、动作等无声的交流可以帮助父母与孩子沟通。

一位妈妈下班后回到家里，当她打开家门时，被眼前的情景惊呆了：原本全新的地板已经被各种颜色的墨水涂得乱七八糟！妈妈又气又急。但是，当她看到地板中间的一个小女孩画像时，又被吸引住了。她稳定了一下自己的情绪，微笑着对女儿说："啊，亲爱的，那是莎莉！"然后，她弯下腰来亲吻了自己的女儿。

后来，这个女孩成了著名的画家。她常常对人说："母亲的一个吻，使我成了画家。"

一个亲吻竟然成就了一个画家，说明非语言交流的作用之大。但现实生活中，许多父母还不善于运用它。其实，亲吻等非语言交流能够让女孩子更加深刻地感到父母对她的爱。

除了亲吻之外，还有很多无声的交流可以帮助父母与孩子沟通。心理学家经过一系列研究发现，在面对面的交流中，55%的情感内容是由非语言表达的，如面部表情、姿势、手势、体态、眼神等；38%的内容由声调表达，只有7%的内容是用语言说出来的。这说明，非语言在交流中起到了非常重要的作用。

2. 善于运用多种非语言形式与女孩交流

（1）拥抱。英国教育家斯宾塞说："我认为拥抱、抚摸、牵手也是教育的一部分。我把这个方法用在刚来到我家不久的小斯宾塞身上。事实证明，如果对自己的孩子多一些拥抱、抚摸，有时甚至是亲昵地拍打几下，孩子在对外交往以及智力、情感上都会更健康。"

当孩子取得好成绩或伤心时，一个拥抱最能把父母的感情无声地传递给孩子。

（2）抚摸。心理学家认为，经常抚摸婴儿，可以促进其大脑的发育。而对于大一些的女孩，摸摸她的头发、脸蛋、小手，拍拍她的肩膀，都会让她感到温馨和愉悦，会让她在爱的氛围中感受到父母对自己的重视。

（3）眼神。有时父母表达对孩子某些行为的肯定、信任、期待、赞许和责备时，一个赞许或严肃的眼神就够了，有时它比一篇长篇大论更能让女孩接受。

（4）微笑。微笑是妈妈最甜美、最动人的表情，它可以表达父母对孩子的喜爱和欣赏，传递赞许的信息，它能鼓励和温暖孩子，给孩子以勇气和力量。

此外，语言交流时声调的高低和面部表情等都是非语言交流的好形式。

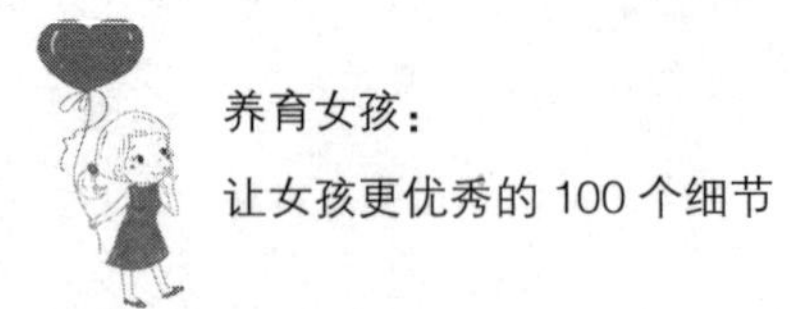

3. 让非语言交流充满爱

父母使用非语言交流形式与孩子沟通，传达的是父母对孩子浓浓的爱意。如母亲通过喂奶和孩子的肌肤接触最多，对孩子的抚摸、亲吻和搂抱也最多，向孩子微笑、点头、逗引也最多，这有助于孩子形成乐观、开朗的性格，有助于孩子日后形成积极健康的人生态度。爸爸常常把女儿举起来或来回悠，这些具有兴奋性、刺激性，变化多样的肢体运动，使孩子更加愉快，有助于孩子形成活泼、开朗的性格。在这些举抛动作中，父亲所具有的独立、自信、坚毅、勇于克服困难、富有进取心等情感态度也一起传递给了孩子。虽然孩子小的时候还不能完全体会其中的爱意，但它所包含的催人上进的力量将对孩子起到潜移默化的影响。

家庭教育是一个不断与孩子接触、交流、沟通的过程，需要父母真正走进孩子的心灵。有些女孩由于自身性格的原因不愿意更多地表露自己的内心世界，这时，父母的非语言交流更能增强沟通的效果。

细节11 温馨的家庭氛围让女孩更幸福

幸福的家庭带给女孩的不仅是快乐，还有性格活泼、开朗、大方、好学——这些孩子健康成长的精神养料；温馨的家庭氛围还能给女孩子一个健康的心理和一生受用不尽的品格，它能激励孩子勇敢地面对人生。女孩子的一生会经历成功，也可能遭受意想不到的挫折和失败。拥有健康心理的女孩，即使暂时失败，也会最终取得胜利。而心理有问题的女孩，则会在挫折和失败面前灰心丧气，更不会去努力争取新的成功。和谐幸福的家庭，温馨的家庭氛围，能让女孩子的身心健康地成长，为孩子增添快乐一生的资本。那么父母怎样为孩子营造温馨的家庭氛围呢？

1. 给孩子一个幸福的家

幸福的家庭包括很多指数，如良好的居住环境、健康的生活方式、和谐的家庭关系等，这些都是孩子健康、幸福成长的必要条件。

（1）良好的生活环境。孩子的生存离不开家庭，孩子的儿童时代、少年时代的大部分时间是在家庭中度过的。为了孩子的健康成长，父母要为她们创造一个良好的生活环境。虽然每个家庭的经济条件和住房条件各有不同，但生活环境一定要整洁干净，这样的环境，会给女孩带来平和的心态和乐观向上的人生态度，有利于孩子身心的健康发展。

（2）健康的生活方式。家庭生活有规律以及合理的膳食营养，这对正在成长的女孩来说，就是她们的雨露阳光。合理安排生活作息时间，不仅有利于孩子的身体健康，还为孩子走进幼儿园、学校、社会打下良好的习惯基础。

（3）家庭关系和谐。孩子的健康成长，离不开祥和安全的家庭环境。家庭成员和睦相处、关系融洽，对于注重关系的女孩来说是非常重要的成长条件。和谐的家庭关系，能让女孩享受到完整的爱，给她带来安全感。而且，从父母和谐的关系中，女孩也会学到处理未来家庭关系的知识，这些都有利于女孩一生的幸福。

2. 让女孩在爱中成长

女孩的成长离不开父母的关爱。父母的关爱，能让女孩快乐而又幸福地度过她的花季少女时期，走过她的青春年华时代。小女孩从出生的那天起，就希望得到父母的关爱。一位母亲说：

女儿在情感上十分敏感。她总喜欢紧盯着我的眼睛，微微翘起小嘴，喃喃地问：“妈妈喜欢我吗？”此情此景，我常常被她那强大的诱惑力所吸引，情不自禁地抱起她，亲吻她。

如果父母不能满足女孩的这种情感需要，女孩就会产生恐惧感，生怕父母不要她了。感受不到父母关爱的女孩，往往会产生逃离家庭的强烈愿望，或用早恋来与父母对抗。因为当她们感觉不到父母的关爱时，就会感到心灵无所归依，这是她们认为最可怕的事情。所以，来自父母的爱是孩子心灵中的第一缕阳光，只有被阳光照亮，她们才能燃起生命的希望。对于父母来说，爱自己的女儿，就等于搭建了一座通向女儿心灵的桥梁，心心相通是每个父母的美好愿望。要实现这个愿望，就要多给女儿一些关爱！

3. 信任、关心和尊重自己的女儿

父母和孩子之间相互信任、关心，在这样的家庭氛围中生活，孩子能感觉到自己和父母是平等的，有被尊重的感觉，心中会感到温暖幸福，就会表现出情绪稳定、情感丰富、性格开朗、团结友爱、有自信心等特征。

汤姆斯一家已连续10次获得“温馨家庭”的光荣称号，为此，美国《联合早报》的记者决定去采访他们一家，试图揭开汤姆斯一家多次获奖的秘密。当记者准备敲响汤姆斯家的大门时，突然发现门上刻着一行醒目的大字：“进门前，请丢掉烦恼；进门后，带快乐回家。”记者凝视着这一行字，细细品味一番后，便转身离开了，因为他已经找到了答案。

的确，如果每一个家庭成员都带一些快乐回家，家里自然充满快乐。父母花时间和孩子一起玩乐、游戏，共同分享自己的思想感情，孩子们会表现得更友好、更宽容、更富爱心。父母平易近人，对孩子态度和蔼可亲，女孩就会感到亲切，就不会对父母存有戒心，不会有意躲避父母，有话就会跟父母讲。父母就可以随时了解孩子的真实思想情况，有针对性地进行引导，这样的家庭教育才能奏效。

温馨的家庭氛围对孩子的成长具有重要作用，它像阳光和雨露一样滋润着孩子的心田。每一位父母都应该用心去经营它，让它带来的温暖和爱陪伴孩子的一生。

第二章

女孩可以『玩得好，学得好』

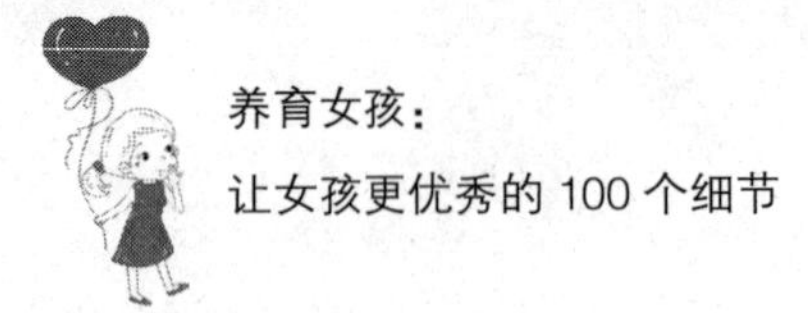

细节12 教女有方，引导女孩爱上学习

学习是每个孩子的天职，但如今的孩子学习压力都很大。如何让孩子快乐学习，由“要孩子学习”到“孩子要学习”，是很多父母都感到头疼的事情。有调查显示，只有6%的孩子感觉学习是件快乐的事情；而94%的孩子则认为学习是让人心烦和不快乐的事，他们所希望的就是放假休息，或者是上电脑课、体育课。面对这种现象，有不少父母牢骚满腹，甚至强迫孩子学习；孩子们也对父母的管束感到非常不满，这种现象确实值得父母们深思。那么，做父母的该如何引导孩子爱上学习呢？

1. 从激发孩子的好奇心开始，培养孩子的学习兴趣

父母常说，孩子对学习没有兴趣，就是对玩感兴趣。原因很简单，因为玩能满足孩子的好奇心，满足她的求知欲。所以要想让孩子对学习感兴趣，就要激发孩子的好奇心。

一般而言，女孩愿意与父母交流，也愿意提问题，可以说，女孩从小到大都是在提问、学习、解答的过程中获得知识的。对于孩子的“十万个为什么”，父母们要耐心解答。因为这些问题恰恰是孩子求知欲的萌芽，孩子的学习兴趣正是从探索这些“为什么”培养起来的。面对孩子一个接一个的问题，父母除了耐心地解释外，最好引导孩子从书中学，如读《十万个为什么》，若孩子喜欢听故事，就不妨开个家庭故事会，父母和孩子一起读故事，会更好地调动女孩的积极性。

2. 赞赏孩子的每一个进步，帮助孩子获得成功的喜悦

女孩自尊心强，最喜欢听到父母的赞扬。父母要充满热情地鼓励孩子

在学习中的每一个进步，以避免孩子的兴趣遭到破坏。

一位妈妈为了从小培养孩子的兴趣，让自己两岁半的女儿学画画，可当妈妈看到女儿把小鸟画成了个大黑疙瘩时，就忍不住说孩子“太笨了！画的是什么呀？”结果孩子再也不愿意画画了。

父母这样的态度是对孩子学习积极性的最大打击，其结果可能让孩子从此失去学习的兴趣。

在培养孩子的学习兴趣方面，孩子小的时候，父母不要把标准定得太高，不要过分期待孩子掌握了哪些知识，在这个时期还是要以培养孩子的兴趣和心理素质为主，不要在乎她认识了多少字、会背多少首唐诗、画的画有多么好。只要孩子有兴趣，她就会用心去学。当孩子做得好时，父母应适时表扬；当孩子做得不好时，要先发现孩子有进步的地方，然后再鼓励她们。孩子得到鼓励，会增加愉快的感受，这种快乐积累多了，便会产生对学习的持久兴趣。

3. 实现兴趣的转移

如果孩子暂时对课内学习不感兴趣，但对课外活动兴趣浓厚，或对某些学科感兴趣，而对某些学科不感兴趣，父母要引导孩子对某些活动、事物感兴趣，同时又要把孩子感兴趣的和不感兴趣的活动、事物联系起来，实现兴趣的转移。如孩子喜欢打球，而对写作文很头疼，父母可以允许孩子在能完成作业、不影响学习的情况下打球；要求孩子把她打得最精彩的一场球写下来，以提高她对写作的兴趣和能力；让孩子阅读并谈论一些打球的经验体会的文章，来提高阅读能力和理解能力。

让孩子爱上学习，就要让孩子把获得新知识当成一种需要，让孩子获得成就感，从而激发她的学习欲望，由“要孩子学习”变为“孩子要学习”，改被动学习为主动学习，这样，孩子才能慢慢地爱上学习。

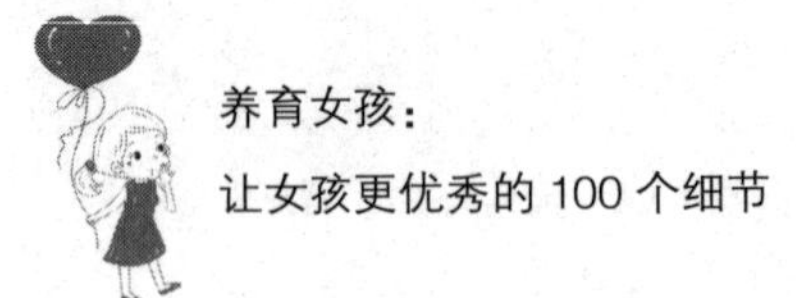

细节13　培养女孩良好的学习习惯

良好的学习习惯是学习成绩有效提高的重要保证。良好的学习习惯有利于激发孩子的学习积极性和主动性，有利于帮助孩子形成好的学习方法，提高学习效率，对孩子以后的成长、发展都有很大的帮助。

日本教育家福泽谕吉说：“家庭是习惯的学校，父母是习惯的老师。”事实正是如此，家庭是孩子成长的第一环境，是孩子习惯形成的摇篮，6岁前的儿童主要生活在家庭中，6岁前、幼儿园和小学是培养生活习惯与学习习惯的关键期。所以，在孩子小的时候，父母就应该注重培养孩子良好的学习习惯。

1. 好习惯要在生活中培养

培养孩子良好的学习习惯，就要帮助孩子不断克服坏习惯。有专家提出，培养好习惯用加法，克服坏习惯用减法。

一位细心的妈妈发现女儿婷婷写作业时，一会儿喝水，一会儿上厕所，不到一小时出来四五次。妈妈看在眼里，却没有马上纠正。第二天，在婷婷写作业前妈妈就给她提了个建议：“坐下前把该办的事办好，你写作业时出来三次可不可以呢？”婷婷在妈妈的提醒下果真少出来了一次；过了几天，妈妈又提议再减少一次，孩子又轻松地做到了。妈妈要求次数依次递减，直到婷婷可以集中精力把作业写完，这样既帮婷婷克服了不良习惯，更重要的是保护了孩子的自尊心。

2. 养成课前预习、课后复习的习惯

课前预习是学好一门功课的重要方法。在老师讲课之前，先花一些时间把要学的内容预习一下，能够让孩子联系以前的知识，发现新问题，思考怎样解决问题，能把自己理解不了的问题带到课堂上，更好地听老师讲解。这样既能培养孩子的自学能力，又能提高孩子听讲的兴趣和效果。复

习的目的是“温故而知新”。孩子要巩固所学知识，就必须及时复习，并加以强化，养成习惯。只要女孩能够养成课前预习、课后复习的好习惯，学好功课就不是困难的事情。

3. 养成独立解决问题的习惯

女孩和男孩比，女孩依赖性强，遇到困难总希望找父母帮忙解决。女孩学习上有困难请求父母帮助时，父母不能置之不理或敷衍了事，应鼓励孩子自己“试一试”。当女孩实在无法独立解决时，父母也不能包办代替，而要一步一步地耐心启发，直到孩子自己将问题解决。这样可使孩子增加信心，勇敢地迎接下一个问题的挑战。

4. 养成记课堂笔记的习惯

随着孩子学习内容和科目的增多，记课堂笔记在学习过程中的作用越来越明显，孩子养成记课堂笔记的习惯对学习是很有帮助的。但记笔记要抓住重点，不能因为记笔记而影响听课。如果因时间限制，当堂记的东西较零乱，课后还要进行整理，使之全面、有条理。整理的过程能锻炼孩子自己独立分析、归纳问题的能力，可谓一举多得。

5. 严格训练，反复强化才能养成好习惯

良好学习习惯的养成，是严格训练、反复强化的结果。

现代控制论创始人、美国著名数学家维纳，在回忆父亲对他早期学习习惯的严格训练时说：“代数对我来说没有什么困难，可父亲的教学方法，使我们精神不得安宁，每个错误都必须纠正。他对我无意中犯的错误，第一次是警告，是一声尖锐而响亮的‘什么’，如果我不马上纠正，他会严厉地训斥我一顿，令我‘再做一遍’。我曾遇到不止一个能干的人，可是他们到后来一事无成。因为这些人学习松懈，得不到严格纪律的约束。我从父亲那里得到的正是这种严厉的纪律训练。”

父亲严格的训练，终于使维纳养成了良好的学习习惯，后来成为誉满

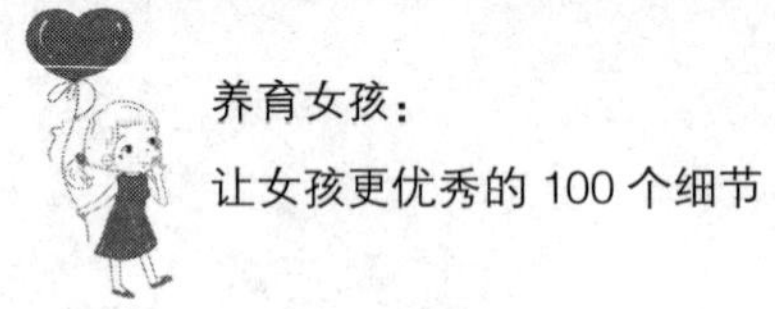

全球的科学巨人。

良好的学习习惯的养成不是一朝一夕的事，这需要父母细心的督促与培养，同时还需要女孩自己有耐心、有信心，更要有恒心、坚持不懈。

细节14　好成绩离不开女孩的学习能力和学习方法

我们常说某某孩子会学习，成绩好；某某孩子学习得法，学习效率高；某某孩子学习很刻苦，可是成绩上不来。归根到底，这些指的是孩子的学习能力和学习方法问题。

学习能力是指人们顺利完成学习活动所必需的个性心理特征。它是学习过程中各种具体能力的综合概述，如观察能力、记忆能力、思维能力、实验能力等。学习能力的强弱，直接影响着学习的效率，也决定着能否实现学习目标，同时影响着一个人的各种潜能的发挥。学习方法是通过学习实践，总结出的快速掌握知识和完成学习任务的方法。因其与学习任务完成的效率有关，越来越受到人们的重视。

学习能力和学习方法不是与生俱来的，它必须依赖教育的连续性培养。家庭教育在培养孩子的学习能力和学习方法方面发挥着重要作用。

那么，父母如何帮助女孩培养自主学习能力呢？

自主学习是指孩子依靠自己的努力，自觉、主动、积极地获取知识的愿望和能力。就自主学习的动机而言，女孩子一般优于男孩子。英国学者的一项调查发现，女孩子变得越来越关注自己的未来，准备刻苦学习为明天的幸福打拼。这说明女孩的自主学习意识较强，这为女孩子形成自主学习能力提供了条件。自主学习表现为强烈的求知欲，善于思考，有强烈的探索和进取精神。在女孩子的学习过程中，父母应该有意识地培养和提高她们的自主学习能力。

1. 要培养女孩认真观察、思考的能力

观察能力和思考能力是孩子学习的基础，无论是幼儿园、小学还是中学，学习知识、理解学习内容都要求具备观察力。通过观察感知事物的外部特征，抓住事物的本质。认真观察，还要勤于思考。在思维能力方面，女孩子往往偏于情绪色彩，更多偏于形象思维，所以逻辑思维较弱，父母要引导孩子从身边的生活小事开始观察，经常向孩子提出问题并与之讨论，促使她去观察、思索，锻炼孩子的观察和思考能力。

2. 鼓励孩子提出问题并找出问题的答案

让孩子自己发现问题，提出问题，解决问题，这是一种提高孩子学习能力的很有效的办法。父母要鼓励孩子多问“为什么”，还要让孩子说说为什么想起这个问题、孩子自己是怎样认识这个问题的。鼓励孩子大胆想、大胆说，自己解答疑问。这样不仅能让孩子多思考，还能让孩子感受成功的喜悦。

妈妈正在包饺子，5岁的女儿琪琪坐在旁边的小凳子上看着。女儿忽然提了一个问题：“妈妈，星星是从哪儿来的？”

妈妈想要鼓励孩子提问题和思考问题，所以妈妈没有急于回答，而是对琪琪说：“你想想看。”

琪琪出神地注视着母亲揉面的动作。母亲揉面，揪面团，擀面饼，包饺子……

看了好一阵子，琪琪突然对妈妈说：“妈妈，我知道星星是怎么出来的了，是用做月亮剩下的东西做的。”

妈妈听了很高兴，激动地亲吻了自己的女儿，说：“琪琪，你的想象力真奇特。”琪琪听了妈妈的夸奖，高兴地要帮妈妈做这个、做那个。

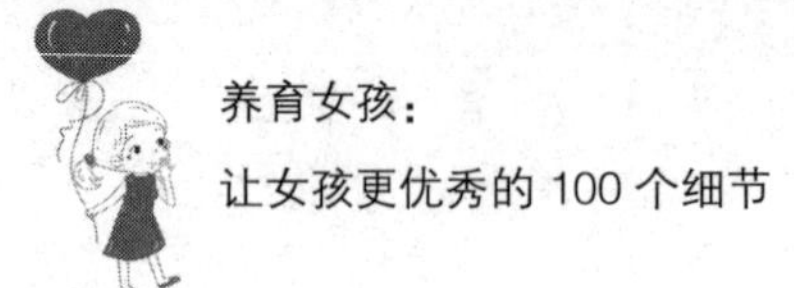

3. 让孩子知道学习是自己的事

父母需要平时对孩子多灌输：学习是为了自己，是为了将来自己的人生更美好，而不是给别人学习。当孩子把学习当成自己的事时，就会想自己应该怎样听课、复习和作业，怎样思考、发言和讨论。随着孩子年龄的增大，还要用各种不同的方式让孩子明白：自己还要做什么，还有什么也是自己的事，不断增强孩子自主学习的动力。

会学习就是要掌握学习方法。良好的学习方法，是学好知识的前提和保证，并能达到事半功倍的效果。那么，如何让孩子掌握好的学习方法呢？

1. 会阅读

阅读是学习的基础，会阅读就是要懂得阅读的意义，能主动、自觉地去读书。阅读时，眼睛首先从书本或屏幕上感知文字或图像的信息，然后经过大脑的分析、综合、演绎和归纳等思维活动，从中提取、处理所需要的信息资料。要使孩子掌握一般的读书方法，养成良好的读书习惯。会阅读，是自学能力的重要因素之一，是培养自学能力的关键。

2. 会记忆

会记忆就是要记得快、记得牢。心理学研究表明，人的记忆最有效的是三个时间段，即每天早晨起来后一小时、上午8点到10点、晚上入睡前一小时，称为黄金记忆时间。所以，帮助孩子选择这些时间段来进行记忆学习，也就是帮助孩子掌握好的记忆方法。同时，善于归纳、经常回顾、手脑并用是很有效的记忆方法。

3. 会思考

思考是学习的核心，阅读后遇到了问题就要思考。解决问题的过程，就是独立思考的过程。孩子学习成绩的好坏，在很大程度上取决于孩子是否会思考，是否善于思考。在思考过程中，要让孩子学会的主要方法有：具体问题具体分析法，从特殊到一般再从一般到特殊的方法、分类比较法等。

要提高孩子的学习成绩，就要注意在提高孩子的学习能力和学习方法上下功夫，能力上去了，方法对路了，孩子的学习效率自然就高，知识掌握就快，知识运用就灵活，就能起到事半功倍的作用。

细节15　阅读能点燃女孩的智慧

每个父母都希望自己的孩子爱书，爱读书，而小女孩们也大多喜欢阅读。那些色彩鲜艳、形象生动的童话故事书总让她们爱不释手，她们与书有不解之缘。阅读能有效促进孩子大脑的发育，促进孩子思维、语言、个性等身心的全面发展。阅读能增加知识，点燃智慧，开阔视野，陶冶情操。

一些父母认为，孩子长大后自然而然地就重视阅读了，这种想法是不对的。因为读书是一种习惯，这种习惯要从小养成。否则，到了中学时代，教科书、参考书、课外班等一起压向孩子，这时再去让孩子养成读书的习惯，已经来不及了。所以，为了培养孩子的读书习惯，从小养成是关键。父母可以从以下几方面抓起：

1. 让女孩养成阅读习惯

国外有关研究发现，8岁之前是学习基本阅读能力的关键期。培养孩子的阅读习惯，要从培养孩子阅读兴趣开始。如果孩子不能领会读书的乐趣，她们是不会喜欢读书的。当孩子对读书有了兴趣，她就会自己不断阅读。带领孩子走进书的海洋，引导孩子对书籍、阅读和书写的兴趣，对孩子学习能力的形成和提高都是非常重要的。

培养女孩阅读的习惯，父母要以身作则，自己也应养成良好的读书习惯；要为孩子读书提供必要的条件，如尽可能让孩子有自己的书房、书桌等；父母要为孩子买一些书，也可以让孩子自己选择她感兴趣的书；更重要的是父母要了解女孩和男孩喜欢阅读的书的类型是不同的，要为女孩准备她喜欢的书等。

2. 与女儿一起阅读

父母应定期或不定期地抽出一定时间参与孩子的阅读，跟孩子一起交流阅读的情感体验，这对于孩子保持读书的兴趣十分必要。

孩子的阅读要从兴趣入手，在孩子兴趣形成时，不要强迫孩子读过于枯燥乏味的书籍，最好能够和喜爱读书的小朋友一起阅读，这样相互之间都有兴趣；支持孩子把书作为礼物送给小朋友们，让孩子知道书是最好的东西；给孩子一个专用的小书架，遇到问题时，可以告诉孩子去书里找答案，让孩子体会读书的成就感。对于父母们来说，和女儿一起阅读既是指导孩子阅读的过程，也是分享阅读快乐的过程。

3. 营造阅读的氛围

培养孩子的阅读能力，更多的是父母的坚持，用自己的读书习惯和自己对阅读的坚持，在家庭中营造一种良好的书卷氛围。

孩子阅读习惯的养成，与家庭的阅读氛围、父母的阅读习惯息息相关。其实，创造一个阅读的环境并不难。父母可以经常有意识地带孩子逛逛书店，选择一些孩子喜欢的书籍；给孩子一个属于她自己的阅读空间；可以把饭后、睡前或者任何一个合适的时间，设定为一个分享阅读的时间，让孩子自己选择阅读内容，听孩子阅读或父母阅读，或交替进行；还可以用角色扮演的方式让全家一起参与，一起分享读书的乐趣。

细节16　谁说女孩天生害怕“数理化”

很多女孩的家长一议论起孩子的数理化成绩，就会摇头：“数理化是

我女儿的弱项。”“我女儿天生就不是学理科的料！”受此影响，很多女孩子自己也对学习“数理化”失去了兴趣和信心，认为自己天生不是学数理化的料。所以，一到上数理化课和理科考试时，一些女孩心里就充满了恐惧感，结果数理化成了女孩心里的“痛”。

针对这种情况，一位研究高考的教授说：“在平时学习和参加高考中，女孩一点都不比男孩差，所欠缺的只是自信心。”所以，要让数理化不再成为女孩心中的痛，家长们首先要走出心理误区，要引导女孩树立信心，要让女孩相信自己，不断鼓励自己“我行，我一定行，我会做得比别人更优秀”！这样你的女孩就会精神抖擞，从容应对“数理化”的学习和考试。

1. 帮助女孩克服自卑心理

从智力发展的角度来讲，男孩和女孩的差别并不大。以前人们普遍认为男生的抽象思维、逻辑思维能力比较强，而女生则在语言、记忆等方面更有天赋，这更多的是受传统文化的影响而产生的偏见。认真想来，一些女孩害怕数理化，与这个偏见有很大的关系。从生理上说，女孩与男孩有一定的差别，但这个差别不是绝对的，也不是不能改变的。

居里夫人小的时候就没有因为自己是个女孩而选择文科，她决心做一个杰出的女科学家。经过努力，她终于在物理学和化学研究中都取得了辉煌的成就。她两次获得诺贝尔奖，而且这两次摘取的是诺贝尔奖中的最高科学桂冠——诺贝尔物理学奖和诺贝尔化学奖，这在男性中都是不多见的。此外，她还获得了难以计数的其他科学殊荣。

在教育孩子方面，居里夫人用了一种带艺术色彩的“智力体操”对孩子进行智力训练，如数的训练，字画的识别，给孩子们讲关于植物和动物的趣事和科学知识等。在她的教育下，长女伊伦娜与丈夫约里奥也共同获得了诺贝尔化学奖。

所以说，女孩不但能学好数理化，而且可以获得成功。父母要通过各

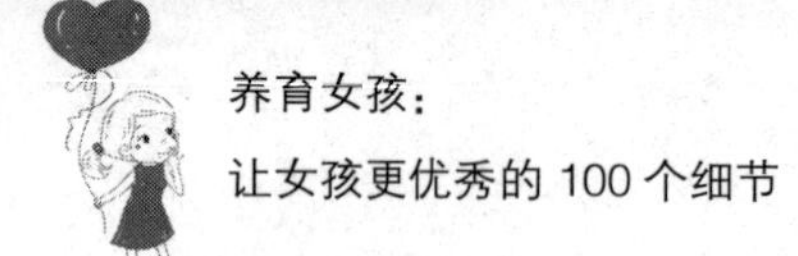

种形式告诉女儿，女孩子学不好数理化的一个重要原因就是有恐惧心理，并帮助女孩克服这种恐惧心理。因为有恐惧心理，在上课时出现紧张情绪的频率较高，越紧张就越听不懂老师的讲解，于是数理化成了女孩心里的“痛”。

2. 培养女孩的自信心

培养孩子的自信心是家庭教育的首要任务，在对待女孩数理化的学习问题上尤其如此。

“真笨，这你都不会。”“你看谁谁家的孩子就比你强。”“告诉你多少遍了，就是记不住。”“你不是学理科的料。”“一辈子你都甭想学好数学。”这些都是家长有意无意常挂在嘴边的话，它影响着甚至摧毁了女孩学习理科的自信心。所以父母平时一定要注意不要说类似的话来打击女孩学习理科的信心。要对孩子多鼓励，鼓励孩子做各种尝试，鼓励孩子的进步。不要怕出错，即使出错也不要责备孩子。要知道，孩子正是在对错的判断中树立了自信心，这就是成长的过程。

除了心理素质以外，对理科的学习方法也很重要，父母要帮助女孩寻找学习理科成功的路径。为此要注意：

1. 步步为营，稳扎稳打

步步为营，稳扎稳打，不让自己掉队。循序渐进，不能跳跃，旧知识没学会时，一定要想办法学会，这样才能跟上新知识的学习。重点突破“三定”：定义、定理、定律；反复练习，增长能力。

2. 多研究例题和自己做错的题

研究课本的例题，研究老师课堂上讲解的例题，把这些研究透才能举一反三，把握做题的规律。另外，不放过自己做错的题，做错的题自己一定要弄清楚。最好准备一个错题本，把错题整理在一个错题本上，以便备查。综合复习或考试之前，看一看很有用。

3. 帮助女孩寻找正确的学习方法

学习理科方法重要，如做练习题要精选，不可贪多求全；有目的地练习，不要埋头做题；在做题的基础上，要善于总结和反思，不断提高学习能力。

4. 培养女孩的逻辑思维能力

引导孩子会思考，在思考的基础上再做出判断。在平时要注意培养女孩分析、推理和判断的能力，不要直接给孩子一些结论性的东西。

女孩并不是天生就学不好数理化，关键是信心和方法，信心是学习的灵魂，自信心可以帮助女孩战胜学习数理化的困难和恐惧，方法能够帮助女孩轻松地学好数理化。

细节17　重视女孩的学习：从全国的“女状元”说起

近年来，高考女状元增多的现象引起了人们的关注。有的人说这是社会进步的表现；有的人则提出了质疑，认为这是考试不公造成的。抛开这些争论，将视野转向社会，我们可以看到，国家重点实验室里的女研究员、成功的女商人、卓有建树的女工程师、女科学家、女飞行员……各种行业女性精英的身影越来越多，都足以证明女性的能力在不断地增强。学习能力、应试能力，同样也很出色。从这个角度看，女状元现象给我们的启示还是很多的：

1. 重视培养女孩的能力

高考女状元越来越多，说明在高考这一比赛场上，女孩的智慧和耐力非常适合这一场战斗。2008年四川高考女状元王越的经验值得许多女孩学习。

王越认为，坚持学习要对症下药，首先要把基础的、典型的问题弄明白，有时间再去钻研有难度和深度的问题，并且要量力而行。因为每年的高

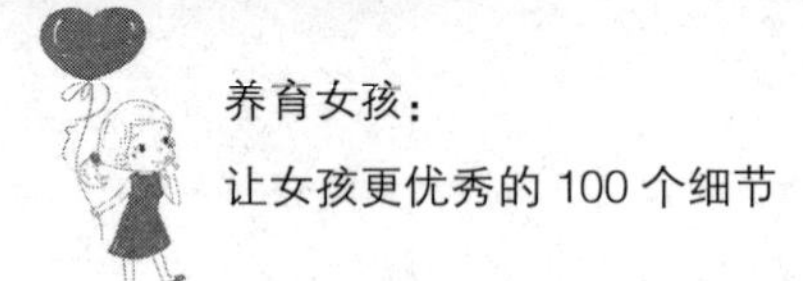

考，大部分分值都是基础知识。王越一直保持各科均衡发展，对每一科都保持良好的学习兴趣，从不偏科。她还认为，学习要主动，同时也要有计划。

可以看出，这是一种理性思维的表现，也是能力提高的结果。相比之下，男生好奇心强、求知欲强，但是不太注重细节。当然，这种比较不是绝对的，只是面对教育的应试能力这个层面而言的。

高考女状元增多的事实还说明，现今女生的竞争能力在提高。人们总说，男生在学习上有后劲，尤其到了高中更明显。而女生在高中阶段的竞争中，甚至在高考的竞争中，不仅没有被落下，反而成绩在一般男生之上。有些女生升入高中以后，面对高考这场竞争，竞争意识非常强，也非常有毅力。

2. 关注孩子学习的每一个阶段

对于女孩们的成长，父母们功不可没。一般有女孩的家庭，父母们在对孩子未来进行分析时，都能保持清醒的头脑。如针对女生在升入高中以后后劲不足的问题，女生家长们就能未雨绸缪，给予女孩有效的引导和关怀，不让自己的孩子落下。面对未来的竞争，拥有女孩的家庭忧患意识更强，对女孩的教育也更细致、更有耐心。他们从幼儿园开始，小学、初中、高中，乃至大学，都倾尽全力，或陪伴在女儿身边，细心呵护，或想尽一切办法提高女儿的学习成绩和其他各方面的能力。尽管这其中有过多的保护，尽管现在的高考制度在改革，但在开发女孩智力方面，家长们付出了辛苦，也收获了喜悦。

3. 帮助女孩扬长避短

研究优秀女孩成长的道路，我们不难发现，这些女生都能扬长避短，充分发挥自己的长处。以物理学科为例，在学习过程中，一些高考女状元充分发挥了自己在记忆、理解和表达上的优势，所以在物理学科学习和考试中，做到了表述更清楚，为自己赢得了好的成绩。

此外，女生细腻、沉稳的优点能避免一些不必要的丢分。据统计，在

历届高考状元中，数学能得满分的女生很多。能够把握住自己，这些也是女生们的优势之处，所以她们能找到适合自己的比较科学的学习方法，该玩的时候玩，该学的时候非常认真，该休息的时候就放松休息。

在家庭教育中，父母们应关注女孩的成长，重视女孩的学习；女孩要想取得好成绩，就要面对自身的条件，扬长避短，踏踏实实地努力，才能使自己成为优秀的人才。

细节18　理智的女孩不做书呆子

现在，人们的生活水平提高了，孩子们生活在优越的环境里，不用为吃喝发愁，父母们为她们安排好了一切，女孩们都成为家里的小公主，除了学习，什么都不用想，什么都不用做。一些父母们还限制她们玩、限制她们交友，为了她们的前途，父母为她们准备了大量的课外练习、各种各样的课外兴趣班、补习班。这些孩子在学习、学习、再学习中已失去了自我，一个个成了小书呆子。一些女孩子因此上大学了尚不能自理生活，参加工作了还无法适应社会的需要，成了“无用”的人。父母们应重视这一问题，并采取恰当的教育方法，不要让女孩成为书呆子。

1. 培养孩子的自理能力

女孩要健康成长，就要有自理能力，有了自理能力，掌握基本的生活技能，自己才能够照顾自己的生活，这是保证孩子能够自立的最起码的要求。

一位记者去学校采访，见到一个叫玲玲的同学，记者问：“你平时洗袜子吗？”

“不洗。”玲玲回答说。

“那平时都是谁给你洗的？”

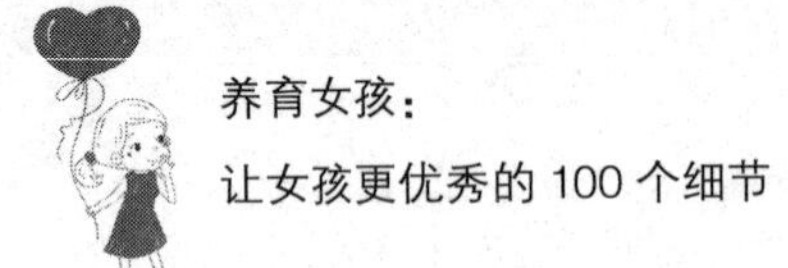

“妈妈给我洗。”

“如果妈妈不在家呢？”

“那只有请爸爸来洗了。”

“如果爸妈都很忙，没有时间给你洗呢？”

“那就放着，等他们有时间再洗。”

“以后你长大了，谁给你洗？”

玲玲很坦然地回答：“长大了请保姆呀！”

生活中像玲玲这样没有自理能力的孩子有很多，没有自理能力，甚至没有独立生活能力，更谈不上解决问题的能力了。一些孩子上小学三四年级了，还需要父母喂饭，上大学了需要父母陪读。这些问题真应该引起我们家长的重视。做父母的应当关注这些问题，让孩子找回属于他们自己的生活，已经成为十分迫切的问题了。

2. 让孩子学会自己的事情自己做

自理能力是人生存的基本能力，也是最重要的能力。一个连基本生存能力都没有的人，他的学习能力也不会高。

张放放9岁时就小学四年级了，爸爸妈妈不接送她，她总是自己骑自行车上下学；上初中时参加军训，她不但自己的背包打得很好，还能够帮助同学打背包；上大学时，她坚持不用父母去送，到北京大学办理入学等各种手续比其他家长都快；到美国读研究生，报到的第二天她就自己开火做饭。

有人问张放放的父亲，孩子为什么能这样自立。他说：“从小我们就叫她自己的事情自己做，她养成习惯了，什么事都愿意靠自己。”

不要把孩子培养成书呆子，那样即使成绩再好，到社会上也是不行的。不要因为孩子学习忙，就包办孩子所有的事情。父母不应把孩子的自理与学习文化知识对立起来，因为它们是相辅相成的。一个不能自理的女孩，她的能力必定是欠缺的。

3. 理智的女孩不做书呆子

近年来，高考女状元不断增多，总结这些女状元的经验时会发现，她们许多人都有共同的特点：理智地对待学习与其他能力的培养，注重学习方法，既要学习好，其他方面的能力也很强。

女状元张越主张科学的学习方法，该玩的时候玩，该学的时候一定要认真。每个星期六的下午，都是张越的休息时间，她从不把学习安排在这段时间里，而是以逛街和玩自己喜欢的乐器来缓解一周来的紧张心情。张越还科学地安排学习和休息的时间，该休息时她就出去玩，晚上也会保证睡眠时间。坚持下来，张越不仅学习成绩好，乐器也上了一个很高的档次，身体和精神状态都很好，这是她能成为一个状元的重要保证。

高考女状元李兰喜欢看漫画、打游戏；喜欢足球赛，欧洲杯足球赛场场不落；曾是欧文的球迷，后改为追捧劳尔；喜欢看小说，对《飘》情有独钟；喜欢听歌，《挥着翅膀的女孩》让她百听不厌。这些并没有影响她的学习，反而使她学习的精力充沛，学习更有劲头。

爱好广泛与学习好并不矛盾。父母要鼓励和培养孩子的课外兴趣，这些都有助于提高孩子的智力水平。如音乐可以愉悦情感，放松情绪，启迪人的智慧，对孩子的智力发展有重要作用。世界上不少科学家、哲学家、文学家都曾酷爱音乐。如爱因斯坦、马克思、歌德等，在他们成功的路上，都有音乐伴随。所以，父母不要让沉重的书本压得孩子们喘不过气来，只让孩子学习，不让她们有其他的爱好，她们就真的成了只知学习，不食人间烟火的书呆子。正确的方法应该是引导孩子参加体育和艺术活动，提高孩子的艺术欣赏水平。这样，不仅不会影响孩子的学业，还会对孩子的学习起到积极的促进作用。

总之，女孩的父母想让孩子成才，就应该让孩子有广泛的兴趣爱好，把孩子培养成活泼可爱、有能力的小公主，而不是学习的机器。

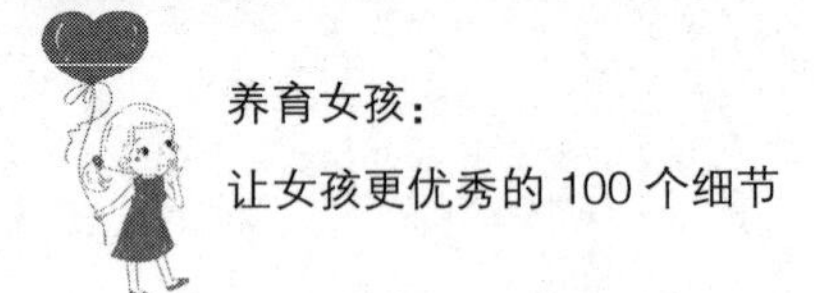

细节19　培养女孩的兴趣，打造女孩的一技之长

广泛的兴趣、爱好，对人的一生的影响是巨大的。而对于女孩来说，更为重要。发展特长的基础是兴趣，如果父母能在女孩广泛的兴趣爱好中发现一项特长，有助于孩子性格和心理的成长。研究表明，一个腼腆的女孩在敲鼓时，能释放内心热烈的情感，会更容易适应青春期带来的不适，更加自信地向世界展示自己。

在现实生活中，虽然有很多父母已经意识到培养女孩的多种兴趣、爱好很重要，但仍有很多父母在按照自己的想法和爱好，为孩子安排未来发展的道路；或者因为某种固有的教育思想，强迫孩子放弃自己喜欢的事情，阻断孩子兴趣的萌发。

这种想法和做法是万万要不得的。

父母应该有正确的认识，要积极发现孩子本身的才能，将女孩培养成多才多艺的有益于社会的人。

1. 培养女孩广泛的兴趣、爱好

孩子的兴趣在于培养，为了培养孩子的兴趣，父母首先要发现孩子的天赋。

莫扎特3岁就对音乐表现出极大的兴趣，经过父母的培养，很快成为音乐家。但如果一个孩子对音乐没兴趣，父母硬逼着她弹钢琴，那么她弹的曲子仅仅是为了应付父母的要求，孩子就不能全身心地投入，就不会走入音乐的圣地。

为了培养和发现孩子的特长和兴趣，父母要有意识地为孩子创造条件，如让孩子参加各种文艺体育活动，让孩子在参与中体会到快乐。在兴趣的培养上，要尽可能尊重孩子的意愿，多给孩子自己选择的机会，让孩子由于“自主”而感到快乐。当然，培养孩子的兴趣不一定都让她们去搞

艺术，也可以是其他方面的，只要是女孩最喜欢的东西，父母就应让她自由发展。兴趣是最好的老师，有兴趣，孩子才会从内心里愿意做，才会自己去琢磨去探索，从而取得成绩。

2. 尊重孩子的兴趣选择

孩子有了某一方面的兴趣后，父母还应在尊重和支持孩子兴趣的基础上，选择其中的一项或两项作为重点，使其发展成为一种能力、一种特长。培养女孩的特长，父母要考虑孩子自身的条件和兴趣，依据孩子的内心需求，她喜欢的，父母不要横加阻拦；她不喜欢的，也不要勉强孩子，更不能把自己的意愿强加给孩子。

琪琪兴趣广泛，既喜欢吹长笛，也喜欢打乒乓球，更喜欢下棋。每天写完作业后，她就和小朋友们一起玩游戏下棋，有时还跟大人下棋。可是妈妈却希望女儿学钢琴，因为她听说女孩学好钢琴将来高考能加分，就计划为女儿买一台钢琴。琪琪知道后很不高兴，就告诉妈妈：“你买了钢琴我也不学，你要是非要我学习乐器的话，我就练长笛！”可是妈妈不答应，硬要买钢琴，琪琪气得连棋也不下了，整天闷闷不乐。

现实生活中，像这样的事情常常发生。女儿想学古筝，母亲却非要她放弃古筝改学钢琴；女儿喜欢文科，父母却以“学理好找工作，学文不好找工作”为由，为她选择理科。要知道，一个人不能选择自己喜欢做的事情是痛苦的，强迫孩子去做不愿做的事情，还可能引起孩子的敌对情绪和反抗。

3. 帮助女孩发展特长

当女儿在某一方面表现很突出时，父母还应该帮助她们保持和发展这种特长，把这种特长发展成孩子的看家本领。

当然，让女儿发展特长并不意味着要孩子得什么奖，应以有利于孩子的身心健康为原则，要量力而行。

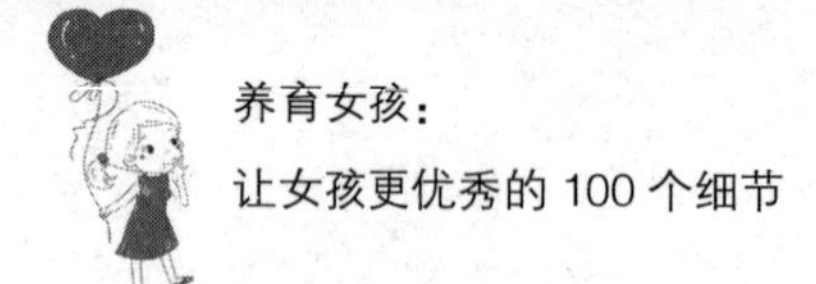

孩子在成长过程中会有很多兴趣、爱好，父母的责任是发现、保护孩子的兴趣，并使之发展成为孩子的特长。

细节20　正确对待女孩的学习和分数

父母们通常都关心孩子的成绩，每次考试过后，总会出现“几家欣喜几家忧”的情景。孩子取得了好成绩，家长又是表扬又是奖励；成绩不好的孩子则要面对家长的怒目、批评，甚至是打骂。而望女成凤的家长们对孩子的学习成绩似乎永远都不满意，孩子考了第十名，他们希望下次考第五名；孩子考了第五名，他们希望孩子能考第一名；孩子考了第一名，他们希望孩子回回都考第一名。

父母们过分关注分数，对于敏感的女孩来说，通常会使她们对分数产生过敏反应。一次好的分数，可能让她们忘记自己学习上的不足，沾沾自喜起来；一次不尽如人意的分数，则容易将女孩击倒，伤害女孩的自尊心、自信心和学习热情。结果，分数成了套在孩子身上的枷锁。在这种状况下成长的女孩，心理承受着太大的压力，身心自然不会舒畅。因此，父母要正确看待孩子的分数。

1. 孩子成绩不好，不可过分地责骂

家长重视孩子的学习成绩并没有错，但应该用正确的态度对待孩子学习成绩的变化。否则，父母会因自己的过激行为挫伤孩子的学习积极性。

玟玟的学习成绩不是太好，小学五年级的期末考试，她的语文成绩只有60分。

回到家里，妈妈得知她得了60分，一下子就火冒三丈：“这都五年级了才考60分，以后还不考50分呀！是不是没好好复习？”

玟玟很害怕，小声说：“我真的复习了……”

“还敢撒谎，我看你是想挨打！”妈妈根本不听她的解释，把她按在沙发上，狠狠地打起玟玟的屁股来。

自从被打以后，玟玟越来越不喜欢学习了。她心想：反正妈妈已经认为我是一个学习不好的孩子了。

当孩子的学习成绩下降时，家长应该把问题和原因弄清楚，不由分说地打骂，很容易使孩子产生心理上的不满或不良的心理反应。其实，孩子在遇到困难或者学习成绩不好的时候，最希望得到的是父母的帮助和理解。父母以分数论孩子学习的好坏，这会使感性化的女孩对分数更加厌倦。

2. 宽容孩子的成绩

敏感的女孩最关心她在父母心中的位置了，父母应该正确对待孩子的成绩，尤其是对学习成绩不好的孩子，应在她们伤心和需要安慰、鼓励的时候，多给孩子一些宽容，让孩子从父母的宽容中找回重新振作的动力。

一位母亲参加刚上小学的女儿的家长会。老师说：“这次数学考试，你的孩子考了30分。是全班最低的。是不是孩子智力上有障碍？你最好带她去医院查查。”回家的路上，妈妈流了泪。然而回到家，她却对女儿说：“老师对你很有信心，老师说你不是坏孩子，只要能细心些，一定会赶上你的同桌的。”这时，她发现女儿暗淡的眼神一下子充满了光亮，沮丧的脸也舒展开来。第二天上学，女儿比平时去得都早。几个月后的考试，女儿得60分。妈妈告诉她，她一定能取得更好的成绩。

在妈妈的鼓励下，女孩不断地进步，高考时考上了自己理想的名牌大学。接到录取通知书时，女儿哭着对妈妈说：“妈妈，我知道我不是一个聪明的孩子，是您的宽容和鼓励让我获得了现在的成功。”

父母的宽容和鼓励，能让孩子精神上得到安慰，会为孩子继续努力增添力量。

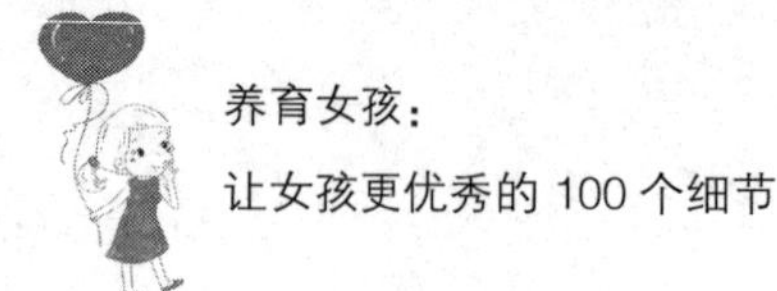

3. 帮助女孩总结经验教训

决定孩子成绩高低的因素很多，作为家长，当接到孩子成绩单的时候，眼睛不应只盯在分数上，如果父母过于看重孩子的成绩，就会误导孩子为了分数学习，加重成绩不好孩子的心理负担。这时需要父母静下心来，和孩子进行必要的试卷分析。考得好，原因是什么？鼓励孩子再接再厉，继续努力；成绩不好的，找出问题的原因，然后和孩子一起研究如何提高的办法。例如，孩子语文总体成绩不好，但作文分比较高，父母就要先表扬孩子的作文，给孩子以自信心，然后再告诉孩子哪些地方比较弱，有待加强和提高。如果父母采用这种方法对待孩子，孩子不仅会愉快地接受父母提出的要求，努力学习，提高成绩，还会在心目中把父母当作知心朋友，以后当遇到困难和学习、生活上的难题时，就会想到父母，会主动与父母沟通。

学习成绩是检查学生阶段学习的一种方式，家长应对孩子的考试成绩有一个正确的认识，应鼓励孩子的进步，让孩子能够快乐地学习。

第三章

如何帮助女孩打造完美气质

细节21　培养女孩的气质从走姿开始

优美的走姿可以将女孩的内在气质显示出来，让人赏心悦目；优美的走姿会使女孩气质更典雅，给人留下美好的印象。然而现实生活中，有一些女孩不注意自己的走路姿势，有的东摇西晃、吊儿郎当的，有的用脚尖着地的，有用全脚掌着地啪啪作响的，有的含着胸或驼背的……这些不正确的走姿不加以纠正，就会形成习惯，不仅影响女孩的形象，还会影响她们的健康。

一些父母可以说没有意识也没有注意到这一点，他们只注意到孩子的学习，认为比起孩子的学习这都是小事。实际上，这是不对的，父母希望自己的女儿有高雅的气质，那就要从培养女儿优美的走姿开始。尤其是当妈妈的要留心一下女儿的走姿，不要等不正确的走姿形成了习惯才去矫正，那时就费力了。

1. 告诉女孩不正确的走姿有害健康

告诉女孩，不正确的走姿有害健康，这很重要。让孩子从小就重视这个问题，自己多注意一些，比别人纠正更好。科学研究表明，不正确的走姿有害大脑的健康。有的女孩爱低头走路，低头走路会造成大脑的气血流通不畅，阳气不能上升，从而影响大脑正常的气血供应。内、外八字的走姿也对健康不利，外八字走路有碍阳经，使肝、脾、肾脏气血紧张，血流不畅，从而影响大脑血液的供应，造成大脑血液回流不畅。内八字则影响胆、胃和膀胱的经络，而这些经络均在脊柱的周围，脊柱周围气血不畅，一样影响大脑血液的循环。此外，侧颈、斜肩的走路姿势会影响气血运行，造成阳气不能上升。

走路姿势不正确，也会影响女孩的身材。走路用脚尖着地，小腿用力，就会增加小腿肌肉的活动，使小腿变粗。

2. 告诉女孩正确的走姿有利于健康和美丽

正确的走姿最基本的要求是抬头挺胸。抬头挺胸有利于人全身和大脑的气血回流，也就是说，抬头挺胸走路时，可以让大脑得到休息，还可以改变低头学习时大脑气血流通不畅、阳气不能上升的状态，增加大脑的气血供应，使大脑得到休息和补偿。正确的走姿还可以让女孩身材发育得修长秀美，尤其是对腿部的作用更大，它可以让女孩子告别大象腿，为将来轻轻松松地拥有苗条身材打下基础，甚至就连现在女孩们最痛恨的水桶腰也可以甩掉。只要“走”得正确，不用节食，不用拼命做瘦身运动，就可以达到瘦身的目的。

3. 让女孩掌握优美走姿的要领

优美的走姿要从小培养，不能等到形成了不好的走路习惯再改正。坚持自我训练是形成优美走姿的主要方法。所以，女孩要掌握正确的走路姿势：走路时脚要以腰部为轴扭动臀部，但腰不能摇摆；颈要直，双目平视，下颌向内收，面带微笑，这样会给人带来美的感觉；上半身保持正直，收腹收腰，臀部提起。膝盖伸直、脚跟自然抬起、两膝盖互相碰触；一脚跨出后，手和臂部也要跟着摆动，注意要自然，有节奏地走路注意步位和步度。两脚踩的步位应基本在一条线上，臀部自然而然地摆动；步度要因人而异，与男孩子相比，女孩子的步度相对要小些，尤其是身材娇小的女孩，步度更应小些，这样走起路来显得文静而优雅。

4. 不正确走姿的矫正方法

如果孩子已经出现走姿不正确的情况，如八字脚等，父母也不用着急，这些都是后天的习惯造成的，是可以矫正的。具体方法如下：对驼着背走路的女孩，可以让她们靠着衣橱或者墙壁挺胸抬头地站立，来保持身

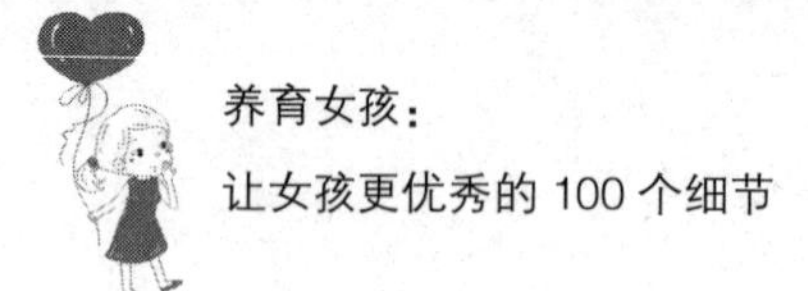

体挺拔的姿态；不论是内八字脚还是外八字脚，在走路时都要随时注意女孩的膝盖和脚尖是否对着前方，不要偏离，随时发现，及时矫正；踢毽子，不仅是一项健身运动，也可以矫正八字脚。外八字脚用脚内侧拐踢毽子，内八字脚用脚外侧拐踢毽子，两脚交换进行，长期练习，就会将八字脚矫正过来。

正确的走姿不仅有助于身体健康，使女孩显得挺拔、高雅，“走”出健康美丽，还会将女孩特有的魅力和气质展现出来。

细节22　青春期的女孩不要因害羞而束胸

青春期给少女的生理和心理上带来了很多变化。青春期的女孩乳房发育迅速，从平坦逐渐变得隆起，女性之美开始显现。但是，因为父母，特别是母亲没有对孩子进行这方面的教育，不少女孩因心理上没有做好应对这些变化的准备，不仅没有感到美，还会为此而感到难为情，她们便用束胸来掩饰身体上的变化。

13岁的苗苗在日记中写到：看到成年女人高耸的胸部我觉得很美，可是它对我来说只是个沉重的负担，我总是觉得每天都有人盯着我的胸看，我难受极了，上课也开始溜号了……

今天，我终于找到法子整治它了。我偷拿了妈妈的腹带，虽然是个硬邦邦的东西，但我把它束在胸上，对着镜子的刹那间，我的确很满意，没了！

不知道为什么，现在总是觉得呼吸困难，尤其是上体育课的时候……

苗苗的感受在青春期的少女中比较普遍。她们不知道这样做既不好看又不利于健康。所以，帮助女孩们正确对待自己生理方面的变化，母亲的责任很重大。

1. 让女孩为成长而骄傲

母亲要让孩子知道，青春期的女孩乳房的变化，是一种自然发育现象。乳房发育是身体健康发育的标志，不应该因为害羞而干扰其发育。胸部是女孩身上的闪光点，胸部隆起、结实丰满说明女性之美开始显露，女孩们应该为自己的胸部感到自豪、骄傲，愉快地接受它，坦然地面对它，就不会因为害羞而束胸了。

2. 让女孩知道束胸的危害

首先，束胸会影响呼吸。这是由于穿紧身衣会把胸部扎得紧紧的，使得胸部活动受限，以致影响正常的呼吸。据专家介绍，束胸两年的女孩与同年龄不束胸的女孩相比，肺活量、肺容量等肺功能指标大约要低15%~25%。其次，束胸会影响胸廓的发育，使胸廓变得又扁又细，胸廓的形状也会受到影响。而且，束胸会使刚刚发育的乳房因受到外界压迫而影响到乳房本身的发育，甚至会影响未来产后乳汁的分泌和排出。

3. 让女孩知道戴胸罩的好处

乳房是由腺体和脂肪构成的，并由结缔组织支撑。由于结缔组织没有弹性，不戴胸罩会使乳房发育成熟后松弛、下垂，在跑步和跳跃等剧烈运动时，乳房也容易受到创伤。戴胸罩的作用就是支托乳房，使乳房均匀负担、不下垂，促使乳房正常发育，避免剧烈运动造成的疼痛和不适。而束胸是压迫乳房，使乳房不能正常发育。所以，戴胸罩与束胸不同，戴胸罩不仅是为了美，更是为了健康。掌握戴胸罩的时间也是个重要问题。一般在乳房刚开始发育的两三年内不需要戴胸罩，让其自然发育。待乳房发育到一定程度，即乳房上底部经乳头到乳房下底部的距离如果大于16厘米，或者在做剧烈活动时，乳房晃动让孩子感到不舒服时，就该让孩子戴胸罩了。

4. 帮助孩子选择合适的胸罩

为孩子选购胸罩时，合体、舒适是首先应该考虑的。

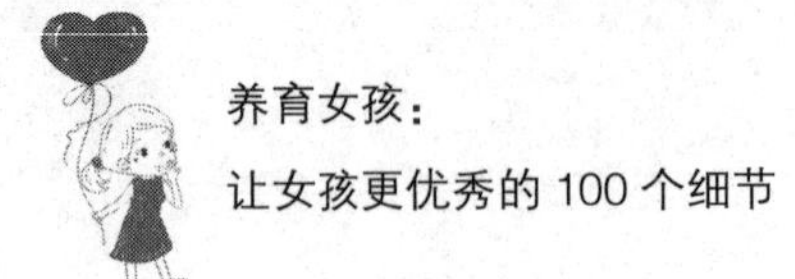

合体就是选用乳罩的型号应大小合适，过大起不到作用，过小、过紧对乳房健康均有一定的危害。那么，什么样的胸罩才算合体呢？戴上胸罩后，以乳房不感到压迫也不感到松弛为标准。舒适就是最好选用质地柔软、吸水性强、透气性好的纯棉布料做的胸罩。选择好胸罩后，要让女儿戴上照镜子，让孩子自己对比戴胸罩前后的变化。这时当妈妈的要不失时机地对女儿显现出来的线条美加以赞扬，增加女儿的信心。还要注意，告诉女孩晚上睡觉时，应脱掉胸罩，宽衣入睡，以利于身体呼吸和血液循环。

当然，不要束胸，也不要走到它的反面不戴胸罩。有的少女乳房已经发育很大仍不戴胸罩，时间长了，乳房就容易松弛下垂，妨碍乳腺内正常的血液循环，造成部分的血液瘀滞，引起乳房疾病；剧烈运动也易使乳房受到创伤而引起乳腺炎。

青春期的女孩需要父母的格外关注，父母要引导女儿正确对待青春期生理上的变化，做好心理调适，让女孩从心里为自己的成长发育感到高兴。

细节23　驼背女孩，挺起胸来展现青春之美

如今，由于学习压力大，缺少锻炼等原因，不少女孩成了驼背。驼背给人的外观感觉是没有自信、没有精神，体态不优美，有时这会间接影响人际关系。当女孩刚开始出现驼背迹象时，如不及时纠正，久而久之，就会形成习惯，若长期驼背，就会造成骨骼变形，使脊椎软骨磨损，长骨刺，甚至压迫到神经。

女孩驼背，原因有很多，有的是由于不正确的坐姿、读书姿势和写字姿势引起的；有的是课堂上怕被老师提问，把头埋得低低的，并且形成了习惯；有的是对体育课没兴趣，缺乏锻炼，长此以往，背肌发育不良；还

有一些女孩子生理发育较早，特别是乳房发育较快，父母对她们的生理发育没有给予及时关注，这些女孩担心同伴、同学异样的眼光，就会用驼背来掩饰，不自觉地形成了习惯。

10岁的佳敏有点驼背，走路总是低着头，无精打采的。班里有几个女生还把她的走路姿势“表演”给她看。而她一到教室，总有老师好言相劝：“挺胸、收腹，别再低着头走路了，小心驼背。”奶奶一见她就叹息、唠叨不停……她这才感到了事情的严重性。

像佳敏这样的女孩还有很多。女孩子驼背已经成为困扰她们的一个很重要的问题。要纠正女孩子驼背，需要父母多关心，并采用正确的矫正方法。

1. 让驼背女孩树立信心最重要

对于多数驼背女孩来说，矫正驼背是个痛苦且漫长的过程，很多女孩往往坚持一段时间后，见效果不明显就放弃了。这时就需要父母帮助她们树立信心，让她们认识到，只要有信心，就一定会成功。

由于遗传原因，孙誉函小学毕业就快一米八了。虽然经过检测，她的身高属于正常范围，可慢慢地，小誉函出现了驼背的迹象。为了遏制驼背，也为了培养气质，家人送她去学模特。在学习了一段时间后，她赶上了2006年中、日、韩三国联合举办的亚洲超模大赛，在总决赛中，孙誉函一举夺得了亚军。

虽然这只是个特例，但是这可以让女孩树立起自信，只要有信心，她们就会自觉地挺起腰板，做美丽女孩。对于用驼背掩饰青春期生理上变化的女孩，父母尤其是母亲要倍加注意，如果父母能够给予女孩足够的理解、支持、关心和帮助，告诉她们青春期女孩身体的变化会让女孩越来越美丽，女孩自然就会挺起胸来，让青春之美显现出来。

2. 让女孩养成挺胸抬头的习惯

对于驼背的女孩，要让她们认识到驼背不仅不美，还会影响身体健康，使她们从内心深处认识到自己应该纠正驼背的习惯。

对于轻度驼背的女孩，可以用正确的坐卧和走路姿势来矫正。然而，现在社会上有一种帮助孩子纠正驼背的产品叫“背背佳”，很多孩子受广告宣传的影响，把这种产品的效用想得神圣化，甚至把自己纠正驼背的期望值全部放在这种产品上。于是，吵闹着要父母给自己买这种产品。其实，这种心态是不可取的。只要女孩自己平时多加注意，改掉平时一些不好的坐姿或习惯，就能有效脱离驼背的困扰。

3. 参加健美训练，做美丽女孩

对于驼背女孩，父母应有意识地鼓励她们多进行体育活动，增强体质，使身体挺拔匀称。有条件的还可以去做健美操、瑜伽等，也可以教给她们一些自我训练的方法。

（1）背靠墙壁：由后脑勺、双肩、臀、脚后跟这四个部位全都紧贴墙壁，至少坚持10分钟，并且养成每日都坚持训练的好习惯，让女孩找到习惯抬头挺胸的感觉。

（2）常照镜子：常常检视自己的姿势，时时提醒自己要抬头挺胸。

（3）扩胸健康操：双手伸到背后合掌，手指朝上，掌心相对。每次坚持10分钟，每日一到两次，养成习惯后，就会有所收获。

驼背是困扰女孩外表形象的一个大问题，父母要让女孩认识到驼背的危害，帮助女孩树立信心，并采用适当的方法，让她们纠正驼背的习惯，挺起胸来，做美丽女孩。

细节24　个子矮的女孩也可以有气质

当看到一些个子高的女孩挺胸抬头走路的时候，很多女孩会因为个子矮而自卑，自卑感的产生，往往来自于孩子的个人预期太高。她们经常用不现实的标准或尺度来衡量自己："我应该长得很高""我应该又瘦又高"。她们还常与高个子女生比较，结果总会觉得低人一等，从而产生抑郁、自责和自卑感。长此以往，就会影响她们的心理和生理的发育。

矮个子女生自卑感的产生，还源于社会的歧视。一些用人单位不能正确对待女孩的外貌与素养的关系——重外貌而轻素养，致使一些素质高而外貌条件差的女孩找不到理想的工作。在婚恋中，矮个子女生因偏见而处于劣势地位，加重了她们的自卑感。所以，让矮个子女生更有气质，从而得到社会的认同，不仅是家长的责任，也是社会的责任。

1. 个子矮也能引领风潮

很多矮个子的女人也很有气质，菲律宾总统阿罗约，虽然身材矮小，但她的气质、才干征服了千百万有气质有才干的男人和女人们。

身材矮小的邓亚萍，凭着自己的坚持意志和拼搏精神，赢了无数个比自己高大的运动员，一次又一次地站在了世界冠军的领奖台，她的气质令人刮目相看。

法国著名的设计师卡尔旺夫人，身材只有155厘米，但人们都称她为"时尚祖母"。她还专门为矮个子的人创立了一个品牌，让很多矮个子女孩找到了自信。

2. 让女孩具有气质美

气质既有先天的一面，也是后天修炼的结果。培养女孩的气质美，就要增加文化内涵，培养广泛的兴趣爱好，如让女孩学习音乐、舞蹈、美术，用艺术修养让女孩透出一种内在的气质美，从而弥补个子矮的不足。女孩的文明礼貌教育更为重要，落落大方、优雅得体的举止，都会让女孩身上透出气质美。在精神状态上，精神饱满、生气勃勃，是女孩气质美的底气。此外，身体健康也是具有气质美的重要方面。可以想象，一个弱不

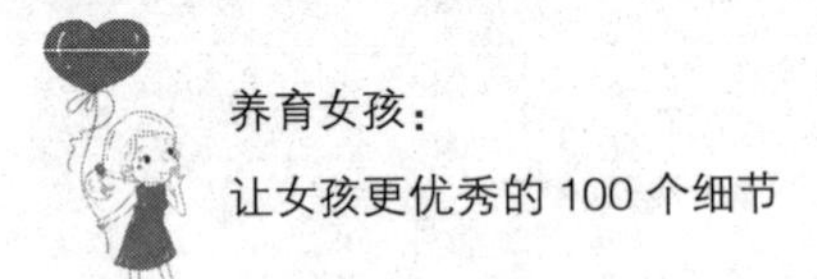

禁风、不健康的女孩，是与气质美无缘的。所以，个子矮小的女孩应注意营养，加强体育锻炼，那些还在生长期的女孩更应如此。

3. 加强营养和体育锻炼

女孩的身材矮小除了遗传因素外，还与营养有关。如蛋白质、微量元素的摄入量等，都在孩子的成长发育中起重要作用。医学研究表明，女孩每天需要100克蛋白质，优良蛋白质能够影响成长激素的分泌，是孩子身体增高的关键因素。蛋白质的主要来源是肉、蛋、奶和豆类食品。微量元素包括钙、铁、锌等。钙是最重要的营养素。因为骨骼中有97%的组成成分是钙盐，补充钙质对骨骼发育十分重要。富含钙的食品包括：奶制品、蛋黄、虾皮、牡蛎、芝麻酱、大豆及豆制品。所以，个子矮小的女孩子更应注意营养，不偏食、不厌食，吃出健康，用充沛的精力支撑起良好的气质。同时，女孩还应加强体育锻炼，经常参加适宜长高和健脑的体育锻炼，能促使全身血液循环，保障骨骼肌肉和脑细胞得到充足的营养，促使骨骼变粗、骨质密度增厚、抗压抗折能力加强。

4. 巧用衣饰掩盖不足

对于身材矮小的女孩，巧用衣饰掩盖其弱点，也可以使女孩子看上去有气质。如矮小瘦弱女孩的上衣腰部要做得稍稍高一点。面料要选素色、无花纹的；颜色的选择上，尽量选用色彩鲜明、单纯的服装面料，服装式样也应尽可能地简单，但一定要制作精致。适当高度的高跟鞋是矮个子女孩的必备品，它能突显品位又能弥补身材缺陷，让女孩看上去又高又瘦，而且穿上高跟鞋以后人显得挺拔，看上去更有气质。

当然，矮个子女孩也需要注意，不适当的穿戴会影响自己的整体气质。如戴帽子时，注意帽子的边缘不应宽于肩膀，要与脸和身材成比例；不要穿横宽条的，或者使你看上去一截两段的衣服，也不要穿半长裙和七分裤。应该选择色彩反差不是很大的、竖窄条的衣饰；衣服上的图案宜选小巧可爱的，避免给人横的感觉。

矮个子的女孩同样能有好气质，父母要帮忙打消她们的自卑感，帮助她们设计自己的形象，树立信心，还要注意引导她们的心理，让优雅的气质从她们的内心散发出来。

细节25　说话的声音和语调是女孩的第二张面孔

人的声音是个性的表达，是人的内心开出的一扇窗户。希腊哲学家苏格拉底说："请开口说话，我才能看清你。"语调就是说话时语音高低轻重的配置。在日常交际中，说话的声音、语调往往比语义传递的信息要多，能对听众的心理产生极其微妙的特殊作用。平淡、没有高低起伏变化的语调会令人感到乏味；抑扬顿挫，充满激情的语调会带给人力量；愉悦的声音和语调可以弥补语言上的一些"缺陷"，甚至能征服人心。

摩契斯卡夫人是波兰的一位明星。一次她到美国演出，有一位观众请她用波兰语讲台词。她站起来，开始用流畅的波兰语说出台词。观众们虽然不了解她台词中的意义，但她充满激情的语调令观众非常愉快。

接着，摩契斯卡夫人的语调渐渐转为低沉，最后在慷慨激昂、悲怆万分时戛然而止。台下的观众鸦雀无声，也同她一起沉浸在悲伤之中。而这时，台下传来她的丈夫摩契斯卡伯爵的笑声，因为他的夫人刚刚念的"台词"是波兰语的九九乘法表！

摩契斯卡夫人竟然靠自己的声音和语调在慷慨激昂和悲怆万分间转换，把没有生气的枯燥乏味的乘法表演绎得如此激动人心，充分证明了声音和语调有不可抗拒的魅力。那么，父母该怎样让女孩拥有动听的声音和音调呢?

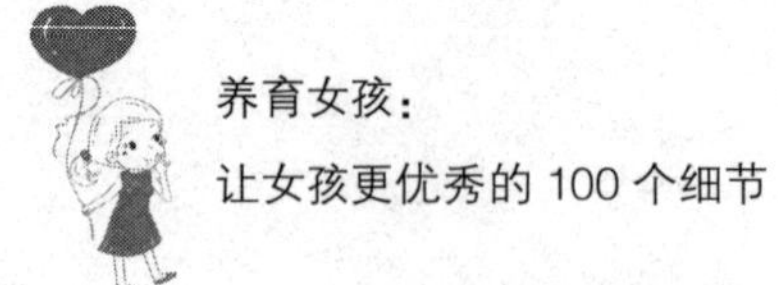

1. 女孩甜美的声音最美妙

一个诗人说：“一个女人哪怕并不特别漂亮，但只要拥有甜美的声音，就会增加五分魅力。”听听诗人对女性美妙声音的赞美，就知道声音对于女人是何等重要。甜美的声音是女孩声音里最美妙、最动听的。

2. 语调也要温柔平和

语调和声音一样重要。悦耳的声音，加上温柔平和的语调，是一种美的享受。语调是与感情结合在一起的，从女孩的语调中可以看出她的性情和修养。或柔情似水，或文静娴雅，或泼辣火爆，都会在语调中表露无遗。

女孩说话的时候应尽量把语调调平和一点，不要太高，也不要太低。尤其是在与朋友交谈时，女孩应当保持中等音调，让声音变得温柔。因为高的音调往往透露出女孩的异常兴奋或惊讶；过低的音调则给人一种消极低沉、心情不好、悲伤过度的感觉。

3. 控制好声音的轻重和语速

人们说话都有轻重快慢之分。一般来说，重要的地方和需要强调的内容应说得重些，句子中的辅助成分或平淡的内容则应说得轻些。轻重适宜，可以使语意分明，声音色彩丰富，语言信息中心突出，从而引起听者的注意，更易于被人理解和接受。对于女孩来说，在与别人交谈中，应适当放缓语速，使声音变得更加动听，交谈的氛围更加融洽。

当然，女孩说话时要尽量保持语调不呆板，节奏分明，不仅要在声音上下功夫，还要注意训练语言的条理性、逻辑性和思维的敏捷性，在富有感情的表达中把内心的思想传达给别人，让人有所启迪，有所收获。

细节26 举止优雅让女孩成为众人中的焦点

每个女孩都希望自己拥有高贵从容的气质，举止稳重、有大家风范，像可爱的公主一样，走到哪里都会成为众人目光的焦点。高雅的举止，能将女孩深厚的文化内涵透露出来，不落俗套的外形，更会使女孩成为众人追捧的对象。充满青春活力的阳光美少女，总是很容易吸引人们的目光。在社交生活中，女孩举止优美、得体显得十分重要。

女孩的言行举止如何往往带给人深刻的第一印象。优雅的举止能博得他人的好感，进而使交流气氛愉悦。相反，态度生硬、举止粗俗只会使人产生厌恶之感。在交谈中，优雅的举止会增强女孩的自信心，进而博得他人的信任。因为人们都喜欢把尊敬的目光投向那些举止优雅的女孩，她们优雅的行为举止总能使人愉悦，让人更愿意亲近她们。

举止优雅带给女孩的好处实在是太多了，它不仅赋予了女孩柔性、大气、得体之美，更为长大后的女孩带来无穷魅力。

女孩优雅的行为举止不是自然形成的，需要从小培养，因为一旦粗俗的举止成为习惯，就很难改正。培养女孩优雅的举止，父母可以从以下几个方面努力：

1. 父母要做出表率

要培养孩子行为举止优雅得体，父母要时刻注意自己的言行，尤其是母亲的言行举止，会直接影响自己的女儿。妈妈是女孩的偶像，女孩举止是否优雅，都有妈妈的影子。母亲怎样穿着打扮、怎样接人待物、怎样评价自己和他人，都会在无形中对女孩产生影响。父母要用自己的言行让孩子懂得美的言行的重要性。父母是孩子的一面镜子，父母教育孩子的行为本身也会对孩子产生影响。对孩子缺乏耐心、经常大声呵斥孩子，用粗暴行为管教孩子，都不利于孩子养成优雅的行为。

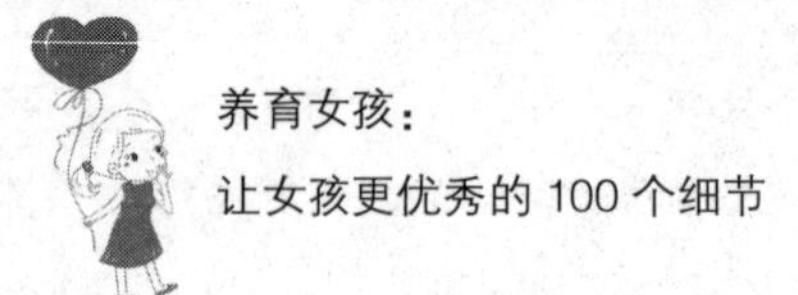

除了父母自身的表率作用之外，父母还可以与女儿一起模仿学习心目中偶像的举止，如揣摩女儿最崇拜的主持人、明星的举止，并让女儿适当模仿。

2. 行止坐卧要讲究姿态

“站有站相，坐有坐相”，这是父母们经常对女孩说的一句话。其实，对于善于交际和注重自我形象的女孩而言，她的行止坐卧都有一定的标准。行，要挺胸收腹，不快不慢自然行走；止，要挺拔不能弯腰驼背，脚尖稍向外呈“V”字形，要避免无精打采；坐，姿态要雅，上身要正，两腿在脚踝处交叉。无论是站还是坐，切记两条腿不要叉开；卧姿要自然放松，不要趴着睡。

3. 学习接人待物的礼仪

当自己或者父母的朋友到访时，女孩要帮助父母热情款待客人，表现出对他人的尊重、理解和善意，要面带自然微笑。千万不要态度冷漠、行为莽撞；也不要有掏耳、挖鼻、搔痒等不良习惯动作；不要打断别人的谈话；吃饭时不要弄出很大的声响，不能边吃边说话；更不能在菜盘里翻找自己喜欢吃的东西。

4. 注重仪容仪表的修饰

仪容仪表的整洁对女孩来说非常重要。父母要让孩子把脸、脖子、手都洗得干干净净；养成早晚刷牙，饭后漱口，勤剪指甲勤洗头，经常洗澡的好习惯。在衣着打扮上，要帮助女孩树立正确的审美观，要让孩子打扮得大方得体。正确看待孩子追求时尚的行为，引导孩子不盲目追求时尚，又不把自己的审美观强加在孩子身上。

行为举止是女孩留给人们的第一印象，也是非常重要的印象，得体、优雅的行为举止可以让女孩享用一生。

细节27 谈吐得体的女孩更有魅力

一些女孩想增加自己的吸引力，让自己更有魅力，她们把工夫都花在了容貌打扮上，却没有意识到，女孩吸引人的地方不仅仅是容貌，还有谈吐。谈吐得体，可以让美丽的女孩更加迷人；让相貌平平的女孩也变得招人喜欢。

那么，应该从哪些方面培养女孩优雅的谈吐呢?

1. 让孩子知道交谈的礼仪

首先，要让孩子使用文明用语。如“您好、谢谢、请、对不起、没关系”等。需要插话或打断对方的谈话时，应先征得对方同意，和对方说：“对不起，请等等。”或者“能打搅一下吗？”使用文明用语，能使交谈变得有礼貌，气氛才能融洽。

其次，要注意倾听他人的谈话，不左顾右盼。如果许多朋友在一起交谈时，讲话的人不可滔滔不绝地讲个没完，应该让在座的每一个人都有发言的机会。还应避免有关的隐私话题，如“你一个月赚多少钱？”“多大了？”等问题；也不要询问涉及疾病、死亡等不愉快的内容。

再次，尊重他人，能够坦诚、热情地同别人交谈，不做作，谦虚谨慎，不夸夸其谈；还要根据不同的场合、对象，恰当地交谈。

另外，要注意交谈时的仪态，即保持落落大方、端庄的仪态；眼神要专注，不论讲话的环境、情绪怎样，都能做到聚精会神；切忌有失礼仪的行为。例如：不加掩饰地大笑；不注意倾听别人的谈话，窃窃私语、指手画脚、拉拉扯扯、不耐烦、打不起精神等失态的行为。

2. 让女孩有文化涵养

一个人的谈吐虽然是外在的能力，但它却来自于人的内功——日积月累的知识积淀。女孩说话有条理、谈吐文雅而睿智、幽默诙谐，都要靠知

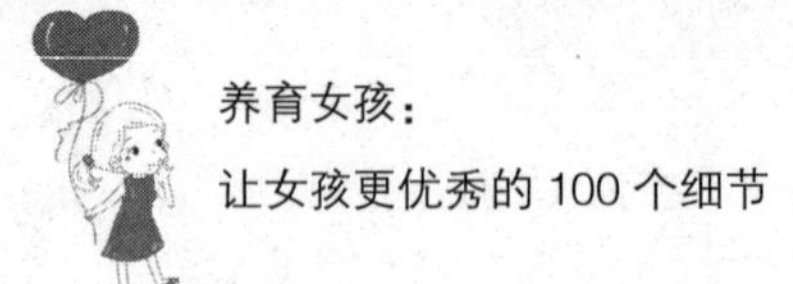

识做底气。才华和修养，是女孩的气质中重要的组成部分。经常读书，勤于思考，知识渊博，女孩才能思维敏捷、应答机智，魅力才能由内而外地显现出来，女孩的谈吐才会更加文雅，处事更加得体，举止更加优雅。

3. 优美的语言、亲切的声音会增加谈话的魅力

人与人之间更多更深的交往总是依赖语言，女孩的语言优美，就会使人感到愉悦，并愿意与她交谈。优美的语言会使女孩在交往中更容易有好人缘。语调和声音是语言的一个窗口。女孩柔美而亲切的声音能传递关怀和温暖，能满足人们心灵深处需求“安慰”的渴望。所以，语调舒缓、含蓄委婉的话语更加动听，更有一种回味无穷之美，它会在无形之中增加女孩的魅力。

谈吐得体能为女孩在社交场合塑造良好的形象，再加上温柔的语调，更容易吸引、打动别人，让女孩更有魅力。要让女孩谈吐得体，父母首先要讲究文明礼仪，还要帮助女孩在提高文化修养上下功夫，让女孩用文明的谈吐赢得更多人的信赖。

细节28　培养女孩正确的衣着审美观

在现代社会中，服装也成了一种文化。孩子的衣着表面上看是小问题，但它却影响着孩子的审美情趣，使孩子形成不同的品位和气质。衣着是一种综合艺术，它对孩子的行为、心理有很大影响。可以说，它是成人对儿童早期审美教育的一种直接感官刺激，这种教育和引导，从孩子的视觉渴望那一刻开始，会伴随女孩的一生。在穿衣打扮上，母亲对孩子的影响是最重要的，在大多数家庭里，都是母亲打理孩子的穿衣，在孩子审美观还没有完全形成的时候，穿什么，怎么穿，都是母亲说了算。而当孩子

开始有自己的喜好时，母亲的态度也会影响孩子审美能力的形成。

1. 正确看待女孩的衣着打扮

女孩到了一定阶段开始对衣着产生浓厚的兴趣，我们经常可以听见妈妈们这样说：

“现在孩子早上穿衣服是最闹心的时候，非要穿自己选的衣服，有时大冷天还要穿裙子……”

“我们家女儿小，但总爱试穿我的衣服，大不说，也不太适合她的年龄……”

“你看我们邻居家的小姑娘，才十三四岁，穿得相当特别，却说那就是流行！”

……

爱美是女孩的天性。女孩从懂事开始就会对自己周围的环境产生审美要求。尤其是3岁以后，当男孩们还在疯打疯闹的时候，女孩们已经开始对自己的衣着打扮产生兴趣了。但作为母亲，需要正确地引导自己的女儿，如果母亲只是一味地迎合孩子，孩子喜欢什么样的衣饰，就给买什么样的衣饰，不仅不利于女孩养成正确的审美观，也容易使孩子形成任性的坏脾气。若孩子的审美观一直得不到引导，一味追求所谓的“非主流”，容易使孩子形成不正确的审美观。其实作为女孩，穿着应以活泼可爱、美观大方、舒适为主，不必千篇一律；也可以有个性，但不要刻意追求另类，要能体现出花季女孩清纯、淡雅、不张扬的青春之美。

2. 正确的审美引导

女孩爱美，但由于她们尚未接触社会，辨别是非的能力弱，审美能力也较低，这就需要父母耐心地加以引导。然而，这种引导是建立在父母的兴趣爱好、品性修养、衣着打扮和生活习惯等基础上的。妈妈满身被名牌包裹着，甚至浓妆艳抹、珠光宝气，无形中就会对女孩产生影响。所以，

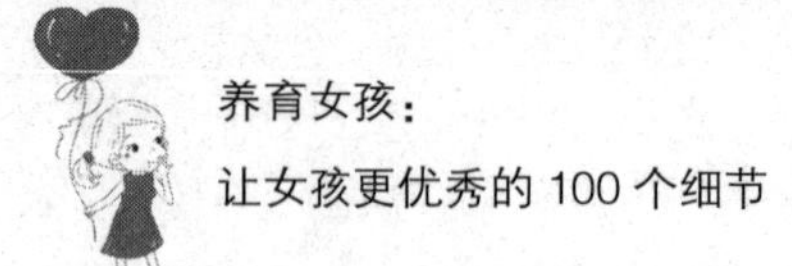

要对女孩进行审美引导，父母首先要衣着得体。在为女孩购买服装时，应让女孩懂得，衣着打扮要以适合自己的年龄特点和美的要求为标准，不盲目追求名牌，不追求奇装异服，逐步培养女孩欣赏服饰美的能力和正确的审美观。女孩只有提高了欣赏服饰美的能力，她才会知道自己穿什么衣服得体，知道服装怎样搭配才是美。这样，女孩就不会去追求所谓的奇装异服。

3. 走出攀比的“怪圈子”

当女孩看见别的女孩穿了一件新衣服，从而产生羡慕也想拥有，这样的情况是很正常的。

“妈妈，今天小婷穿了一件很漂亮的裙子，我也想买一件。”

“楠楠买的牛仔裤是名牌，穿上可显腿形了，给我也买一条吧！”

有的时候，女孩喜欢别人的东西，不一定是真的喜欢，有可能是自尊心在作怪，“她有的东西我也要有，而且要比她的好。”这就是攀比的心理。攀比之心人皆有之，但如果任其发展，一旦进入无止境的恶性循环，就可能让女孩变成一个爱慕虚荣的人。当遇到这样的情况时，父母一定要注意。例如：

“她们说小丽穿的靴子好看，我就不信，我要买一双比她更好看的！”

孩子有类似的表现时，父母就应该知道这是女孩的攀比心理在作怪。为了不挫伤孩子的自尊心，父母可以婉转地对她说：“我们的小公主，你看你现在穿的鞋多舒服，跑起来多快啊，比喜洋洋跑得还快呢！”

女孩的衣着装扮，是她们审美观和审美能力的反映。父母如果能及时、正确地加以引导，对于促进她们身心的健康发展，培养正确的审美品位，具有积极的意义。

细节29 女孩可以不漂亮，但一定要有气质

气质可以取代外表的美丽，成为吸引别人关注的魅力之本。然而，很多女孩都过于注重自己的五官是否漂亮，并以此作为炫耀的资本，而忽视了自身气质的培养。

其实，女孩是否具有令人羡慕的气质，并不完全取决于她是否漂亮，一个并不漂亮的女孩，如果能够有优雅的举止、迷人的笑容和自信的谈吐，她的魅力甚至可能超过一个外表漂亮但举止粗俗的女孩。所以，气质优雅的女孩才是漂亮的女孩。

女孩的气质并不是先天就有的，很大程度上取决于后天的培养和是否拥有自信。一个自信的女孩，她的言行举止之间自然会流露出超乎常人的气质，从内而外散发出一种魅力。

那么，父母怎样培养女孩的气质呢?

1.用“书卷气”让女孩的气质胜过美貌

古人说：“腹有诗书气自华。”这里的“气”就是“书卷气”。这是一种文化内涵和人生智慧的自然流露。气质来自于内涵，内涵又来自文化的长期滋养，因此，气质是无法模仿的。要拥有好的气质，就得练“内功”，练好“文化修养”这门“内功”。古往今来，凡是伟人、名人，没有一个不是知识底蕴非常深厚、学问十分精深的人，要成为气质型的女孩，不是必须靠美貌赢得别人的认可，而是要多读书。

英国著名的唯物主义思想家培根说：“读书足以怡情……读史使人明智，读诗使人灵秀，数学使人周密，科学使人深刻，伦理使人庄重，逻辑修辞之学使人善辩。凡有所学，皆成性格。”读书能增加知识、开阔视野、陶冶情操，增强自身修养，使女孩更有内涵，更具魅力。

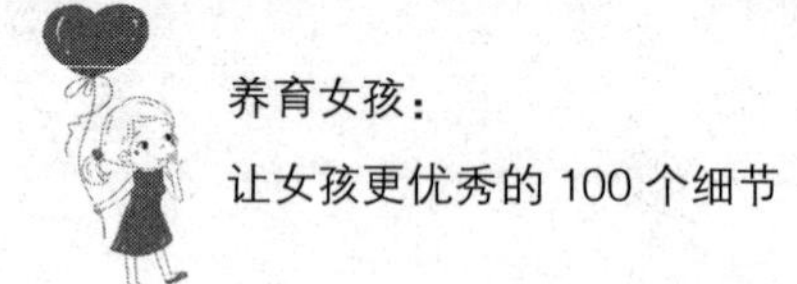

2. 让美丽从女孩的气质中显现出来

在生活中，一些外表不漂亮的女孩，往往用化妆来美化自己，有的甚至想用整容让自己漂亮起来，殊不知，外表美取代不了内在美，但内在美却可以弥补外在的欠缺。所以，用培养气质来使自己变美的女孩，具备更高一层的精神境界和更为丰富的内心世界。这样的女孩懂得创造一流的精神生活，懂得如何充分展示自己的才情、秉性和修养。气质可以提升女孩的内涵与品位，展现一种丰厚的大雅之美，这种丰厚是外表美代替不了的，它可以让女孩滋润一生，美丽一生。

3. 有气质的女孩最美丽

自信是气质的基础，如果没有自信，再漂亮的女孩，也会因为没有气质而显得低俗，当然也就谈不上美。相反，不漂亮的女孩由于有了自信，她的人生就会更加美丽。

被世界政坛誉为“铁娘子”的玛格丽特·撒切尔夫人，具有非凡的气质。她的气质就来自她的自信。玛格丽特出生在英国一个名不见经传的小镇上。她从小就受到严格的家庭教育。父亲经常向她灌输这样的观点：无论做什么事情都要力争一流，永远走在别人前头，而不能落后于人，“即使坐公共汽车，你也要永远坐在前排”。玛格丽特时时牢记父亲的教导，总是抱着一往无前的精神和必胜的信念，尽自己最大的努力克服一切困难，做好每一件事情，事事必争一流，以自己的行动实践着“永远坐在前排”的誓言。

正因为如此，四十多年后，玛格丽特·撒切尔夫人连续四届当选为英国保守党领袖，并于1979年成为英国第一位女首相，雄踞英国政坛长达11年之久，被世界政坛誉为“铁娘子”，成为非凡“气质”的代名词。

“永远坐在前排”的自信使撒切尔夫人更有气质，而超凡的气质又成就了她的辉煌。对于不漂亮的女孩也是这样。当一个不漂亮的女孩有了

自信，她就会注重自己的仪态，就会抬头挺胸地走在大街上，就会把微笑挂在脸上，把自己最好的一面展示出来。一个认为自己不漂亮的女孩可能会经常低着头走路，说话的时候低眉垂眼、无精打采，不敢正视对方的眼睛。这样的女孩就算脸蛋漂亮，也不会引起人们的注意。

气质的培养不是短时间就可以完成的，需要长期培养、从小培养，需要进行方方面面的积累。父母要有信心，即使你的女儿五官不漂亮，但只要加以正确引导，培养孩子的内在美，你的女儿终会变成气质高雅的美女。

细节30　文化涵养是女孩气质的底蕴

气质是女孩最靓丽的名片，而支撑这种气质的是一个人的文化涵养。凡是品位出众、举止有修养的女孩，举手投足都会给人耳目一新的感觉。气质虽然包括衣着与修饰方面的格调，但这些都来自人的文化涵养，文化涵养是女孩气质的底蕴。

当女孩有了较高的学识修养和人格修养时，她就会对生活充满希望。一个怀有高尚理想和志趣的人，会从内心深处发出一股旺盛的生活热情、精神风采，给人以生气勃勃的感觉。女孩正处于生长发育的关键时期，其气质的优雅或粗俗，不仅透露着女孩自身的修养，也留下了父母培养的痕迹。

1. 让女孩饱读文学名著

饱读文学名著对于女孩非常重要，它不仅可以丰富女孩的知识，更能增加女孩的智慧。这种具有内在智慧的女孩不是鲜花，也不是美酒，而是一杯散发着幽幽香气的清茶，即使不施脂粉，也会显得与众不同。

1991年的香港小姐郭蔼明，虽然她不是最漂亮的港姐，但却是学历最高的港姐。她凭着丰富的知识，幽默的谈吐，获得了评审和观众的喜爱，

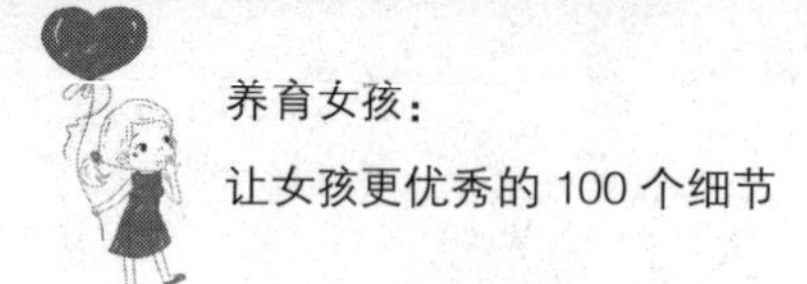

成为当届的“国际亲善小姐”“最佳谈吐幽默奖”得主和“最有气质的港姐”。谈到自己的成功，她说她最喜欢做的事就是读书，只要一有时间就看各国的文学名著。饱读诗书，使她有了非凡的气质。

郭蔼明的成功说明，读书不仅能获取知识，还可以提升人的精神境界。因为经常读书的人，日积月累就会脱离低级趣味，高雅、脱俗的气质就会自然而然地在举止行为中表现出来。所以，读书与否，读书多少，所表现出来的内在气质是大不相同的。正如清代学者梁章钜说：“人无书气，即为粗俗气，市井气，而不可列于士大夫之林。”

2. 视野开阔的女孩更有“深度”

文化底蕴是一种人生的深度，这种深度不仅靠多读书，也靠开阔的视野。所以，父母一定要多带女孩出去走走，如去旅游、看艺术展等，开阔她们的视野，让她们获得更多书本以外的知识。

3. 艺术美的熏陶让女孩的气质更优雅

女孩的一生应该是多姿多彩的。泰戈尔曾说：“当上帝创造男人的时候，他只是一位教师，他的提包里只有理论课本和讲义；在创造女人的时候，她却变成了一位艺术家，她的皮包里装着画笔和调色盒。”

艺术修养是培养女孩气质的一个重要方面，然而艺术修养不是天生的，它需要在艺术欣赏和才艺学习中逐渐培养和锻炼。所以，培养女孩的艺术品位需要从多参加艺术活动开始，如听音乐会、画一些简单的绘画、学习手工等，激发她们的艺术创造能力。带孩子欣赏歌舞表演，可以给女孩以强烈而直观的美的感受，培养孩子对体形美的认识和韵律感。

在参加这些艺术活动时，父母要帮助孩子一起品味艺术的魅力。女孩可以不是艺术家，但通过这些艺术活动可以培养出较高的欣赏能力。有较高的欣赏能力，才能真正知道什么是美的，什么是丑的，才会懂得朝哪个方向去塑造自己，为自己的气质添上一分灵气。

第四章

女孩爱美丽，更要爱健康

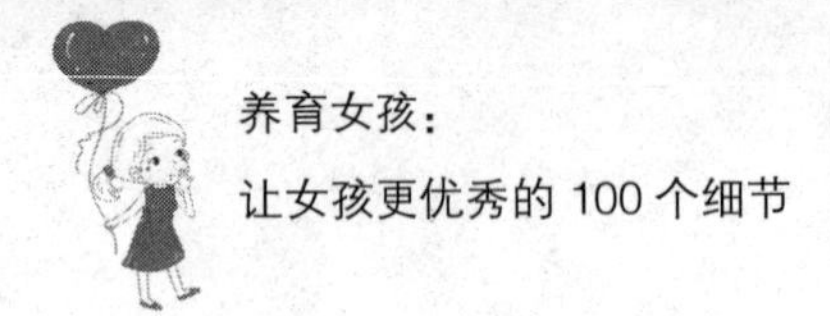

细节31　健康是生命之本

人的生命是宝贵的，生命是人生的根本。有了生命还要保证生命的质量，这需要拥有健康，因为健康的生命才有价值。健康不仅仅是生存，更重要的是生存的质量。由于孩子们正处于生命最有活力的时期，健康意识和生命意识还没有完全形成，对她们进行健康教育，让孩子们重视健康，拥有科学的生活方式，远离疾病，应该成为家庭教育的重要内容。

1. 告诉女孩，健康是生命的根本

生命是世界上最宝贵的财富，所有的财富都可以失而复得，唯有生命只有一次，而健康又是生命之本。对孩子进行健康教育，要从提高认识开始，父母们应该帮助孩子维护生命和健康，让他们更健康、更快乐地成长。

海伦·凯勒是美国著名的作家和教育家。在一岁多的时候，她因为发高烧，脑部受到伤害，从此以后，她的眼睛看不到，耳朵听不到，后来，连话也说不出来了。她在黑暗中摸索着长大。7岁那一年，家里为她请了一位家庭教师。在老师的指导下，海伦用手触摸学会手语，摸点字卡学会了读书，后来用手摸别人的嘴唇，终于学会了说话。

老师为了让海伦接近大自然，让她在草地上打滚，在田野里跑跑跳跳，在地里埋下种子，爬到树上吃饭；还带她去摸刚出生的小猪，也到河边去玩水。海伦在老师爱的关怀下，克服了失明与失聪的障碍，考上了哈佛大学，并顺利完成了大学学业。

生命的存在是要与疾病和死亡进行搏斗的，海伦·凯勒用了比常人多得多的努力才找回了失去的“健康”。人生短暂的几十个春秋，珍惜生命、拥有好的心境，健康的身体，比拥有什么都富有。生命是成功之根本，健康是成功的保障，所以，孩子小时候父母就要对其灌输注重健康的意识。

2. 培养女孩健康的生活方式

日本的泽泻久敬博士这样说过：“所谓健康……并非只是早晨醒来，身体不觉异常而能即刻起身，或感到精神十分爽朗，而是醒来后对当天的工作，立刻涌现出一股难以抑止的热情。这种心态，可谓真正的健康。”生命不仅是活着，更重要的是要注重生命的质量。

培养孩子健康的生活方式，要教育孩子学会生活自理，教育孩子做事要有条理；养成科学的起居、热爱运动、清洁卫生的好习惯。对于处在生长发育时期的女孩来说，不良的行为习惯会影响身心健康，就像不正确的身体姿势会影响女孩的生长发育一样。注意孩子的身体变化，主动帮助纠正不良的生活习惯，如不吃早餐、喜欢吃一些垃圾食品等。

3. 对孩子进行生命教育

长期以来，我们的家庭教育关注的重点是孩子的学习成绩，而忽视了生命教育。在一些踩踏事件、食物污染、环境污染、交通事故、拐骗等恶性事件中，受害的多数是我们的孩子。这是因为，长期缺乏必要的生命教育，使她们在意外事故面前束手无策。它警示我们，生命教育对孩子而言，是不可或缺的重要课程。只有从小教导孩子敬畏生命，才能促使他们热爱自己的生命，进而尊重、关怀人的生命，树立积极的人生观。

今天的孩子，抗压能力普遍较低，一些孩子因为受不了挫折，因为受不了父母或老师的批评、解决不好与同伴的矛盾等原因，离家出走、自杀身亡或伤人等事件时有发生。表面上看，这些事件的发生是孩子经受不住挫折或伤害，实质上还是孩子缺少对生命的认识。

一名十几岁的女中学生，爬到六楼自家阳台上，要从阳台上跳下去，

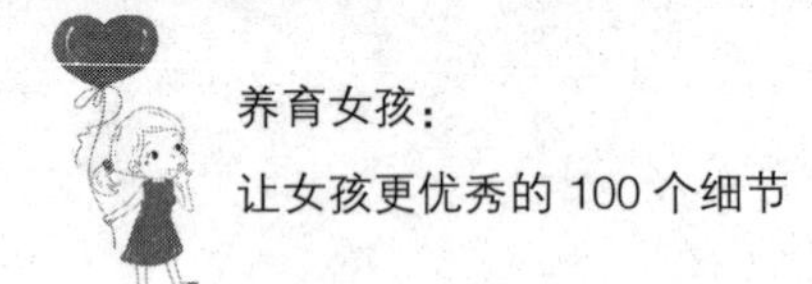

警察费了很多精力才把她从楼上救下来。等这个学生情绪稳定后，大家问她为什么跳楼。她说因为妈妈去亲戚家串门，她想去，妈妈不带她去。妈妈不答应她的要求，她觉得自己很没面子。于是，她想死给妈妈看，让妈妈从亲戚家回来后再也看不到她。听了这个女学生的跳楼理由，人们既觉得可笑，又感到很无奈。可笑的是因为这样一点点小要求没有满足，就拿自己的生命来当赌注……

生命是宝贵的，给予我们每个人只有一次，珍惜生命，才能享受美好的生活。所以，对于心理相对脆弱的女孩进行生命教育，在今天显得尤为重要。

健康赋予了生命积极的意义。对正处于生命最有活力时期的孩子们进行健康教育和生命教育，有利于让她们在学习和生活中保持健康科学的生活方式，尊重生命、爱护生命，实现自己生命的价值。

细节32　重视户外体育运动，不要做“宅女”

如今，受网络的影响，越来越多的女孩成为网友们所说的“宅女”。宅女们痴迷于电视与网络，厌恶上学，不愿意与外人交流，总觉得没有时间外出运动，甚至整日或通宵达旦地陷在网络里。一些女孩虽然没有达到这种程度，但是她们每天除了上学，回到家里复习功课外，一有时间就上网，看电视，这也严重影响了她们的学习和身体的发育。重视户外运动，改变“宅女”生活的方式，做父母的可以从下面几点做起：

1. 合理限制女孩看电视和上网的时间

因为一些女孩的心态还不够成熟稳重，还没有足够的自我控制力，容易出现过度迷恋电视、网络成瘾等问题。长期宅在家里，不出门运动，不与同学、朋友相聚，这对她们的身心健康无疑是非常不利的。当然，想要孩子不做宅女，用强制的手段不让她在家看电视和上网，并不是一个好的办法。不过，父母可以合理限制女孩看电视和上网的时间。

父母可以跟孩子商定看电视、上网的时间，并严格遵守。如规定每次看电视或上网时间不超过两小时，到了时间就让孩子关掉电视或电脑；如果孩子违反了规定，要有一定的惩罚措施。惩罚措施可以让孩子自己定，如打扫一周的卫生或洗两天的碗，这样既可以锻炼孩子的动手能力，让孩子有敢于担当的意识，又可以避免孩子长期宅在家里不动，对身体健康产生不好的影响。

同时，父母也要约束自己。要求孩子有节制地看电视，父母当然要以身作则。现实生活中，一些父母没有其他消遣和爱好，将所有的空闲时间都花在电视或电脑前，如果自己不分时间看电视，却要求孩子少看、不看电视，这是很困难的。

2. 培养女孩户外运动的习惯

养成坚持运动的习惯不仅能促进女孩的生长发育、心智成熟，更能让她们终生受益。

户外体育运动的好处很多。例如，离开电视、网络和书桌，步入大自然的怀抱，看到的是蓝天白云，青山绿水，人的心情也会感到愉悦；多进行户外体育运动，消耗一些体力和精力，对身体是一种很好的锻炼；户外运动可减轻生活、学习上的压力，忘却烦恼，使女孩的心胸开阔，进而在学习中得心应手，游刃有余。孩子在运动过程中，主动地接触外界环境，可以增强抵抗力，性格也会变得开朗乐观起来，承受挫折的能力也会更强。

3. 与孩子一起参加户外活动

一个人外出活动，总会存在一定的惰性；几个人约着一起，孩子的积极性往往更高。父母在周末或节假日的时候可以适当为孩子创造运动条

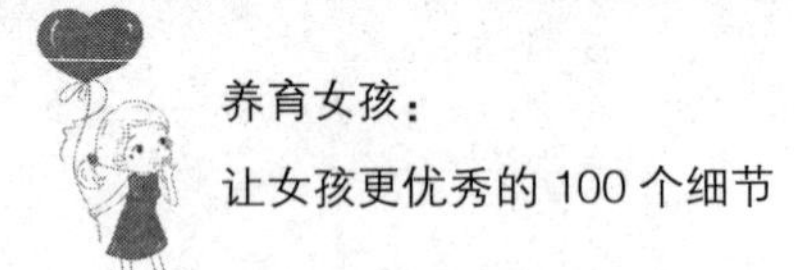

件，鼓励、支持孩子参加体育锻炼。不要给孩子太多的学习压力，为孩子提供乒乓球、羽毛球、篮球、跳绳等一些必要的运动器材。

有些活动，父母是可以和女孩一起参加的，特别是整天待在屋子里不愿意到外边活动的女孩，父母更应该和她们一起到户外活动。全家人一起外出登山、郊游、跑步、到公园游玩、逛街等，这些都可以让女孩走出家门，活动身体，愉悦身心。

细节33　女孩穿着要“风度”，更应要“温度”

爱美是女孩的天性，女孩重视自己的外貌和服饰，这无可厚非。因为良好的外貌形象可以表现出女孩对生活的态度，是热情进取还是精神不振，是看重自己还是随随便便。但是在寒冷的冬天，在大街上随处可以看到，为了风度而穿着单薄的衣裙的少女，她们尽管冻得发抖，却依然不肯加衣服，为了“风度”而抛弃了“温度”，其实，这是得不偿失的。“风度”我们要有，“温度”对身体的健康更重要。

1. 女孩要知道真正的风度是什么

小丽放学回家，凛冽的寒风“呼呼”地刮着。她把大衣领子竖了起来，还是觉得冷。这时她看见前面一个和自己年纪差不多的女孩穿得很单薄。再仔细看，只见那个女孩只穿了一件长袖裙子，没有穿棉衣，下面是一双长筒靴，裙子和靴子间有一小段腿还没遮住，里面竟然是薄袜子！看到这些，小丽不禁裹紧了大衣。回到家里，小丽问妈妈，为了美就得挨冻吗？真的要“风度”就不能要“温度”了吗？

其实，生活中，像小丽这样对什么是美的问题有疑问的还有很多，父母应该告诉她们什么是美，什么是风度，让她们形成正确的审美观。

一个人的内心是丰富的还是浅薄的，在举手投足、言谈举止之间就能显露出来。风度是一个人的涵养、审美观念和精神世界的外在体现。衣着打扮、言行、姿态与风度有关系，得体的衣饰，在某种意义上体现着一个人的个性，反映着一个人的精神状态，也可以使别人看出你是否自信、是否尊重自己以及你的审美修养。穿出风度来，说明穿着也能显示一个人的风度。但这些毕竟是风度的外在形式，没有文化修养，一味在衣着打扮上下功夫，盲目效仿别人的衣着打扮、举止及表情的话，只能给人留下浅薄的印象。所以，父母应帮助女孩正确对待风度问题，不要刻意为了风度而“风度”，更不要为了“风度”不要“温度”。

2. 女孩要“风度”也要“温度”

对于正在长身体的女孩们，父母应该首先把孩子的健康放在第一位，让她们认识到，不能靠牺牲健康来换风度。没有适当的“温度”，该保暖时不保暖，对身体是非常有害的。

一个很漂亮的女孩，为了展示自己苗条的身材，在冰冻三尺的寒冬里也穿得很少。父母让她多穿一些，她根本不听父母的劝告。后来，女孩得了严重的风湿病，多处求医也没有治好，最后，女孩瘫痪在床，才感到后悔。

没有健康、没有修养也就谈不上什么风度。重视健康、珍惜健康，这应该说比有风度更重要。风度是让生命更有质量，风趣的语言、宽和的为人、得体的装扮、洒脱的举止等，更可以体现一个人的风度。

3. 帮助女孩选择保暖且款式漂亮的衣服

优雅的风度是内在和外在完美结合的产物，不仅仅是穿着的问题，还是行为举止、谈吐和心理、身体健康及内在修养的问题。一个行为举止优雅、谈吐不凡、待人诚恳、热情，温文尔雅，知书达理，拥有书卷气的女孩，即使穿着棉袄、戴着棉帽，只要得体，整洁大方，也会有风度。当然，女孩穿着单薄无非是为了让自己看起来更漂亮。目前，市场上有许多

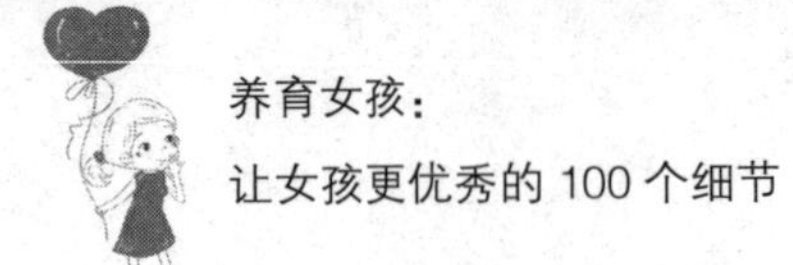

既保暖又漂亮的衣服，父母们可适当为女孩选购一些，如款式多样、新潮时尚且穿起来很轻便的羽绒服就是女孩们冬天最好的选择。

同时，女孩们还要尽量少穿露脐装、低腰裤等，这些衣服穿一两次可以，但经常穿着会给女孩的健康带来意想不到的危害。

“风度”和“温度”不是鱼和熊掌，二者是可以兼得的。风度是可以修炼和培养出来的。培养女孩的风度既要注重素质的提高，也要注重行为举止和衣着服饰的审美训练。

细节34　女孩“打耳洞”要把握好一个度

近年来，一些妈妈为了让女孩能戴上漂亮的耳饰，在女孩很小的时候就为孩子打好了耳洞。也有一些女孩，在妈妈没给打或不让打时自己偷偷地打耳洞。耳垂上戴有饰物，能体现女性美。所以为了美，一些女孩打起耳洞来就掌握不好度，有很多都在一只耳朵上打好几个洞。

最近，同学们时兴打耳洞，12岁的晓晓也跟同学们一起打了耳洞，晓晓感觉挺好玩，但没想到妈妈却有点不高兴。

“妈妈总是没完没了地说我还是个小孩子，很多人也都说小女孩不应该打耳洞，不应该戴着亮晶晶的各种各样的耳环臭美，那样会影响学习。可是我一直都不明白，给耳朵打扮一下怎么能和学习联系到一起呢？”

该如何看待女孩子打耳洞呢？断然的肯定或否定都不能解决问题，还是让我们说说关于打耳洞的利与弊吧！

1. 打耳洞没有错

爱美是女孩的天性，当一些小女孩们看到比她们大的孩子打了耳洞，戴上漂亮的耳饰时，这些小女孩非常羡慕她们，她们多么希望自己也有耳洞，也梦想着满耳珠光宝气，金光闪闪的，那该多美呀！可是小女孩们还没有这个权力，因为老师要她们天天穿校服，好好学习。如今小女孩长大了，她们出于美的渴望，也出于好奇，相约去打了耳洞。她们错了吗？

相传古代有一位因害眼病而双目失明的姑娘，她有幸遇到一位名医，名医认为她可以复明。在征得姑娘的同意后，名医拿起闪闪发光的银针在她两侧耳垂中各刺一针，奇迹出现了，姑娘重见光明。姑娘非常高兴，于是请银匠精心制作了一对耳环戴在耳上，以示永不忘记名医之恩。当姑娘戴上银耳环后，她日益眉清目秀，并逢人传诵名医的声名。穿耳戴环能明目的奇迹传开以后，许多富裕人家的姑娘和妇女都纷纷穿耳戴环，并流传至今。

为了证实这个传说，还真有人从科学的角度去研究一番，发现它就是依据我国古代医学中的一种“耳针治疗”方法。

这么美丽的传说，怎么不让女孩心动呢？

其实，打耳洞的女孩没有错，她们长大了，心中都会编织一个变美的梦想。也许那些女孩们打耳洞时什么也没想，什么传说也不知道，就是觉得好玩，或者就是被满街的漂亮耳环所吸引。

2. 打耳洞要有度

爱美有多种方式，女孩尽量不要轻易多打耳洞，毕竟耳洞是耳朵上的一个伤口。

因打耳洞而导致耳朵红肿发炎，对耳朵造成伤害的也大有人在。很多打耳洞美容科、美容院出于成本的考虑，器械消毒往往做得不到位，所以，女孩们从自身的健康出发，打耳洞时一定要注意。对于那些想报考特殊专业的女孩们，打耳洞会影响升入理想的学校，这些也是要考虑的。

玲玲发现班里很多同学都打了耳洞，而且每只耳朵上都打了三四个，看起来很酷，于是在暑假里她背着妈妈也去打了好几个耳洞。但是，打耳洞的时候，她感觉很不舒服，头有些眩晕，而且口吐白沫。打耳洞的人告

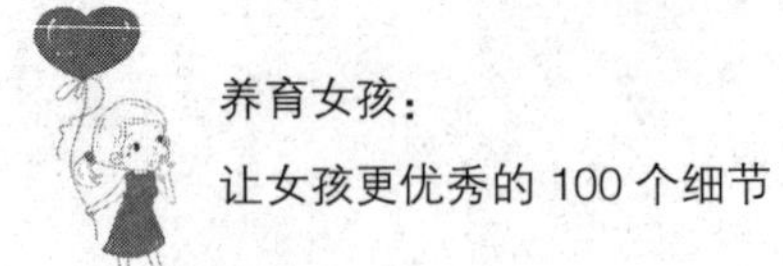

诉她可能是不太适应，好好休息一下，很快就会没事的。之后，玲玲总感觉耳朵痒，不自觉地就用手抓耳朵。结果，第三天玲玲的耳朵就出现了感染。玲玲怕妈妈知道后生气，就没敢告诉妈妈，自己悄悄到药店买了一管药膏抹上了，可是感染不仅没止住，还出现了化脓现象。妈妈发现后立刻带她到医院，医生说，由于打耳洞伤害到了耳朵上的神经，所以头部会有眩晕；打耳洞后没有及时消炎，以至于耳朵化脓。听了医生的话，玲玲后悔不已。

针对玲玲的情况，有关专家指出，耳朵是人体的特殊器官，过多地打耳洞，容易导致感染，甚至伤害到人体内的神经，严重的会有留下后遗症的危险。

如果女孩已经打了耳洞，父母不要加以责怪，爱美没有错；或者可以建议女孩在父母的带领下去正规的地方打耳洞，每只耳朵上只打一个就足够了，千万不要打太多；对于那些没有打耳洞的女孩们，告诉她们美是多种多样的，既美丽又健康才是美的标准。

细节35　女孩要慎重保护自己的“秘密花园”

女性的生殖器官通常被喻为“秘密花园”，在女孩的发育过程中，生殖器官的卫生十分关键且不容忽视。生殖器官也被称为“妇科病的无声滋生地”，保护不好，就会影响女孩的身体健康，甚至会影响到女孩将来的幸福。但以往女孩的妈妈们，觉得自己是长辈，不好意思在女儿面前谈这样的问题；女孩们对这样的事情存在羞怯心理，结果都使这个“秘密花园”蒙上了神秘色彩。有的女孩不懂得如何保护“秘密花园”，有的甚至没有避免性骚扰的意识，致使女孩生理健康受到侵害。所以，女孩的父母应做女孩秘密花园的保护神，以科学、正确和健康的态度对待女孩生殖器官的卫生，为女孩一生的幸福打下基础。

1. 女孩应该适当了解自己的“秘密花园”

女孩的生殖器官包括阴道、子宫、卵巢等，尤其是阴道，它的作用非常重要。因为阴道的一端通向体内，与子宫相连，外面的一端开口在肛门和尿道口之间。平时，阴道是经血从体内排到体外的通道，分娩时它是婴儿降临人间的必经之路。在青春期，保护好阴部，就等于保护好了女孩一生的幸福。

一般说来，女孩11～12岁身体开始发育。发育的原因是大脑对卵巢发出命令，让它分泌“雌激素”，在雌激素的作用下，女孩的身体发生了一系列的变化，出现了第二性征——开始来月经。由于女孩的外阴与肛门较近，不利于女孩保持生殖器官的卫生，这就使维护女孩生殖器官的卫生显得尤为重要。弄不好，女孩也有可能患上阴道炎。

小兰不知道为什么同学说她身上有股味道，后来她发现这股怪味来自自己的下半身，她天天用清水洗，不仅怪味没有消除，还出现了外阴瘙痒，有时还很痛。无奈之下，她只好告诉了妈妈。妈妈带她去医院检查，医生说小兰得的是霉菌性阴道炎，给她开了药。小兰坚持吃药，过了几天，瘙痒和疼痛的症状都减轻了，但小兰还是觉得内裤上有一股怪味，她非常担心自己的病治不好，心情开始忧郁起来。

其实，像小兰这样的情况在女孩中很普遍。因为在正常情况下，肛门周围和大肠内等部位，都有细菌生长，只是她们感觉不到而已。当女孩身体抵抗能力下降，如遇感冒等疾病时，原来躲在体内的细菌就会乘机繁殖起来，就会使阴道内或尿道内受到感染。一般的阴道炎是可以治愈的，但如果女孩患上了阴道炎却因为害羞而延误了治疗，严重的会影响生育。所以，女孩千万不能掉以轻心。

2. 呵护女孩的“秘密花园”，母女间没有秘密

受传统观念的影响，一般的父母很少与孩子正面谈论如此隐私的话题。但是，为了女儿的健康，妈妈必须找适当的时间与女儿沟通。虽然很多当妈妈的没有受过正规的性教育，但她们毕竟是过来人，可以当女儿贴心的生理老师。

小瑞的妈妈看到女儿最近常常自己吃止痛药，而且没精打采的，就主动关心她，这才了解到，女儿打篮球时因不小心，小肚子被一个男同学的膝盖撞了一下，怕撞坏了卵巢将来不能生孩子，小瑞很担心。为了解除女儿的疑虑，妈妈带她到医院做了检查，医生告诉她生殖器官没有损坏，她才放心。从那以后，小瑞的妈妈就经常与小瑞谈一些母女间才能说的秘密，尤其是“秘密花园”的保护问题，使小瑞不再对自己身体的变化感到神秘和担心，小瑞的学习生活也正常了。

对待生理问题，妈妈是女孩最好的老师，她们可以大大方方地告诫女儿，“秘密花园”是她们身体上非常宝贵的部分，应倍加爱护，除了不要让它在运动和劳动中受到伤害，还不允许任何男性触碰它。

3. 防止性骚扰，父母要做女儿的守护神

青春期的女孩和男孩都会对异性身体产生一种神秘感，进而激起一些不懂事的男孩想去议论、了解女性身体的好奇心。还有一些成年男人，会利用女孩对性问题的羞怯心理，对女孩进行性骚扰。

小莉才11岁就长到了1.62米。她喜欢打篮球，被体育老师相中，利用课余时间，教她和几个女孩打篮球。这天放学后，体育老师又通知她和几个女生去练习投篮，小莉练得非常用心。活动结束后，老师让其他同学先走，请小莉留下帮助他整理器械。小莉和老师把器械放到了储存室，小莉刚想出来，老师突然从背后抱住她，在她耳边说要和她做最好的朋友，直到她毕业，并且老师的手还在她身上到处乱摸。小莉吓坏了，一面大声呼

叫，一面乱踢室内的东西。体育老师怕被人知道，连忙放开了她。

体育老师对小莉的行为就是性骚扰。在日常生活中，这样的事并不少见，所以当妈妈的要帮助女孩了解性骚扰的危害，并与女儿一起讨论如何识别和应付性骚扰的问题。对付性骚扰，最好的办法就是预防。女孩在夏天不要穿过紧或过于暴露的衣服，以免引起异性的非分之想；不轻易接受异性送礼和外出游玩等邀请，不贪小便宜。需要外出时，一定要事先通知父母，还要有同学结伴而行；不要一个人到男教师的宿舍或办公室去。参加例行体检、检查阴部或治疗阴部的疾病时，如果没有女护士在场，不要随便接受男医生的触摸。不随便到同学家过夜，更不要在没有女性家长的同学和亲戚家过夜。

保护女孩的“秘密花园”，女孩要养成自觉的意识，父母更要尽到自己的责任。

细节36　女孩，不要对生理周期感到恐惧或厌烦

女孩进入青春期，开始了周期性的生理变化，开始来月经。生理上的突然变化会使一些没有做好准备的女孩手足无措。尤其是一些女孩料理不好自己的月经，有时经血会渗到裤子外面，弄得女孩非常难为情；有的爱干净的女孩一洗带经血的内裤就感到恶心，经常心情不好；有的甚至痛经，恨不得马上就绝经；有的因不能参加自己喜欢的体育活动而心情烦躁等。月经给女孩的学习和生活带来了很多不便，于是有的女孩在来月经时情绪波动很大，甚至产生焦躁心理。因此，母亲应该帮助女孩了解来月经是一种正常的生理现象，要有正确的认识，不必焦虑，要保持心情愉快和情绪的稳定。

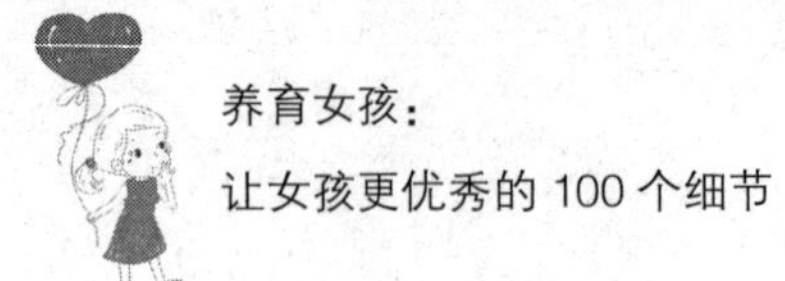

1. 月经初潮是女孩的成人礼

一般来说，女孩到了12岁左右就开始来月经了。有月经是由女性的生理结构决定的。进入青春期的女孩，在雌激素的作用下，卵巢开始逐月向外排出成熟的卵子，子宫内膜也随之发生周期性的变化。子宫内膜由于雌激素作用开始生长，它会随卵子的枯萎而萎缩，它上面的血管也开始破裂，流出的鲜血和脱落的子宫内膜一起从子宫流出阴道，就形成了月经。

小红来月经了，虽然妈妈早已给她准备了卫生巾，但她还是因弄不好而让经血渗到了外裤上，当时正上体育课，很多同学都看见了，她羞愧难当，跑到家里就大哭起来。妈妈不知怎么回事，刚问了一句，她就对妈妈大声喊叫起来："我没脸见人了，给我找点药吃，我再也不让月经来了。"妈妈明白了是怎么回事，待女儿平静下来后，告诉女儿："第一次来月经是女孩生命中的一件大事，说明我的女儿开始成为一个大人了。在一些国家中，当女孩第一次来月经时，爸爸妈妈还要向她表示祝贺，有的还要为女孩举行成人仪式呢！"小红连忙接上："那多不好意思呀！"于是，妈妈就耐心地给小红讲起了月经的事。

作为十几岁的女孩，身体上突然经历这么大的变化，会给她们带来各种各样的感受和体验，当然她们也会产生许多的疑问，这时就需要父母，特别是母亲，自觉地做女儿的生理和心理辅导老师，为女儿答疑解难，消除女孩心里的疑虑。

2. 细心的妈妈要给女孩打"预防针"

对于月经这个女孩生命中的不速之客，女孩会怎么看待这种变化？她能不能接受自己的变化？这正是父母们最担心的。细心的妈妈要给孩子打"预防针"，提早将这些"公开的秘密"告诉女孩，帮助女儿做好相应的心理和物质上的准备。

15岁的苏珊这样写道：

还在我11岁时，一天，妈妈告诉我她最近不太舒服，她说这叫“月经”——成熟的女人每个月都会经历一次。“会疼吗？”我问妈妈。“有时候会肚子疼，不过我们可以做些什么。”妈妈继续说，“你也会有的，苏珊。这就意味着你长大了。”

妈妈给我看她买的书，还有一些卫生用品。她的介绍非常细致，还对我说希望我这些天能够关心她。于是，我帮她洗碗，做那些力所能及的家务事。

一年以后，我意识到自己有些不一样了。一切都像妈妈预料的那样，我和妈妈为此感到高兴。妈妈为我做了充足的准备，我很感谢她，我们的关系更加亲密了，像一对好朋友。

3. 让女孩坦然面对月经

有的女孩来月经后，出现了各种身体和心理症状，讨厌月经，甚至盼望早一天远离月经，成为女孩们的普遍心理。当父母的，尤其是当妈妈的要担起自己的责任，从生理和心理上，帮助女孩坦然面对月经。告诉女孩，来月经不是什么令人讨厌的事，有月经才证明一个女孩是健康的，要让女孩就像等待一个老朋友那样，每月迎候它。

许多女孩都有过月经来时肚子痛，即痛经的经历，严重的痛经就像一场不可逃避的噩梦，月月缠绕着女孩。这时当妈妈的就要对女孩加以特殊的关爱。除了让女孩在月经期间不要用冷水洗衣物和剧烈地运动外，还要从精神方面给她们以抚慰，告诉孩子，月经前的紧张不安、担心或恐惧等都会引起子宫的收缩，越是害怕痛经就越会痛得厉害。对于月经异常的女孩，要视具体情况给予指导，告诉她们这种不正常的月经的原因是女孩发育还不成熟，雌激素分泌还不稳定，易产生紊乱所致。

另外，还要让女孩知道，月经期间，由于子宫内膜正在出血，子宫口又处于微开状态，不能游泳，否则就会使病菌入侵，引起生殖器官炎症等妇科病。在月经期间，连接生殖器官的一些韧带因充血而松弛，剧烈运

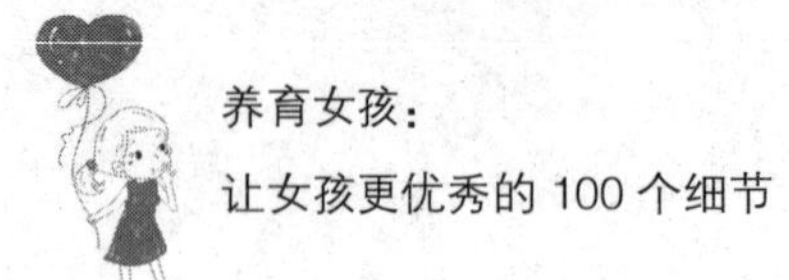

动可能使韧带扭伤，造成子宫异位，从而导致月经不正常，甚至引起盆腔炎、贫血等疾病。当月经出现不正常时，除了找医生诊治外，最重要的还是心态，只要坦然面对它，月经就不会成为令人讨厌和痛苦的事情。

青春期是女孩生命中非同寻常的时期，生理上的变化往往导致她们的情绪变化无常。这时期的女孩特别需要父母的理解和关爱。父母应从物质和精神上关心和帮助女孩，女孩就会顺利地度过这一时期，更健康地走上成熟之路。

细节37　引导女孩正确看待“减肥”

相比而言，女孩比男孩对自己的外在美更为重视。什么样的体形才是美，如今许多男孩女孩的答案都会包括“瘦”“苗条”这些词。尤其是女孩，都想勒出一尺七的小蛮腰，饿出魔鬼身材，这样的情节在生活中太常见了。受此影响，有的女孩都已经很瘦了，还觉得不够瘦，还在减肥，这不能不引起父母们的注意。

一些媒体总爱大肆鼓吹减肥，受到媒体的影响，许多女孩因为减肥出了问题。

乌拉圭模特22岁的姐姐露西儿·拉莫斯和年仅18岁的妹妹艾莲娜·拉莫斯，分别死于减肥厌食。还有21岁的巴西模特儿安娜·卡罗琳娜·雷斯顿也因减肥厌食而死在T型台上，身高1.74米的她，体重竟然只有38公斤。

作为父母，一定要引导女儿正确看待“减肥问题”，那父母应该怎么做呢？

1. 让女孩了解过度减肥有害健康

其实，从科学上讲，青春期的女孩大多都可能会长胖，这是为了给雌

激素提供“养分”。如果没有脂肪，身体就不能分泌足够的雌激素，就会影响她们的生理发育。瘦弱的女孩子月经一般来得晚些，就是这个道理。处在青春期的女孩营养是否充足，对女孩的发育有特殊的意义，所以女孩最好不要随便地减肥。

16岁的女孩茵茵因害怕发胖，长期不吃米饭，不吃肉，饿了就以水果充饥，持续一段时间以后，渐渐失去了食欲，患上了厌食症，但茵茵本身和她的父母都未察觉。直到有一天，茵茵在上体育课晕倒后，被送进医院，父母才知道女儿患上了厌食症。由于缺乏营养供给，抵抗力差，肺部还有些发炎。经过一段时间的治疗，茵茵虽然已回家疗养，但身体一直不好。

当然，也有女孩确实体重过重，这也会埋下一些健康隐患，将来可能会比别的同龄人更容易患上高血压、糖尿病等。对这样的女孩，父母应该在医生的指导下，帮助她们科学、适度地减肥。

2. 帮女儿算算自己到底胖不胖

当女儿吵着要减肥时，父母不妨和她一起计算一下看看她到底胖不胖。国际上最常用的体重及身材比例计算方法如下（比较适合东方人）：

标准体重（女）=［身高（cm）－100］×0.9（kg）－2.5（kg）

超重：大于标准体重10%，小于标准体重20%。

轻度肥胖：大于标准体重20%，小于标准体重30%。

中度肥胖：大于标准体重30%，小于标准体重50%。

重度肥胖：大于标准体重50%以上。

现实生活中，很多正在减肥的女孩，她们的体重大部分是低于正常体重，但每天还在节食减肥。

当孩子没有超过标准体重时，父母一定要用赏识的口吻去夸她，让她从心里觉得自己不胖，觉得现在的她身材很完美，根本不需要减肥。如果父母觉得女儿的体重可能超过标准体重，可以暗中为女儿计算一下，从饮食和运动方面帮助女儿减肥，不能让孩子产生自卑的心理。

3. 教女儿正确减肥

如果稍胖的女儿还想再瘦点，父母要让她打消减肥的念头；如果女孩确实体重超标，不减肥可能会影响学习和身体发育，父母可以从运动、饮食上帮助孩子，最好不要让女儿吃减肥药。因为减肥药的副作用很大，轻则引起厌食、腹泻、失眠等症状，严重的会引起月经不调、肝功能减弱，甚至不孕。

下面几种是专家建议的相对健康的减肥方法，父母们可以根据具体情况参考：

（1）美丽健康减肥法。就是要降低卡路里，少食一些快餐、油炸食品、含糖量高的甜食、肥肉等，但还要注意充分补充营养。

（2）少食多餐法。少食并不是不吃东西，是不吃零食，吃饭吃七分饱，晚上8点以后尽量不要再吃任何食物，如果孩子喜欢在这个时候吃东西，食物很容易转换成脂肪，使身体发胖。

（3）坚持做有氧运动。运动的方式有很多种，但并不是每一种都能达到减肥的目的，而有氧运动则是减肥中相对较好的方法。最常见的有氧运动有跑步、游泳、骑车等，它可以使脂肪转化成能量被机体组织消耗掉，能够有效减肥。每次有氧运动应该持续30分钟~1小时，以中低强度为宜，还要持之以恒，坚持不懈。国内外凡是减肥卓有成效的人，他们共同的经验都是贵在坚持、持久而不间断。只要制订了减肥计划，选择了合适的减肥方法，就要坚持执行，不要受任何因素干扰。

父母要引导女孩正确认识减肥，不要做对身体健康有害的事情。当孩子真的需要减肥时，要结合自身的特点，用科学的方法减肥，这样才不会影响身体的健康。

细节38 “整容”会让女孩变得庸俗

近几年，受韩剧的影响，越来越多的少女进行了整容手术。17岁少女整容成“李湘脸”的成功例子又不知激起了多少少女的明星梦，而且这股风从成人一直刮到还在读中学的孩子们身上。有人说：“整容可以让女孩变得更漂亮、更自信、自我感觉更良好！”真能够达到这样的效果吗？随着整容人数的增多，整容遭毁容的女孩也不在少数，类似的官司接连不断，如何看待整容的得与失，如何应对自己女儿的整容要求，是遇到这类问题的父母们感到困惑的事情。

1. 让女孩理智看待整容现象

喜欢看韩剧的女孩都知道，韩国的大部分明星都整容过。受此影响，国内也形成了人造美女、人造帅哥热。不少盲目追星的少女是拿着自己崇拜的明星照片来找整容医生的，她们点名要做赵薇的眼睛、巩俐的鼻子、舒淇的嘴、林青霞的下巴，而不管别人的某一部分与自己的五官、脸型、气质是否符合。

一些女孩想通过整容实现“丑小鸭变天鹅”的梦想，以期使自己在与别人的比较中，在就业和婚恋中占有优势。许多父母不支持孩子的整容要求，但看到孩子坚决的态度，也只好“无奈”地选择支持。也有一些父母，对于女孩整容没有正确的认识，甚至鼓励和支持自己的孩子去整容。

一名16岁的女中学生在妈妈的陪同下走进了某医院整形外科。女孩向医生诉苦道：“同学们都说我长得特别像金喜善，美中不足的是，鼻梁有些凹陷，同学的评价一直让我心里不安。”医生给她做完了检查后告诉她可以做手术，她非常高兴，随即从背包里拿出一张金喜善的照片，一遍遍抚摸照片，显得爱不释手。手术做完之后，她极为满意。

一些女孩的整容心理并不成熟，仿效明星脸整容，完全是一种非理性行为。某心理研究所的一名专家指出：在国外，一个人从有整容想法，到最后上手术台，需要经过咨询专家、了解手术不良后果、与家人沟通等一系列过程，平均需要准备4年时间。而在国内，年轻人整容，往往是孩子一个人在几天内或者是突然间做的决定，手术前心理准备不充分，术后更容易出现心理问题。专家认为，中学生发育尚不完全定型，没有特殊情况，不是非做不可的整容手术，高中以下的青少年尽量不要做，因为对一个未发育成熟的孩子来说，手术可能会影响今后的生长发育。

一些女孩做整容手术，不是因为身体需要，而是一种心理需要，是一种虚荣心在作怪。这种做法是万万要不得的。

2. 正视整容的风险

有关专家指出，整容是存在着很大风险的，所以女孩选择整容时一定要考虑到风险的问题，考虑到失败的问题。

准备上大学的女孩小溪，身高1.70米，皮肤白皙。为了让自己更迷人，追求完美的她做了双眼皮和隆鼻手术。她想让上大学的自己有个新变化。令她没有想到的是，手术后她的双眼睫毛上翻超过90度，闭眼时留着一条缝；鼻梁垫得太高，鼻尖也太尖了，显得鼻子形状十分突兀，有种凶相。手术的失败给她造成了巨大的心理压力，没办法，她不得不休学了。

眼下的年轻女孩，尤其是一些女大学生，有整容的想法和行动的人比较多。父母要告诉她们，不可过于轻率和盲目，不可过于迷信某些美容机构的夸大宣传，一旦造成恶果将很难弥补。要提醒女孩们，整容前一定要三思而后行。

整容手术在制造了大量人造美女的同时，也让一些青春少女原本的自然美毁于刀下。青春本身就是美，那些轻率做整容的女孩实际上是把自己自然的美感破坏掉了，盲目跟风，弄得过于成熟反而不美。比起外貌美，一个人的个性美、修养和气质美更为重要。

细节39 珍惜生命，正确认识“生”与“死”

在生活中，大人们避讳谈死，也尽量不让孩子接触“死亡”，就是为了防止他们由于目睹死亡而引起焦虑、恐惧和不安。但物极必反，过度的避讳反倒使孩子对“死亡”产生了神秘感和好奇心，误认为死是一件好玩的事，所以不珍惜生命，甚至因一些微不足道的小事而放弃生命。

一名10岁的小学生，因没有借到校园舞活动的服装，竟喝下农药自杀，这样的事还有很多，我们应该反思。正如培根所说：“随死亡而来的东西，比死亡本身更可怕。”我们的孩子不知道珍惜生命，在精神层面上缺乏对生命价值的认识，这是很可怕的。为此，父母可以从以下两个方面入手：

1. 让孩子懂得生命的价值

告诉孩子，人是以生命的方式存在的，没有生命的存在也就没有人的存在。孩子们现在能够学习、生活，将来创造更美好的生活，都是以生命存在为前提条件的。对于青春期的女孩，这种教育更为重要。让她们懂得生命的价值，生命对于自己，对于亲人和他人的意义，懂得珍惜生命。对于正在成长中的孩子们来说，生命又是她们一切活动的基础。要实现自己的理想，实现自己的人生目标，也是以生命的存在为基础的，生命是实现人生价值和理想的前提条件，离开生命一切将无从谈起。

一个初二的女孩，因为一次考试成绩不理想，爸爸妈妈便觉得很失望，因为他们对孩子寄予了很大的希望，他们不允许孩子失败。为此，爸爸妈妈狠狠地批评了孩子一顿，让孩子保证下次考到理想的成绩。没想到，这孩子第二天就离家出走了。爸爸妈妈动员了所有的亲朋四处寻找都找不到。一周后，因为在网吧里没钱了，网吧报了警，警察才把她送回家。

爸爸妈妈到楼下去接她，爸爸和警察在楼下说几句客气话，妈妈领着

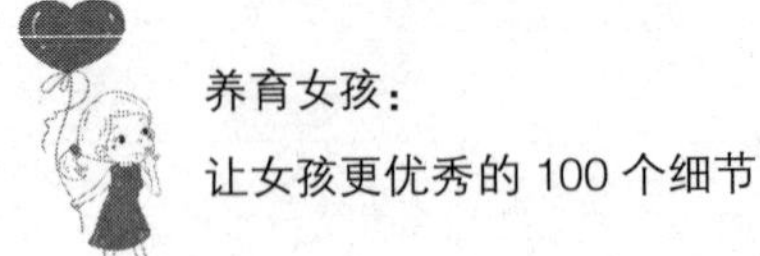

孩子先上楼回家。妈妈边走边批评她几句，可能是言辞很激烈，孩子接受不了，就快步地往楼上跑，妈妈也紧跟着上去了。爸爸刚要上楼，就听见楼前咚咚的两声。爸爸到楼前一看，妈妈的手拉着女儿的衣服，两人都躺在血泊中。从七楼摔下来，结果可想而知了。后来人们分析，孩子上楼后要跳楼时，妈妈肯定是不放手去救孩子，结果妈妈也掉下去了。

生命结束了，就什么都没有了。

教育孩子认识生命的价值，目的是让孩子树立正确的生命观，培养尊重自己和他人生命的生活态度，增强爱心和社会责任感，使孩子的人格获得健全的发展。人的一生是短暂的，我们有什么理由不热爱生命、珍惜生命呢？

2. 提高生命的质量

“正确了解什么是死，才能够更好地生”。既然我们不能选择生命的长度，但我们却可以在有限的生命旅程中更积极地探索生命，用积极的生活态度拓宽生命的宽度。

有人这么说：“比金钱更重要的是健康；比健康更重要的是生命。”珍爱生命，就要提高生命的质量，在有限的生命中，创造出无限的生命奇迹。作为还在学习阶段的孩子们，要学会提高自己、善待自己；要学会放飞自己的理想，让自己到更广阔的天地中去学习和锻炼。提高生命的质量，还要提高健康的水平，多做有益于身体健康的活动。锻炼我们的体质，舒展我们的身心，让我们的生活更精彩，生命更有价值。

有了生命，一切我们想做的、有意义的事情都可以去做。珍惜生命吧！这对社会、对自己都将是一种责任，也是一种奉献。

细节40　用心经营自己，打造自己独特的品位

女孩到了十几岁、二十几岁时，就要开始学着用心经营自己了，它体现在自己的外表以及涵养上，每一个女孩都是特别的，都应该有自己独特的品位。现代社会日新月异，各种新事物、新知识、新产品层出不穷，女孩只有不断提高文化品位，加强自身修养，才能获得别人的尊重与认可。不认真学习，提高文化修养，势必会丧失自己的品位，而落后于时代的脚步。女孩独特的品位包括独特的气质和独特的审美情趣。

1. 培养女孩独特的气质

在某些程度上，一个人的品位与她的气质是相辅相成的。气质虽然包括人的外表和衣着修饰方面的格调，但这格调主要来自于内在。如果没有这内在之美，外在美就可能是毫无主见的模仿。现在有很多女孩都追求时尚美，追求个性美，为了显示自己的个性与众不同，一个个都画上了烟熏妆，穿上了奇装异服，却给人一种没有品位的感觉。女孩在追求自己的个性的同时，还应该注重品位的提升。

女孩的气质美，有别于成熟女性的成熟美，它是在淡然之中透出明朗而又深沉悠远的韵味。

气质首先来自于知识的修养，它是一种精神因素的外在表现。如果一个人具有一定的文化修养、理想抱负、情感个性等，就更能显示出“气质美”。善良的心地，宽大的胸怀，光明磊落的处世态度，热情向上的人生态度，有了这些品格，女孩就会将自己潜在的美质动员起来，形成从容优雅的气质。

2. 培养女孩独特的审美情趣

在现实生活中，每个女孩都想让自己成为一个高雅的、有品位的魅力女孩，那么，这就要求女孩从培养自己有品位的审美情趣开始。

引导孩子学会欣赏艺术美，是提高女孩的审美能力和品位的重要途径之一。欣赏艺术不是一种消遣、娱乐，而是用一种美的东西，引起心灵的震撼，产生心灵的共鸣。通过艺术的潜移默化，培养女孩高尚的生活情趣。在欣赏美的同时，女孩也能领悟深藏其中的人生哲理。

女孩要真正获得他人的尊重，就必须提高自己的文化品位，提高自己的文化涵养。因为一个人的诸多品位，均受文化品位的影响，并受其制约。其实，其他品位均是由文化品位派生出来的，一个女孩的文化品位，直接决定了她能否继续她的进步。

女孩气质的修炼、自主个性的培养、艺术品位的提升，实际上是女孩自我完善的过程，也是一个青春期女孩成长为成熟女性的过程。

第五章 青春期的女孩需要父母的特别引导

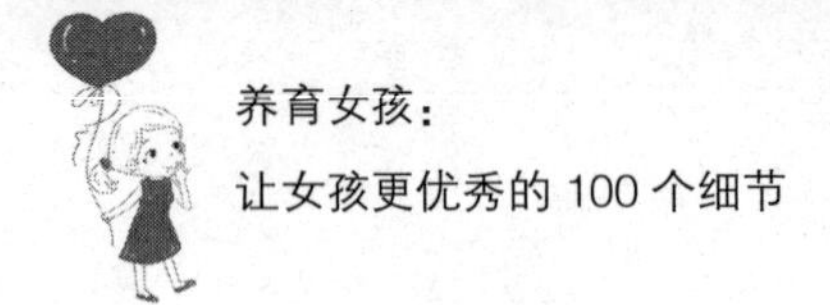

细节41　父母不要用强制手段揭开女孩的隐私

处于青春期的女孩不再像以前那样透明，她们已经懂得保护自己的隐私，通常她们都会有自己的“小本本”，在里面记录着她们不想与父母及他人分享的秘密。据调查，63. 76%的青春期女孩都很敏感，由于青春期女孩生理心理的变化，她们会出现关系紧张、心理孤独、学习焦虑等方面的困扰和烦恼，整体心理健康水平比男生低。因此，在觉得越来越不了解女儿的时候，父母千万不要使用强制的手段揭开女孩的隐私，否则，不仅会引起她们的反感，还会让女孩叛逆的表现更加明显。

1. 不要偷窥女儿的隐私

青春期的女孩通常都有自己的隐私，例如秘密记录自己的日记，和同学煲电话粥，和男生一起出去玩等，她们把这些藏在心里，不愿意让父母知道。她们最反感的就是父母偷窥她们的隐私。

读初中的女儿上学走后，妈妈去她的房间浇花，看到她的写字台上，放着一本打开的日记。日记本是带锁的，但这次却不知为何忘了锁。

妈妈望着那本打开的日记本发起了呆，她很想知道女儿在日记中记了些什么，女儿有没有写心仪的男生。一股家长对儿女成长的担心，渴望了解女儿内心世界的冲动如潮水般涌了上来。妈妈忍不住伸手要去翻阅女儿的日记本，而且给自己准备了充分的理由：我是妈妈，看看孩子的日记有何不可?

可是，当手就要摸到日记本的时候，妈妈犹豫了。日记毕竟是女儿的隐私，如果女儿知道了，会不会因此而难过？她会怎么看我这个妈妈……一系列的问号出现在妈妈的脑海里，于是妈妈缩回了已经伸出的手。

晚上女儿放学回来以后，妈妈听到女儿得意地说：“嘿，妈妈表现还不错，没有动我的日记本。”妈妈假装没有听懂。女儿又说道：“同学们都说，父母爱偷看我们的日记，我特意试试，考验考验你。我在日记本上做了记号，只要有人动过，我肯定知道。妈妈你真好，不偷窥我的秘密。”

看着女儿开心的样子，妈妈庆幸自己没有“偷看”女儿的日记本。从此以后，女儿时不时地跟妈妈分享她的小秘密，把妈妈当成了朋友。

2. 不要用强制手段揭开女孩的秘密

每个人的心中都有自己的秘密，成长中的女孩更是如此。随着生活领域的扩大、知识的增多，她们的情感也逐渐丰富起来，自我意识、自尊意识也在不断增强，原先无所顾忌敞开的心扉也会渐渐关闭起来。

沛沛发现男同学写给自己的信被妈妈偷看了，她非常生气，和妈妈大吵了一架后，索性连夜把书桌上的抽屉都上了锁，就连日记本都换成了带锁的，还把一幅四格漫画放在桌子上，漫画旁边还配有这样四句话：“你翻看了孩子的书包。”“你偷看了孩子的日记。”“你拉开了孩子的抽屉。”“你也锁住了孩子的心，请不要打探孩子的秘密！”最后还发出警告：“你们再偷看我的东西，我就离家出走，说到做到！”

从那以后，沛沛总对父母抱着怀疑的态度，总觉得父母在盯着自己，整天在琢磨自己，所以每天放学后都没好气，找个理由就和妈妈吵起来。妈妈稍微多说两句，她就把门一摔，躲到屋里不出来，也不吃饭。爸爸妈妈怕她离家出走，只好忍着，每天在提心吊胆中过日子，心里比孩子还痛苦。

对于沛沛这样的青春期女孩，最好的办法就是理解和尊重她。理解正处在“心理断乳期”女儿心中的烦恼。她们正在长大，一方面有独立的要求，试图摆脱大人的约束，一方面还在心里偷偷地保留一点对父母的依赖。父母能够理解我吗？会不会抛弃我呢？会不会把他们的兴趣和主观愿望强加给我？会不会因为爱而过度干涉我的生活？她们不知所措，这些心中的秘密又不愿让任何人知道。

父母要懂得爱自己的女孩，要与她们多沟通，多尊重她们，让她们拥有自己的一片天空；不要想方设法探寻她们的秘密，更不要强行揭开孩子的秘密。

细节42　青春期女孩不要让“乱发脾气”成为一种习惯

青春期的女孩，由于生理、心理上的变化从而变得容易乱发脾气。如果这样放任下去，女孩就会养成乱发脾气的习惯，要知道成年后，她会受到脾气的牵制，遇到不顺心、不高兴的事，就会乱发脾气，迁怒于人。这样，无论在工作还是在生活中，女孩的人气和受欢迎的程度都会大打折扣。

历史上有许多伟大的人物，他们都能控制自己的情绪，不乱发脾气，即使遭到无礼的指责，也能如此。

有一天，陆军部长斯坦顿来到林肯的办公室，很生气地说，一位少将用侮辱的话指责他偏袒一些人。林肯建议斯坦顿写一封内容尖刻的信回敬那个家伙。

“可以狠狠地批评他一顿。”林肯说。

斯坦顿立刻写了一封措辞强烈的信，然后拿给林肯看。

“写得太好了！就要好好教训他一顿！”林肯高声叫好。

但是当斯坦顿把信叠好装进信封里时，林肯问道：“你干什么？”

“叫人给他送过去啊。”斯坦顿有些糊涂了。

“不要胡闹。”林肯大声说，“这封信怎么能送出去呢，快把它毁掉。凡是生气时写的信，我都是这么处理的。这封信写得好，写的时候你已经解了气，现在感觉好多了吧。”

听林肯这样一说，斯坦顿明白了许多。

青春期的女孩总想发脾气，那么父母该怎么帮助孩子调控自己的情绪呢?

1. 让女孩学会控制自己的脾气

孩子和成人一样，有脾气、发脾气都是正常的。青春期是女孩从幼稚走向成熟的必经阶段，当她遇到烦恼时，父母要帮助她们，做情绪的主人。

因为女儿属鸡，妈妈给过14岁生日的女儿买了两只漂亮的小瓷鸡作为礼物，女儿很高兴地把它们摆在自己的写字台上。没想到生日的第二天，因为一句话，女儿生气了，妈妈批评了她两句，女儿大喊大叫地和妈妈吵了起来，还随手把两只小瓷鸡摔在地上。看着被女儿摔得粉碎的两只小瓷鸡，妈妈心里真不是滋味。

如今许多孩子只知道在乎自己的感受，不替别人着想，对别人造成的伤害自己一点也不愿意去想。所以，父母要教育孩子学会控制自己的情绪，不管遇到什么事情，首先要冷静下来，要让孩子知道，世界上除了你自己还有其他人在，要把自己看得轻一点，眼里不能只有自己，不要太以自我为中心，否则会令自己不舒服，也会让别人讨厌你。

引导女孩学会控制自己的情绪，这对女孩在学习中、生活中处理好与他人的关系十分重要。

2. 让女孩做情绪的主人

晚清政治家林则徐脾气很急，为了时时警惕自己性情急躁、容易发怒的毛病，他专门做了一个“制怒”的横匾，挂在自己的书房，时刻提醒自己不能乱发脾气。

要让女孩不乱发脾气，我们就要在生活中随时提醒她们；为了让女孩真正成为情绪的主人，父母可以在女孩房间的墙上贴上有关的名言、警句，提醒她们不要随便乱发脾气，做个真正懂事的女孩。以后每当女孩想发脾气时，都会形成条件反射，时间一长，就可以改掉乱发脾气的坏习

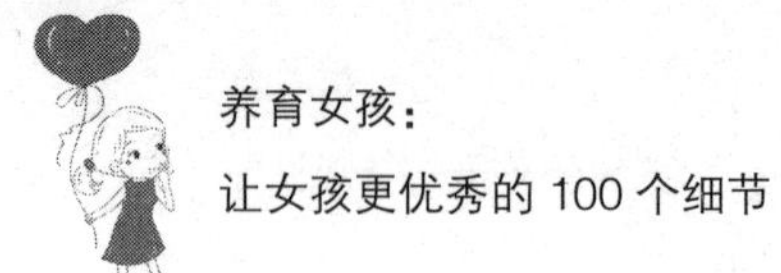

惯。父母要注意的是，改掉坏脾气不是一蹴而就的事，有的甚至要从她每次发脾气的时间缩短、次数减少开始。

3. 做女儿的好榜样

让女孩学会控制自己乱发脾气的毛病，需要父母以身作则和及时、恰当的引导。父母是女孩的榜样，父母在家里，不乱发脾气，也会“传染”给女儿。所以，父母要营造民主和睦的家庭气氛，给孩子提供遇事相互商量的机会。这样，家庭成员的互相尊重，会给女孩潜移默化的影响，让女孩在平和、温馨的家庭中长大。如果父母控制不住对孩子乱发脾气，过后别忘了对她说：“对不起，妈妈不该向你发脾气！”这样你会换回理解，赢得孩子更多的尊重。

控制自己的情绪和行为，不乱发脾气，是一个人有教养和成熟的表现。女孩远离乱发脾气的习惯，长大后，遇事就能多思考一些，心态就能平和一些，就不会因一点小事而大动干戈，闹得鸡犬不宁，否则既会破坏和谐的工作环境，也会破坏朋友、同事、亲人间的团结。同时，经常发脾气对女孩自身的健康也是不利的。

细节43　提高女孩的认知，增强对媒体的“免疫力”

从概念上说，认知能力是指人脑加工、储存和提取信息的能力，即人们对事物的构成、性能与他物的关系、发展的动力、发展方向以及基本规律的把握能力。它是人们成功地完成活动最重要的心理条件。知觉、记忆、注意、思维和想象的能力都被认为是认知能力。通俗一点讲，就是对一件事物的认识能力。孩子的世界观还没有完全形成，很容易受到外界的影响。如今，一些媒体在变着法地吸引女孩的眼球，改变了无数女孩的人生。

对于媒体上宣传的东西，父母要帮助女孩进行正确的认知，培养孩子一定的辨别能力。

1. 和女儿一起了解媒体

媒体猛如虎，它会把女孩对信心的抵抗力一点点“吞噬”。父母应该和女孩一起了解媒体，帮助她们看清媒体，因为它不仅宣传新事物、新思想，还在用稀奇古怪的“时尚”，影响着人们，尤其是未成年孩子不成熟的心理。

2006年，“选秀”成为中国当年最流行的词。在这一年，只要我们打开电视、登录网络、翻阅报纸，“选秀”的字眼就会不断地出现在眼前，不断地影响着我们的生活。

很多男孩、女孩们，被媒体的宣传吸引，做着一夜当明星的梦，放弃了学业，放弃了正常的学习生活，毅然决然地走上了选秀的舞台。但能有几个人成功呢？有的人失败了还可以继续学习，有的人还在乐此不疲地奔波于各场选秀比赛。媒体渐渐地改变了他们的世界观、人生观、价值观。

佳佳从小就喜欢唱歌，因为唱得还不错，长得也可爱，邻居们都叫她“小黄鹂”。佳佳的学习也很优秀，父母都希望她能考上重点大学。可是，她16岁那年夏天，命运被改变了。这一年的选秀活动如火如荼地进行着，这把火也烧进了佳佳的心里。她也要报名参加。爸爸妈妈觉得多参加一些活动也是件好事。这下佳佳兴奋极了，天天哼着小歌，没事还去KTV练习一下。

终于到了比赛的那天，参加比赛的女孩很多。比赛完了以后，佳佳像换了个人似的，流着眼泪，默默地走出赛场，一直哭个没完，说自己没有希望了。

回到家，佳佳径直走回屋子，连饭也不吃。妈妈多次做工作才知道，评委老师说她根本不适合当歌手。佳佳的自尊心受到了打击。妈妈安慰她，不做歌星可以上好大学。可是，佳佳认为学习好没有用，评委不看学习成绩！

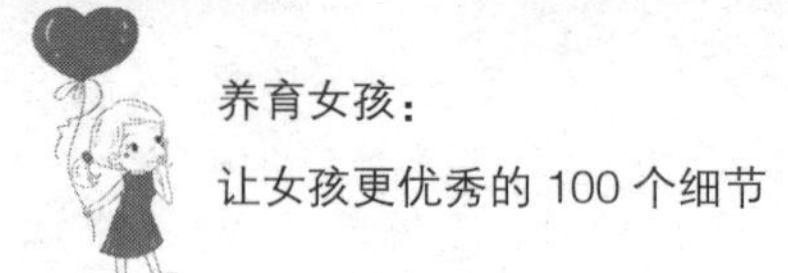

佳佳始终没有放下心理阴影，她变得沉默了，过去那个开心灿烂的女儿仿佛消失了，做什么都没有了自信心，成绩一落千丈，考上名牌大学的希望也变得渺茫了。

没想到一个小小的选秀活动，竟这样改变了佳佳的命运。

所以，父母要和女孩一起了解媒体所谓的一些时尚宣传，特别是一些媒体大肆鼓吹的时尚活动，要进行分析和辨别，不要让女孩过多地受媒体宣传的影响。

2. 让女孩对媒体产生辨别力

随着女儿的渐渐长大，对于一些时尚宣传，一些媒体上鼓吹的活动，她会有自己的看法。可能有时她的想法、看法不一定正确，但父母可以通过讨论来影响她的思维，让她从心理上认识到爸爸妈妈说得对。对媒体产生一定的辨别力，这样能够使女孩在人生的路上少走弯路，少犯错误。

细节44　女孩可以爱美丽，但要远离盲目攀比

受一些社会环境的影响，如今的女孩盲目攀比的现象比较普遍，吃喝消费的档次越来越高，玩的规格也越来越高，穿的衣物也爱讲究名牌。爱美的女孩穿戴由原来的比好看、时尚，到现在的比个性、比档次。这不仅助长了孩子的虚荣心，使自我价值物质化，不利于培养孩子勤俭节约的优良品质，还会给父母们造成巨大的心理压力和经济压力。尤为重要的是，它会分散孩子们的注意力，使其不能全身心地投入学习和正常的生活中去，不利于孩子身心的健康发展……这应当引起父母们的高度重视。

1. 不做物质化女孩

俗话说：“爱美之心，人皆有之。”这里的美包含着完美、优秀、胜

人一等、卓尔不群。比较是人类的一种本能，人人都有一种积极向上、追求美好的愿望，总希望并努力使自己比别人好，比别人强。但比较的关键是把握好分寸，盲目攀比不仅害人，也会害己。

小丽的家庭生活比较富裕，所以她从小就爱和别的女孩比吃比穿，而且非要比别人好。上了高中，小丽更是非名牌不穿，非名牌东西不用。

有一天，班里转来了一个漂亮的中美混血儿，她那双大大的浅蓝色的眼睛非常迷人，无论老师还是同学，都喜欢围着她转。小丽心里很不平衡，有一天她在杂志上发现了彩色隐形眼镜，就非要父母给自己买一副。但因为眼镜店里只卖带度数的隐形眼镜，小丽不近视，眼镜店得给她定制无度数的，所以价格不菲，但小丽顾不得考虑这些了。

终于，小丽可以戴着她的蓝色隐形眼镜得意地去上学了。小丽每天都带着她的隐形眼镜，过了一个月，小丽的眼睛有点疼痛，但为了美，她也没在意。

快两个月的时候，小丽的眼睛红得越来越厉害。到医院检查以后，医生说是小丽因长期戴隐形眼镜患上了急性结膜炎，若不及时治疗，将来可能影响视力。

孩子的世界观还没有形成，她们还不理解什么是真正的美。在她们的心里，比别人好就是美，所以不自觉地就开始互相攀比。盲目攀比的结果是，比没了亲情，比没了自己。孩子的盲目攀比，也使得父母不堪重负。长此以往，孩子的心灵也会受到扭曲。

2. 不盲目攀比，父母不做局外人

攀比的起源很大一部分是来自父母，父母潜意识里的溺爱会对孩子造成伤害。

“期中考试成绩下来了吗，考了多少分？”这是等候在校门口妈妈见到女儿后的第一句话。“语文96，数学98。”佳佳乐呵呵地告诉妈妈。

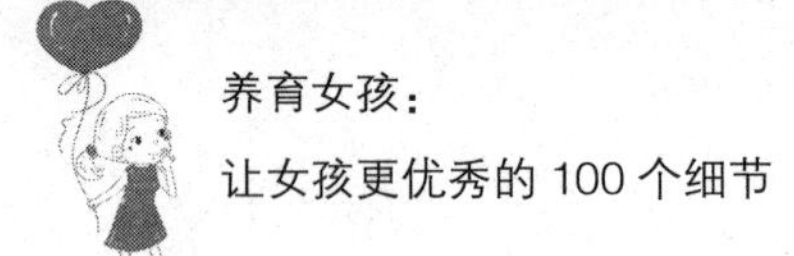

“王超打了多少分？”

“都是98。”

“怎么又比你高，下次要超过他！”佳佳原本笑盈盈的脸上愁云密布。从小到大，佳佳总是想方设法比别人好，比别人强。可是妈妈总是不满意，佳佳不知该怎么办了。

这是妈妈们潜意识里“爱攀比”的倾向在作怪，有了这种意识，父母们就会不断给孩子设定更高的目标，总让孩子有一种够不着的感觉，就有可能助长孩子的虚荣心，孩子在这方面不行，比不上别人，就想在别的方面比别人好。盲目攀比容易使孩子产生挫败感，不利于培养孩子的自信心。所以，对于孩子的攀比，父母要找找自己的原因，自己不是局外人。

3. 让女孩做“最好的自己”

杜绝盲目攀比之风，父母们应该认识到每个孩子都有独特的能力和兴趣，绝不能按照一个标准要求他们。要让孩子做最好的自己，帮助他们一起开发潜能。

人生不可能没有攀比，但要学会攀比，不能盲目攀比。正处于成长阶段的孩子们，由于生理和心理发育还不成熟，不能理性地把握与别人比什么，怎样比，这就需要父母们给予必要的指导。攀比的境界差异，决定着每个人的人格高低、人生的成败。同学之间应该比理想、比志气、比人格、比道德、比努力、比进步，通过比较，可以做最好的自己。

就爱美这一点而言，女孩爱美无可非议，孩子们互相比较也属于正常。但是，要让孩子知道什么是美，美的标准是什么，让孩子把主要精力放在学习和健康成长上。

让女孩远离盲目攀比，需要孩子自身鉴别能力的提高，其关键在于父母。帮助女孩力戒浮华和虚荣，培养健全的人格和优雅的气质，才能让女孩成为最好、最漂亮的自己。

细节45　手挟烟头的女孩并不是一种“酷”

一些女孩出于好奇等原因，看到别人吸烟，自己也要试试，这一试就开始对烟有了好感。据2009年有关部门的调查显示，我国青少年尝试吸烟率（即使只吸过一两口也算尝试吸烟）为32. 4%，其中男女分别为44. 1%和19.9%。尽管成年人的吸烟率略有下降，青少年的吸烟率却在逆势上升，特别是女生吸烟的比例上升的趋势较明显。一些女孩把手挟烟头、吞云吐雾的姿态当作酷，当作一种高雅的情调。殊不知，吸烟影响女孩的心理、生理健康。父母们要格外注意别让女孩尝试吸烟。

1. 告诉女孩，手挟烟头的姿态不美

很多女孩吸烟是因为觉得吸烟的表情和动作比较帅，个性十足，而且情调高雅，容易吸引别人羡慕的眼光。

一个男孩在网上的日记引起了不少女孩子的兴趣：

今天去了酒吧，平日里，男生吸烟都千篇一律没个看头，但今天，吧台前，一个女孩，一杯咖啡，一支正燃着的烟，那吸烟、吸气、吐烟的一系列动作，看上去确实是帅，很有个性，吐着满嘴的烟雾，个性十足，这种风景是感性而醉人的。我想起了张爱玲，这种孤独的浪漫，浪漫的绝望，绝望的优雅，优雅的毁灭，非高雅女人莫属。那女孩时而吸烟，时而喝咖啡，吸引了众人的目光……

对于那些追求个性，时刻想成为焦点的女孩子们，这无疑是一颗重磅炸弹。“扮酷”让女孩子们着迷，于是，标榜“我酷我闪亮”“我就是焦点”的女孩子们，把吸烟当成了张扬个性的手段。对于孩子的这种扮酷行为，父母们要加以引导，告诉她们，吸烟并不是美，一些成熟女人吸烟是一种心理失落、伤感和空虚乏味的宣泄，女孩迷恋上香烟的那一刻，她就会因上瘾而产生一种依赖，也将意味着她更容易走向自甘暴弃，这种情调

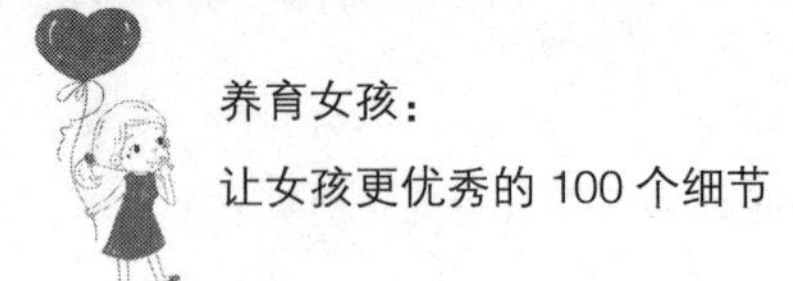

不应该在女孩身上出现，女孩应成为朝气蓬勃的新一代。

2. 告诉女孩，吸烟影响身心健康

女孩吸烟不仅不美，还对身体健康有害。吸烟的女孩皮肤比不吸烟的女孩衰老得快，尤其是两眼角、上下唇部及口角处会过早出现皱纹。这是因为吸烟者常会不自觉地眯眼睛，日久形成习惯，使眼部形成皱纹，而且香烟的挥发物对眼睛的刺激很大，使眼睛时张时闭，导致眼皮张弛疲劳，失去弹性，形成眼袋。吸烟容易使皮肤发黑，面部憔悴，没精打采，因为吸烟会降低人皮肤的血液循环，吸烟时烟中有害成分不断侵害着血管，造成营养吸收障碍，从而使皮肤衰老，失去弹性和光泽。吸烟对女孩身体的危害更大：吸烟对正处于生长发育阶段的女孩的呼吸器官和神经系统等十分有害。

而且，吸烟对女性的危害最大的还在于对生命的威胁。研究表明，女性患肺癌、慢性气管炎、肺气肿等疾病与吸烟有关。同时，吸烟还会对女性生殖系统和孕育后代造成影响。

3. 帮助吸烟的女孩戒烟

女孩吸烟的原因不同，对她们的教育方法也应有所不同。

第一，注重价值观的引导。许多女孩吸烟是为了自我显示，表示自己深沉、忧伤和孤独的情感，以为这就是美，就是有韵味。对于这些扮酷的女孩，家长要帮助她们改变不正确的价值观，让她们认识到女孩吸烟有损于她们的纯真形象，吸烟会让他人产生厌恶感。

第二，重视家庭环境的影响。在家庭中，父母吸烟对孩子的影响很大。研究表明，父亲吸烟，对儿子有很大的影响；而母亲若是吸烟者，其女儿吸烟的可能性就大。所以，父母要逐步做到不吸烟，或在子女面前不吸烟。

第三，对于那些因接触不良行为习惯而吸烟或出于好奇心偶尔吸烟的女孩，父母要严加管教，不能姑息。若发现孩子已有多次吸烟行为，应与学校联系，与老师配合，对孩子采取切实有效的教育和管理办法。

女孩吸烟不仅不美，还对健康有害，父母们要对她们加以正确的引导，让她们把精力投入学习中，在学习中培养健康的生活情趣。

细节46　不要难为情，请及时与女孩谈“性”

也许现在还有很多父母难于与孩子谈论性知识，但是女孩的成长可不是父母想拖延就能放慢速度的，当孩子遇到性的问题时，父母应该引导女儿，而不是难为情，说不出口。

就在我们对待儿童性教育还不知如何张口的时候，国外的儿童性教育却已经走进课堂、进入家庭的日常讨论之中了，他们对儿童性知识的认识，有许多我们是可以借鉴的。

荷兰人开放的性态度给全世界留下过深刻印象，但荷兰是欧洲国家少女怀孕比率最低的。在荷兰，孩子6岁上小学时就开始接受性教育，直至高中毕业。荷兰的教育专家认为，对青少年甚至儿童开展早期性教育，可以让青少年知道如何保护自己，帮助青少年不至于因为一时的性冲动或对性的某种无知而做出令自己终生后悔的事。

在中国，性教育到现在还是一个弱项，学校和家长注重的是孩子的分数，而忽略了正处在青春期的孩子们对性知识的渴求。一些家长还在性教育问题上存在认识误区。他们认为，与孩子谈性，有失家长身份。所以在孩子面前羞于启齿，认为祖祖辈辈都是这样过来的，孩子们长大了，自然就知道怎么做了。

那么，了解到以上这些，父母该怎么做呢？

1. 及时解答女孩关于“性”的问题

很多女孩都问过父母：“我是从哪里来的呀？”很多父母羞于谈性，

搪塞过去："你是从垃圾站捡回来的。""你是从石头缝里蹦出来的。"其实，这时父母就可以尝试对孩子进行一些性教育，不用说得那么直白，可以借助自然现象、童话、寓言故事，用比喻的手法把性教育内容穿插其中。我们可以这样回答孩子提出的问题：

那你知道你最喜欢吃的桃子是怎么长出来的吗？农民伯伯在春天的时候把种子种到地里，然后每天给它浇水、施肥，种子慢慢长成小苗，过一段时间，小苗又长成了桃树。再过几年，桃树枝上长出小桃子，然后，就会变成你喜欢吃的又大又甜的桃子了，我们就可以摘下来吃。

你就是爸爸在妈妈肚子里种下的一粒种子，在爸爸妈妈的呵护下，你从一粒"种子"开始慢慢地长大，经过10个月的孕育，你就出生了，变成现在活蹦乱跳的小公主了！

2. 利用书籍对女孩进行性教育

有些父母对性教育很难开口，也有些父母不知道自己该怎样和女儿解释，那不妨给孩子买一些有关方面的书，查一些有关的资料，让女孩自己慢慢地了解这方面的知识。这样既避免了尴尬，又可以收到好的效果。

有一天，女儿慌慌张张地跑到妈妈面前，对妈妈说："妈妈，我要死了，我流血了！"妈妈这才意识到女儿已经是大姑娘了。妈妈连忙告诉女儿："不用着急，祝贺我们的宝贝已经变成大姑娘了！"然后，妈妈告诉她这就是女孩的月经，一般情况下每个月都是要来一次的。妈妈又教她卫生巾的使用方法，告诉她来月经的时候该注意什么。

第二天，妈妈为女儿买了一本关于青春期女孩的书，放在她的桌子上，晚上女儿很入神地看了这本书。于是，一切问题都迎刃而解了。

3. 让女孩自尊自爱，不随波逐流

青春期女孩要把握的最重要原则是自尊自爱，有了这个原则，女孩就能与异性在正常交往中保持自我。现在有一些男孩利用青春期女孩性知识

缺乏的弱点，寻找机会同女孩接触。父母要教育女孩把握住自己，不要被诱骗，甚至失身，留下终生遗憾。要正确处理自己的情感问题，如果女孩对某个男孩子产生了朦胧的情感，要理智地把握、控制自己，不要让自己陷入感情的旋涡，否则，不仅会荒废学业和大好的时光，还会毁了个人的前程。对于有的男孩和女孩公开搂搂抱抱，公开接吻等行为，不要羡慕，更不要模仿，要保持自尊。因为爱是一种私人化的东西，不应展示给别人看。公然拥抱接吻，是对自己爱的亵渎，是不尊重自己，也是对别人的不尊重。

对青春期女孩谈性，是家长们不可回避的话题，应予以高度重视，应把对青春期女孩的性教育提到家庭教育的日程上来。女孩也应自尊自爱，保持清醒的头脑，保护好自己正在成长的身体，让青春期成为自己生命中的美好时光。

细节47　正确引导女孩与异性的交往

青春期女孩不能缺少与异性的交往，一个与异性交往很成功的女孩，往往情绪饱满，精力充沛，学习和做事的效率都很高。许多时候，与异性交往本身并不会对女孩造成负面影响，相反可能还有积极作用。但是父母们却非常紧张自己女儿与男孩子的交往，是不是早恋了？是不是影响学习了？有的甚至阻止女儿与男孩子交往，加剧了青春期女孩与父母间的矛盾。因此，只有父母提高认识，并对孩子的行为加以正确的引导，才能使女孩顺利度过这段心理脆弱期。正确引导女孩与异性交往，父母应做好以下几件事：

1. 正确看待女儿与异性的交往

处于青春期的少男少女会产生一种强烈地要求接近异性、渴望交往的

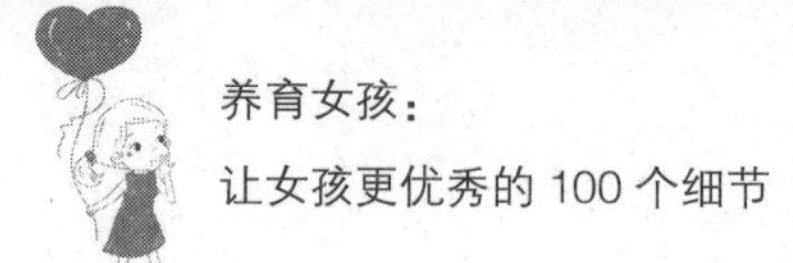

愿望，这是孩子青春期发育的必然阶段。可是一些父母关注的是女儿是不是在谈恋爱，他们的眼睛盯着女儿回家后的一举一动，观察着她们情绪上的变化，注意孩子的每一个电话，对他们控制不了的网络上的交往，他们也在想尽办法探知女儿有没有与男孩子联系。父母们这样做有时会适得其反。心理学研究表明，在青春期的时候，孩子们从生理到心理上都渴望和异性的交往，她们会自觉不自觉地关注男孩子，这只是女孩心理过程发育的必然走向，也是她们学习社会交往能力的重要课堂。在与异性的交往过程中，只要处理得好，孩子们会有一种高尚和积极的情绪状态，会从彼此的身上互补，促进学业发展，也可以促进他们正常情感的发生和发展。

教育工作者曾做过一个实验：某班同学外出野餐。第一次，男女分席，男生个个狼吞虎咽，女生一片杯盘狼藉；第二次，男女合席，男生彬彬有礼，你谦我让，女生细嚼慢咽，温文尔雅。

所以，父母们没有必要把孩子管得太死。因为孩子们已经接近成年人了，总像小孩子一样看管她们，她们会觉得很不愉快。

2.不要随意给女孩贴上早恋的标签

女孩与男孩的交往比起同性间的交往显得更复杂、更曲折，因此，父母应理性地对待女孩与男孩的交往。例如，两个男女学生关系很密切，经常在一起，父母本来应该给他们一个“异性友谊”的标签。然而，不少父母从来就不相信有“异性友谊”这么回事，于是不由分说地给他们贴上“早恋”的标签，千方百计地阻止她们交往。越是这样，孩子越是想交往，本来不是恋爱，最后真的变成了恋爱。所以，父母应首先分清正常的异性交往与早恋的区别，即分清同学之间的友情与男女之间的爱情的区别：异性友谊是没有排他性的，而恋情是具有排他性的，这是它们之间最本质的区别。

日本一位心理学家把友情与爱情界定为五点不同。一是支柱不同：友

情的支柱是“理解”，爱情的支柱是“感情”；二是地位不同：友情的地位“平等”，爱情却要“一体化”；三是体系不同：友情是“开放的”，爱情则是“关闭的”；四是基础不同：友情的基础是“信赖”，爱情则纠缠着“不安”；五是心境不同：友情充满“充足感”，爱情则是充满“欠缺感”。

父母可以参考这五点不同，分清孩子与异性交往是交友还是恋爱，帮助孩子正确处理与男孩子的关系，让她们与男孩子正常交往，又能防止早恋的发生。

3. 正确引导女孩与异性的交往

学会与异性交往，是“青春期”最重要的社会目标之一。在一定程度上，学习与异性交往是青少年走向成熟的一个重要途径。父母应该鼓励男女学生建立纯真的“异性友谊”。

当女儿性格内向，不愿意与同学交往，尤其是不愿与男孩子交往时，父母应帮助孩子纠正认知上的偏差，正确地评价男孩子，鼓励孩子与男生交往。当发现女儿出现精神上或心理上的不正常反应，如注意力不集中或神情恍惚，经常一个人发呆时，要多关心她们，多与她们平等地沟通、交流，帮助孩子学会用理智来战胜情感，不要过早地涉足情爱，正常地与异性交往。

自尊、自爱、自重、自强，是女孩与异性交往应该持有的态度。正确引导女孩与异性交往，既需要家长自身提高认识，又要讲究方式方法，这样才能让孩子在与异性交往的过程中健康快乐地成长。

细节48　“早恋”，父母应与女孩一起面对

一般人所说的“早恋”，是指人在进入婚龄前，即学龄期与异性的恋

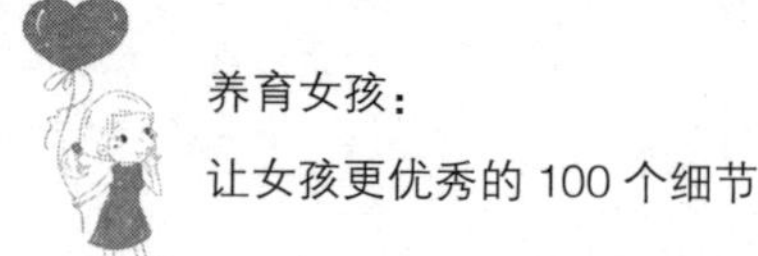

爱。处在青春期的女生对情感和异性的依赖增强，由于生理变化引起情绪波动，这一时期的女孩会表现得非常敏感，也易发脾气。当他们与父母难以沟通时，她们往往把情感倾注到她们心仪的男孩子身上。如果父母不及时指导，就很容易发生早恋。父母在对待女儿早恋的问题，一定要教育她们保护自己，并传授一些生理常识。

资料显示：青少年早恋比率高达31. 2%，并有年龄小化趋势，甚至小学生中也有出现早恋行为。一般情况下，早恋会影响女孩的学习，导致精力分散，学习成绩下降，更严重的是少女怀孕、堕胎等，这些都会给女孩的身体和心理造成极大的伤害。所以，父母一定要以正确的态度来重视孩子的早恋问题。

1. 打好“预防针”

爱，是人间最美好且必不可少的感情。孩子随着年龄的增长，这种爱不仅是对父母、长辈、兄弟姐妹和朋友的爱，有的发展成对异性的爱慕，这也都是很正常的。父母没有必要因为女孩多几个电话，晚回来一会儿而横加指责，或猜测女儿是不是早恋了，交往的男孩和女儿的关系只是同学关系，还是恋情关系。与其猜测，不如及时地教育。

14岁的女儿蕊蕊，天天准时坐在电视前观看台湾偶像剧《命中注定我爱你》，完全陶醉在浪漫的剧情里，随着剧情的发展时而甜蜜地微笑，时而流泪。有一天她对妈妈说：“妈妈，我也要这么浪漫的爱情，我也要变成白天鹅，我也要找一个像阮经天（男主角）这样的男朋友！”

妈妈心里微微一颤，那种富家公子怎么会出现在普通家庭呢？于是，妈妈引导蕊蕊说：“我也希望你将来找到一个非常好的男朋友，但不是现在。要想找到好的男朋友，现在就要努力学习，先用知识武装自己。”

蕊蕊听了妈妈的话，没再说什么。当这部电视剧播完，蕊蕊的兴趣也渐渐降低了。

每个女孩都喜欢浪漫，因此也常常会被某些电影、电视剧中的情景所感动，会不由自主地渴望“灰姑娘和王子”的浪漫爱情。做父母的，应及时推醒女孩，电视、电影里的故事都是虚幻的、缥缈的，现实往往不全是这样浪漫的。这种“告诉”不是直接地说，而是在聊天中“无意”地说。

到哈佛读大学的女孩刘可曾经问妈妈，她可以早恋吗？妈妈是这样回答她的：“可以选择，但早恋了就不能专心学习，也考不上自己理想的大学，所以以后的工作可能就是一家小饭店的服务员。”在一番衡量后，刘可再也没有提过早恋的事了。

父母可以在早恋的话题上“诱导”女儿，正确地认识早恋的危害。

2. 及时发现女儿的早恋倾向

如果女儿早恋，父母可以从一些生活细节上发现苗头，但确实有一些孩子与异性朋友的感情特殊了一点。她们约会、写信，寻找各种理由过于频繁地密切交往。父母要注意观察女孩的一举一动，从细微之处了解孩子的想法、状态。女孩有了早恋倾向时可能会发生一些小变化，例如，比以前更注意自己的外表了，穿衣服时总是选来选去；有时会想事想得入神，还会不时地无原因地笑；打电话或上网的时间明显变长，经常发短信；周末经常出去，放学后回家的时间变晚了；学习变得不像以前那么用心了，等等。父母应该早发现，才能早提醒、早帮助。

3. 理智对待早恋的女儿

处在青春期的女孩特别敏感，叛逆心理也特别强。情窦初开的少女往往会做出反常的举动。所以，父母在处理孩子早恋的问题时，一定要慎重。不然会适得其反，影响她们的学习，还会影响家长和孩子的关系。

正在读高三的梅梅最近与同校的男生谈恋爱了，她的父母不仅对她打骂，还开始限制女儿的交往。她的爸爸每天去学校接她，并告诉班主任，如果看见梅梅和那个男生在一起就要告诉他们。这样，原来活泼的梅梅不

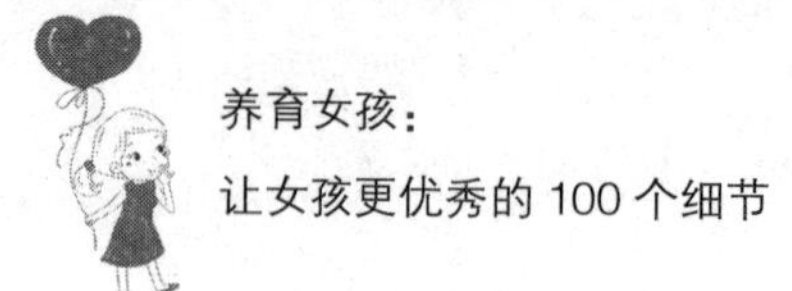

再爱说话了，一回到家就闷在自己的房间，吃饭的时候都不愿意和父母说上几句话。上课总是发呆，不知道在想什么，一打下课铃马上精神了，几步就冲出教室。学习成绩更不用说了，下降了许多。

对梅梅这样的孩子，打骂是没用的，相反还会使孩子越来越违背父母的意愿，唯一的办法就是用孩子能够理解的方式开导她。下面这位父亲的做法值得借鉴。

上中学的女儿早恋了，当农民的爸爸什么也没说，女儿放学要到家时，爸爸把家里唯一的一棵苹果树上还没成熟的果子都打了下来。女儿见爸爸打下了未成熟的苹果，就责怪爸爸："果子都没熟你怎么就打下来，这能吃吗？秋天我们吃什么呀？"

爸爸看了看女儿说："你知道没成熟的果子不能吃，那这和早恋有什么区别呢？"

女儿听了爸爸的话，一下子就明白了。于是告诉爸爸："别担心，我现在只是把对方当成一个很好的异性朋友。"

在学生时期，特别是在中学阶段，如果女儿早恋了，处理得好，就会起到很好的效果；处理不好，将会影响孩子的学习、成长和将来的生活。

细节49　警惕性骚扰，每个女孩都要有这根弦

性骚扰是性歧视的一种形式，通过性行为滥用权力，在工作场所或其他公共场所欺凌、威胁、恐吓、控制、压抑或腐蚀其他人。性骚扰的方式多种多样，包括语言、身体接触以及暴露性器官；在异性面前说肮脏下流的黄色笑话；对异性身体的有意碰触；违反女性意愿的抚摸、摸捏及企图发生性关系等。

有关统计资料显示，在中国，相当多的女性遭受过不同形式的性骚扰，30岁以下的未婚女性最为“深受其害”。目前，妇女受到的性骚扰正呈上升趋势，而且形式也日益增多。而其中的年轻女孩受到侵犯的比率也有上升趋势。

10岁的小丽和爸爸妈妈一起看电视时，电视里出现了男女亲热镜头。妈妈刚要换频道，小丽却说：“老师和我就这样过。”

小丽的妈妈不由得联想到小丽曾要转学、装病不愿意上学的情况，觉得孩子有事瞒着父母，便开始与女儿聊了起来，这才知道小丽和几位女同学被班主任老师“欺负”的事。

妈妈和另外几个女孩的家长赶紧报案。后来证实，她们几个女孩多次被班主任老师性侵犯。

父母要重视对孩子的性骚扰教育，让女孩学会保护自己，避免这种不好的事情发生。

1. 告诉孩子一些防止性侵犯的方法

帮助孩子了解什么是性骚扰，如果孩子真的遇到这样的情况一定要保持冷静，从容以对，忍耐或逃避不是办法，要有效地保护自己。

奇奇是个漂亮的初中女孩，课余的时候她喜欢打篮球。一天放学后，体育老师又通知她和几个女生去练习投篮，整个过程她都感到挺开心。结束后，老师让其他同学先走，请奇奇留下帮助他整理物品。奇奇和老师在储存室整理物品时，老师突然从背后抱住她，手还在她身上到处乱摸。奇奇吓得一面尖声叫唤，一面乱踢室内的东西，体育老师怕被人看见，连忙放开了她。

由于奇奇奋力反抗而没有落入性骚扰者的“魔掌”，后来有家长反映，这位老师侵犯了另外几个女孩，这几个女孩有的不明白这就是性侵犯，有的女孩忍气吞声，结果造成了悲剧。

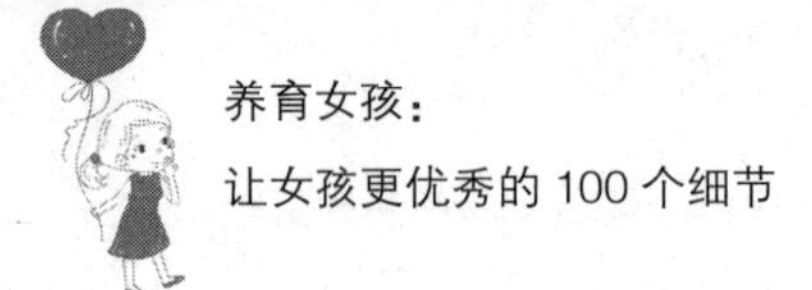

因此，父母教给女孩一些防止性侵犯的方法显得尤为重要。

首先，在头脑中要时刻具有防范和自我保护的意识。坏人与常人没有什么区别，他们都可能在孩子没有任何戒备的情况下诱骗孩子、借机伤害孩子。

其次，不要轻信陌生人，不要给陌生人带路或帮助他找什么东西，干什么事情等，更不要带陌生人回家。不要吃陌生人递过来的食物，不要接受陌生人送的钱财、礼物，不要搭乘陌生人的便车，遇有驾车的陌生人问路，要与车身保持一定的距离。

再次，不轻易接受异性的礼物和外出游玩等邀请，更不要贪小便宜。让女孩们知道，世上没有免费的午餐。住在学校的女孩，晚上不能离开校园。避免男老师单独找女学生到家里谈话或单独为其补课。不随便到同学家过夜，更不要到没有女性家长的同学和亲戚家过夜。一旦察觉熟悉的男性或比较熟悉的人有性骚扰的意图，应立即用眼光或身体语言表示拒绝，或者干脆借故转身离去。

最后，尽量不要单独待在僻静的地方，尽可能避免黑夜单独外出。如不要独自去偏远的公园、昏暗的地下通道、无人管理的公厕，不要随便出入电子游戏机房、台球厅、歌舞厅、酒吧等活动场所。独自在街上或其他地方行走，发现被坏人盯上时，要设法迅速摆脱坏人。如果被坏人纠缠，要高声喊叫，并迅速跑向人多的地方，等等。

2. 身体的隐私部位不能被他人触摸

让女孩知道，我们每个人的身体都有一些隐私部位，这些部位包括腹部、臀部、大腿内侧以及女性的胸部和阴部等。要保护自己的隐私部位，包括不能被他人看和触摸、拍照等。如果有人违背我们的意愿，不合理地要看或触摸你们的隐私部位，或要求我们看或触摸对方的隐私部位，要马上制止或马上离开。有的时候，可以打电话向自己的父母求救。

性侵犯是现在不可避免的话题，我们只有让女孩认识到什么是性侵犯，正确面对这个问题，才能在万一发生这种问题时知道该怎么办，这才是父母应该教给女儿的防身本领。

细节50 “网恋”会让女孩陷入危险的境地

网恋是通过互联网实现的男女之间的恋爱。恋爱的双方通过互联网谈情说爱。某相关机构曾就网恋问题，对全球19个国家的近1.1万名网民进行了调查，调查显示，30%的网民认为网络是寻找男、女朋友的好地方，但也有更多的网民表示，网恋问题要慎重。

现在网恋中这样的情况越来越多了，不能否认，有的网恋会有好的结果，但大部分的网恋却是不尽如人意，有的人甚至通过网恋勒索、敲诈、骗钱、遭到人身伤害等，有的女孩因此受到了心理和生理的双重伤害。

那么，父母该怎么教女儿慎重对待网恋的问题呢?

1. 告诉女儿上网交友注意事项

在互联网时代，父母不能阻止女孩上网，即使不买电脑，或设置密码不让女孩上网，也无法阻止她们。因为她们可以去网吧上网，然而出去上网更危险。阻止是不可能的，父母应该让女孩了解上网交友的注意事项，这往往比阻止更有效。

例如，和网友聊天可以，但不能告诉别人你的具体信息，如自己的真实姓名、年龄，尤其是家庭地址、学校、手机号等这种直接可以找到你的信息；有人与你聊有关色情的话题，让你看色情网站，给你发色情图片，这样的网友应马上删除；不要相信找借口寻求你的帮忙的网友，特别是说自己遇到困难，想向你借钱等情况，就不要再继续聊了；不能和网友单独见面，如果觉得这个网友很好，见面时也要父母陪在身旁。

2. 适当地控制孩子上网，不要让孩子上网成瘾

据有关部门在学生中的抽样调查显示，35%的学生经历过网恋，其中21%的学生经历过2~3次网恋，63%的学生表示，如果有机会，愿意尝试。这一组数字说明，青少年网恋的比例还是比较大的。

根据调查发现，喜欢上网的女孩，不但聪明而且沟通力很强，但如果长期下去，则有可能导致她们智力水平降低。

对于这样的女孩，父母应多和她们沟通，找一些她们感兴趣的话题。在周末或是节假日的时候，多和女孩参与一些有趣的活动，转移她们对网络的注意。

需要注意的是，如果孩子真是上网成瘾，那么一定要帮助孩子摆脱网瘾，当然这需要一些时间和办法，父母不能急于求成。

3. 帮助女孩解除不理智的"恋情"

14岁的桐桐在网上喜欢上了一个男孩。她在日记中写道："我真的不知该怎么办，满脑子都是他，即使是在上课的时候，也没有办法不去想他，无法集中精神去学习。我和他是通过网络相识、相知，虽然在现实生活中从未见过他真实的面容，可是他已经深深占据了我的心灵……"

面对桐桐这样网恋的女孩，父母千万不要责怪和打骂，那样会使她越来越走极端，有可能引起更坏的结果。

雯雯的父母在发现她网恋以后，不仅封上了电脑，还对她打骂。悲剧就从此开始了。第二天，雯雯没有去上学，父母发现她离家出走了，一个月音信全无。他们四处寻找，最后在一个派出所找到了女儿。经过了解，雯雯因为对父母不满而离家去找她的网络男友，到了男友那里后，她被网络男友及另外几个男人轮奸了。结果，原本可爱聪明的雯雯因此而得了自闭症。

一般来说，女孩们的“网恋”往往由一些心理需求引起的，父母只有了解女儿“网恋”的真正原因，对症下药，才能真正帮助女儿解除不理智的“恋情”。

4. 网络虚拟婚姻要不得

现在有很多交友网站都让网友以虚拟“老公”“老婆”互称，正因为不是真实的，所以受到一些女孩的追捧，在网上找虚拟的“老公”。受此影响，有的男女同学写纸条、发短信也“老公”“老婆”地叫。也许，有的同学觉得好玩，别人这样叫，自己也这样叫，并没有考虑太多。实际上，这是一种无知、不尊重别人也不尊重自己的表现。对女孩将来真正的恋爱、结婚，都会有不良的影响。她们很可能就会用这个虚拟的婚姻去实践现实的婚姻，造成自己恋爱婚姻的失败。所以，这种虚拟的婚姻游戏是万万要不得的。

对于网络，父母要做到提前预防，只有先打好“预防针”，才能提高女孩网恋的免疫力，让女孩变得成熟起来，才不至于陷入危险的境地。

万一父母发现女儿真的陷入了网恋，也不要惊慌得手足无措，而应多沟通、多帮助孩子，帮助她们走出心理的困境。

细节51　正确引导女孩去“追星”

偶像是青春期女孩的精神调味品，她们会毫不犹豫地购买“偶像”的CD；她们会疯狂地追随着自己喜欢的明星；有的女孩因为喜欢某个明星而发誓非某“星”不嫁；有的女孩要找个像自己喜欢的明星男友……女孩“追星”如果追到了这种如痴如醉、神魂颠倒的地步，对自己的身心健康是非常不利的。

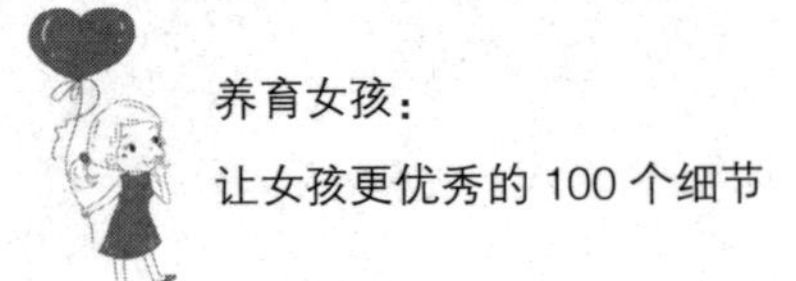

2009年娱乐圈发生了一件大事，就是流行天王迈克尔·杰克逊猝死，全球很多歌迷都哭成泪人，有的痛失偶像，有的更是悲伤到要自杀。据有关人士统计，杰克逊去世后，全球至少有12名歌迷心碎自杀而亡。

如果希望自己的女儿正确地追星，父母们就要了解产生这种心理的原因，只有从根本入手，才能药到病除。

1. 引导女儿脱离“狂热一派”

就一个人的情感成长而言，人在进入青少年期之前，其情感世界基本上是围绕着自己身边的亲朋好友。进入青少年期后，人的情感世界就日趋丰富，也越来越超越身边的人，并开始捕捉那些远离自己生活环境的人物。如追寻一些明星等。其实，女孩追星属于正常现象，但要有度，不可盲目，更不能狂热，狂热会毁了自己。“明星”跟正常人没什么两样，不要过分相信媒体的过度宣传。追星只是生活中微不足道的部分，女孩应将更多的精力投入学习和生活中。

一个女孩从十几岁开始疯狂地追求某明星，并发誓一定要嫁给这个明星。看遍了明星所有的影片，唱遍了明星所有的歌曲，收集他的海报、磁带之类的东西，此后辍学开始疯狂追星，并决定一定要亲眼见一见明星。父母不支持她，但又没办法，为满足她到各地去追星，家里几乎倾尽所有。父母省吃俭用，领着她多次到外地去看明星的演唱会，但这些都仍然不能满足女儿，她要和明星真正见面。后来因为家里负债累累，父亲竟然想到了用卖肾脏来筹钱，可是被医院拒绝了。无奈之下，父母借钱领着她去见明星。父亲也因不堪心理和经济上的重负，遗憾地离开了人世。

对于这种崇拜偶像到了盲目和疯狂的地步，心理学专家指出，这是一种“心理缺陷”，原因是这些孩子在现实世界缺少朋友，与父母的关系也不亲密。因此，解决女孩盲目追星问题的关键在于父母的正确引导。父母要给予女孩足够的关爱，让她们在感受父母爱的同时，也进一步加深同龄

女孩之间的关系，让女孩把更多的精力用到学习和生活中，用到和父母情感的沟通中，这样可以释放孩子的一些盲目追星的情感，让孩子回到正常的生活轨道上来。

2. 和女儿一起“追星”

这一点很重要，因为可通过“追星”去理解女儿的想法，她为什么会喜欢这个明星，现在到了什么样的程度，她还要做些什么……只有真正地了解，才能加以正确地引导。

乐乐是一名初二学生，最近成绩一直下滑，老师反映她上课总是走神，作业完成得也不认真。她的妈妈很担心，就偷偷观察了她几天，发现她最近迷上张惠妹，在自己的屋里贴满了张惠妹的照片，买了大量张惠妹的唱片，就连自己的言行也要模仿张惠妹。而且，乐乐每天都要用很多时间搜寻张惠妹的行踪和歌迷们的评价、反映，还把这些都记录下来，经常在那里“研究”。

看着女儿的变化，父母商量并决定和女儿一起“追星”，然后再用潜移默化的方式影响孩子。为了将女儿追星引到正确的方向上，父母也搜集了一些有关张惠妹的奋斗历程的资料，和女儿一起分享。女儿也被张惠妹为了实现父亲的遗愿而一定要拿冠军的精神所感动，并开始从偶像崇拜到学习偶像的精神。通过学习张惠妹积极向上的一面，最终女儿还是把心思放到了学习上，学习成绩也渐渐赶了上来。

对于女孩的追星现象，只要好好引导，就可以把这种行为变成学习、成长的动力。

其实，随着年龄的增长女孩对偶像迷恋的程度会慢慢地淡化，父母不必太担心。但要注意这个度，父母要把疯狂的行为扼杀在“摇篮”中，如果女孩不能正确地追星，反会促使她更加任性、叛逆，甚至做出一些“傻事”。

细节52　不做追求物质至上的势利女孩

吃要美味，穿要名牌，玩要高档，追求物质享受的观念已从成人那里波及未成年的孩子们，与克勤克俭、过着俭朴生活的上一辈人相比，现在的孩子们追求个性、自我、时尚，同时也更倾向于超前消费，追求物质享受。一些女孩为了自己的面子更是如此。面对这样一个群体，父母们的想法也各不相同：有的父母主张女孩不要做物质的奴隶，但有的父母则不想让女儿受苦，认为“女孩做得好不如嫁得好”。虽然父母们的观点都不算错，但专家们的看法更倾向于前者。

1. 让女孩懂得物质享受不是生活的全部

如今的一些女孩追求物质至上，并不在于家里生活条件是否充裕，而是在于观念，有很多家庭生活条件好的女孩不在意穿戴，而一些家庭生活并不富裕的女孩却对穿戴和物质条件十分在意，原因就在于孩子怎样看待物质享受。

奥运冠军王军霞要生孩子了，最高兴的要数她的婆婆了。儿子儿媳结婚多年，老人一直盼望着抱孙子呢。在王军霞确定怀孕的第三天，王军霞的婆婆就开始忙活了，她把婴儿用品都买齐了，看着婆婆抱回来的一大堆东西，王军霞有些哭笑不得地说：“妈，您买这么多东西也太早了吧？这离孩子出生还早呢！”婆婆抑制不住高兴地说：“这还多吗？我跟你说呀，我现在是太高兴了，一时就想起来这么多，等以后看看，缺什么再去买。”王军霞忙说：“够了，够了！这些东西养三五个孩子都多了。”

就王军霞的生活条件而言，她完全可以不必在意给孩子买多少东西，在物质条件上不炫耀、不张扬的她自然把买多少东西的问题看得很淡，“够了，够了”是一种物质上的满足感，有了这种满足感，注意力就不会集中在物质上。王军霞对待物质条件的态度值得父母们深思。父母应该让

女孩知道，除了物质享受以外还有精神方面的追求，在物质享受上要多树立“够了”的观念，多追求精神上的享受，才是智慧女孩的选择。

2. 及时发现女孩的思想变化

受社会和家长的一些理念的影响，现在的女孩从小处于家庭的核心，形成了独立、自我的个性，在交往中也是以自我为中心，特别是在交往朋友的选择上也很势利。

姗姗的妈妈发现，最近来家里玩的女孩都像自己的女儿一样，满身名牌，满嘴时尚、流行，女儿小时候的伙伴韵涵却有很长时间没来了。

妈妈问姗姗：“韵涵怎么这么长时间都没到咱家玩了？”

“我们不是一个档次！”姗姗不屑地说。

“她跟不上潮流，跟她在一起没劲！”姗姗看见妈妈不解的神情又补充道。

“可是人家学习好啊！”

“学习好有什么用？土里土气的，将来肯定找不到好老公。妈妈你没听说‘干得好不如嫁得好吗’，你不时尚，男孩子是不会注意你的！”

女儿的话让妈妈吃了一惊，实在没想到，女儿竟变得这么“势利”！她开始认识到问题的严重性。那么，作为父母，怎样对孩子进行这方面的教育呢？

今天，许多家长成长在物质匮乏的20世纪中后期，为人父母的他们，最大的愿望就是想尽办法，让孩子享受自己未曾享受过的人生乐趣，在这种观念的支配下，这些家长便拼命地工作，省吃俭用，以优越的物质条件满足孩子不合理的物欲要求，却忽视了对孩子节俭思想、精神追求等方面的教育，造成了孩子追求物质享受，与人攀比，不求上进，缺乏吃苦耐劳的精神。可见，当今的父母，对子女表现出的“穷阔”，是放任不得的。

面对子女过高的物欲，必要时，父母可表现出几分小气：“孩子，这

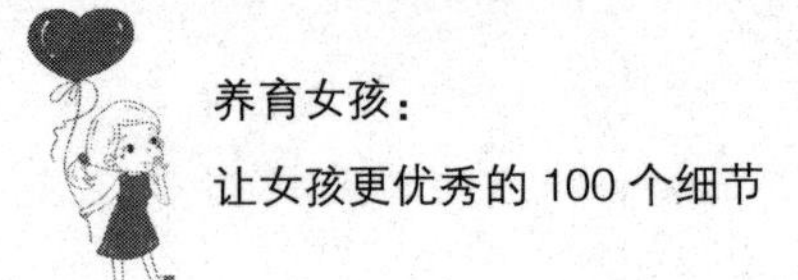

东西太贵了，咱们买不起！”让孩子的幼小心灵产生震动，知道这个世界上还有不能满足的欲望。做父母的，还可以为子女创造一个能够培养吃苦精神的外部环境，有机会可以带领孩子到贫困的地区去体验一下那里孩子的生活。更主要的是对孩子进行精神追求的教育，帮孩子树立更高更远的精神目标，使孩子不被物质享受所左右。

3. 享受生活以创造生活为前提

如果把孩子追求高品质的物质生活当作学习和工作动力的话，那么这种追求无可厚非。但是，受广告、海报、视频、互联网等传媒营造出的消费文化影响，现在很多女孩都有了强烈的“享受生活”的意念。她们上网、互动游戏、旅游、聚会、健身等。她们容易受到奢侈消费品的吸引，品牌意识鲜明，一切时尚高档的东西在她们那里应有尽有。她们认为，生命是短暂的，就应该抓紧一切机会享受自己应得的生活。

当然，享受生命，让自己的生命多姿多彩，这无可厚非，女孩爱美，这也是不争的事实，但是父母应该让孩子明白，在生活上过分依赖父母，拿着父母的钱去购物、娱乐、享受，只能是暂时的。享受生活要以创造生活为前提，只有现在多学习本领，将来才能更好地享受生活。她们一味地追求物质上的享受，而忽略了精神和道德素质的培养，非常不利于孩子的成长。

此外，父母们还应教育女孩要靠自己的奋斗创造美好生活，让她们懂得，只有充实自己，用自己的奋斗才能创造美好生活，才能享受到生活的快乐。“结婚前靠父母，结婚后靠丈夫”的观念是万万要不得的。

不做追求物质至上的女孩，需要父母正确的引导，需要女孩从小做起。

第六章

品质教育，让女孩散发出内在美

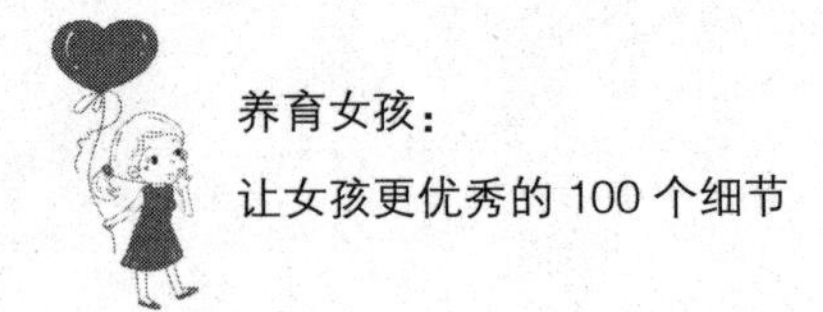

细节53 诚信，是女孩做人的首要道德准则

以诚待人，以信取人，是我们中华民族优秀的传统美德。孔子云：“诚者，乃做人之本，人无信，不知其可。”诚信也是每个人应该具有的品格。

20世纪70年代，有一个坐椅制造商雇用了一批工人，让他们用手工制造椅子。商人依据每人每周检验合格的椅子数量给工人工资。按照商人的要求，小张和小宋每周制造出的合格的椅子最多。经过一段时间，商人需要找一位监工。他觉得小张和小宋都很好，可到底要选哪一个呢？于是，商人将所有的工人召集起来，宣布为了赶工期，只要椅子造出来就行，不必管是否通过检验，它都计件付酬。于是，椅子的产量大大增加了，但椅子的不合格率也增加了。这时，商人特意去检查小张和小宋造的椅子。结果，小张造的椅子和往常一样好，但小宋在新政策下做的椅子不合格的比以前多。于是，商人让小张做了监工。

对于成长中的女孩来说，培养她们诚实守信的品格，将会为她们的一生奠定良好的品德基础。

1. 鼓励女孩做诚实守信的人

如果你的女儿诚实，那么她是令人羡慕的，更是令人佩服的，因为孩子们少有大人们的复杂。她们幼小的心灵是纯洁的，敢于承认错误，这是多么可贵的品质，父母要赞赏女儿的这种品质。

美国总统华盛顿年少时非常调皮，有一次竟不小心用斧子砍倒了父亲心爱的樱桃树，他父亲发现后大发雷霆。华盛顿主动向父亲承认了错误，

还说以后一定小心。父亲不但没有责骂他，反而高兴地说：“我宁愿损失100棵樱桃树，也不愿意你说一句假话！”

对于父母的鼓励，女孩们会牢记在心，甚至会终生不忘。特别是孩子小时候，父母鼓励孩子诚实守信，孩子就会知道这样做是对的，并坚持这样做。

2. 父母要以身作则讲究诚信

要教育孩子诚信，父母必须要以身作则，起表率作用。但在现实生活中，往往有一些父母不能做到这一点。

雅莉和妈妈一起去买雪糕，雅莉拿了10元钱买了两根一块钱的雪糕，结果，卖冰糕的阿姨记错了，以为给的是20元，就找给雅莉18元，雅莉看了看就把钱放在兜里，拿着冰糕和妈妈一起走了。这一切，妈妈都看在眼里，没走几步，妈妈就问雅莉：“你为什么不告诉阿姨她多找你钱了？你给的是10元不是20元。”雅莉的回答令妈妈很震惊：“上次你买肉，叔叔也多找你钱，你也没说就放在兜里了。”这时，妈妈才知道是自己给女儿做了个坏榜样。

所以，父母要以身作则，对他人讲诚信，说话、办事要诚实，有信用。如不失约、不骗人，说到做到，不撒谎等。

3. 对女孩进行诚信品质的教育

父母应加强对女孩进行诚信品质的教育，让她知道，一个言而无信的人，是没有人愿意和她交朋友的。女孩要做到诚实守信，就应对自己讲的话承担责任，一诺千金。答应他人的事，也一定要做到。做不到的事，就不要答应。同他人约定见面，一定要准时赴约。如果情况有变或者有特殊情况发生，以致无法兑现自己的承诺，就要向对方如实说明情况并道歉。

4. 让孩子的“信誉存折”里存入更多的信誉

现代社会个人的信誉十分重要，影响到个人生活的方方面面。如招聘、买车、买房的贷款都要信誉记录。父母要从小对孩子进行渗透，给孩

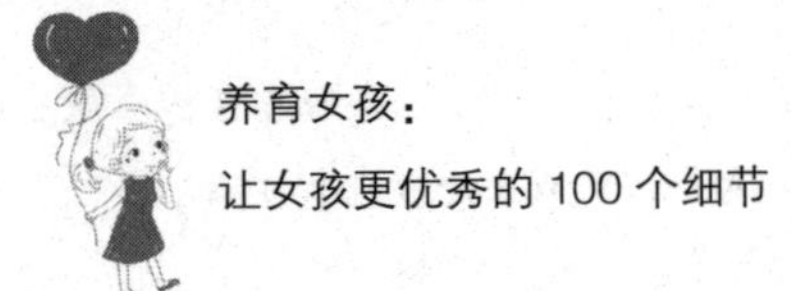

子建一个“信誉存折”，孩子每一次有信誉的行动，父母都要为孩子存入存折，让孩子“信誉存折”里的信誉越来越多。

诚信是为人之本。社会需要诚信，各行各业呼唤诚信，明天的诚信，从今天做起。今天的诚信，是明天的通行证。

细节54　善良的女孩更让人怜爱

人世间最宝贵的是什么？法国作家雨果说得好：“善良是历史中稀有的珍珠，善良的人几乎优于伟大的人。”女孩们都是天性善良而富有爱心的，但是，许多父母或长辈的过分溺爱，让她们变得自私起来，善良的天性被蒙上了自我。

慧慧是爷爷奶奶的手中宝，在家里什么都是以她为中心，什么都得让着她。后来慧慧进了幼儿园后，很快就和小朋友玩成一团。一天，幼儿园里新来了一位小朋友，由于这个小朋友不适应集体生活，老师就让大家多照顾她，多让着她。

老师的做法引起了慧慧的不满，她对妈妈说：“为什么我要让着她？都是大家让着我啊！”

一个健康的女孩子就像一朵花，善良就像茎，只有茎是正直的，才能保证花朵的直立，才能结出美丽善良的果实，这样的女孩才惹人怜爱。善良的情感和修养是人道精神的核心，它必须在孩子的童年时期细心培养。慧慧的爷爷奶奶忽略了孙女品德的培养，使慧慧失去了本身具有的善良。

那么父母应该怎么培养女孩的善良品德呢？

1. 给女孩一个友爱的成长环境

父母要给女孩提供一个友爱的环境，让她感受到爱，在这样的环境中

长大的女孩就会拥有善心、爱心。作为父母，当家庭的每个角落充满了爱的气氛时，女孩的心中就会充满爱，就会用善良的心去爱别人。

因为爸爸妈妈工作很忙，婉婉从小是在姥姥家长大的，10岁才回到父母身边。爸爸妈妈从小就教育婉婉，一定要听姥姥的话，帮姥姥干活，友善地对待身边的人。虽然工作忙，但她的爸爸妈妈一有时间就去看她和姥姥。

婉婉15岁那年，姥姥不能自己单独生活了，爸爸妈妈的房子要简单修改一下，姥姥才能搬进来，这两个月的时间可怎么办呢？爸爸妈妈想给姥姥找一个保姆，但是婉婉不同意，她要去照顾姥姥。爸爸妈妈被婉婉的善良之心感动了，一个15岁的女孩自己要去照顾她的姥姥，婉婉说："姥姥从小就照顾我，现在她需要我照顾了，我就应该去照顾她。"爸爸妈妈为有这么善良懂事的女儿而感动。

给女孩一个友爱的成长环境，孩子在这个环境里就可以慢慢学会友爱，学会用善良之心去善待别人。

2. 让女孩学会关爱别人

调查显示，童年养过小动物的女孩，心地比较善良，心思也比较细腻。因此，为了培养女孩的善良品质，在条件允许的情况下，让女孩养一只小动物吧。让她在这个过程中学会照顾比自己还弱小的生命。

爱是相互的，也是双向的，我们需要别人的关爱，别人又何尝不是呢？所以，我们应该从小学会关爱别人，要多为别人着想。当我们在孤独无助的时候，如果有那么一个人给我们祝福，给我们安慰和温心，我们就会觉得幸福、快乐。

我们虽然是一个平凡的普通人，但生活在社会这个大家庭中，我们时时刻刻都要和别人交往，也时时刻刻生活在别人的关爱中——父母、亲戚、朋友在爱着我们，老师、同学在鼓励、关心着我们，我们也应该用我们那纯洁的心灵给我们身边的人一些关爱。

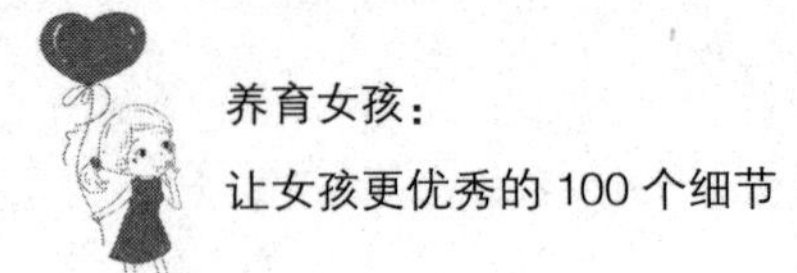

一个拥有善心的女孩，更让人喜欢、更让人怜爱，也更易被社会所接受。让自己变成一个心怀善意的人，我们自己心里有善意，才能懂得、识别从别人身上发出来的善意，才能沿着自己的善意，走向别人的善意，从而让这个社会多增添一分精彩，多增添一分和谐。

细节55　勇敢，是女孩克服怯懦的武器

对于女孩来说，勇敢是她们的奢侈品，大多数女孩都是天生胆小、懦弱。父母和长辈的过度保护又加重了女孩的胆小懦弱。女孩胆小的原因很多：有的是因为孩子不了解事情的状况；有的是父母教育孩子时态度粗鲁；有的是父母过分严厉，弄得孩子总是处于惊恐状态。因此，让女孩勇敢起来显得尤为重要。父母应该认真审视自己以及孩子的情况，采取有针对性的措施，帮助孩子实现由胆小到勇敢的转变。

体育馆内，一群女孩在练习跳水。所有的孩子都已勇敢地从三米跳台跳下水，却只剩下一个女孩没有跳。恐慌写在她的脸上，老师和同学在旁边鼓励，但她就是害怕不敢跳，吓得泪水都流出来了。时间一分一分过去，女孩竟然在跳板上足足站了45分钟，老师似乎也失去了耐心，告诉她，马上就要下课了。

女孩听了，腿抖得更厉害了。然而，她艰难地退了一小步，终于鼓足勇气又前进了一大步，闭着眼睛跳了下去。

当同学问她是怎样战胜自己的胆怯时，12岁的女孩抹干了泪水，用有点发颤的声音慢慢地说："我突然想起了爸爸说过的一句话。他说，在困难的时候，请不要停下你也许发抖的双脚，再往前迈一步，只要一步。"

女孩的爸爸对她的要求很严格，希望她能够在同龄人当中出类拔萃，

她也从来没有忘记父亲对她的教诲。在各个方面，她都很刻苦。即使是在最差的体育方面，她也做到了坚持。女孩32岁的那一年，获得了物理学博士学位。而后，她又成为德国历史上第一位女性总理，也是最年轻的总理。她就是安格拉·默克尔。

回忆那次跳水的情景，安格拉·默克尔说："从那一刻起我就充满了勇气，什么事都没有畏缩过。"

女孩也应该勇敢一点，这样才不畏惧生活中的困难，慢慢地走向成功的彼岸。

1. 理智面对女孩的小伤口

《聪明的一休》里有一场妈妈教育一休的情景：在小的时候，一休跑了几步不小心摔倒了，疼得他直哭，还一个劲地瞅着妈妈。在他不远处的妈妈看见了，刚想上前去扶他，却又停住了，她大声地告诉一休："自己站起来！"一休顿了顿，自己站了起来。妈妈说："这就对了，以后遇到什么事都要自己勇敢地面对。"

我们的一些父母看到这里可能会觉得一休的妈妈不近人情，但是我们有没有想过，孩子跌倒了你可以帮助他一次，如果以后遇到困难，你都能一一帮助他吗？当你把孩子扶起来，孩子会认为遇到困难时总会有人帮助他，时间一长，会形成依赖的心理，而慢慢丧失自己的勇气。

女孩们遇到一点困难或问题时，总会想得到父母的帮助，一个"小伤口"就怕得不得了，这对女孩的成长是非常不利的。所以，父母要理智地对待女孩的"小伤口"，尽可能让孩子自己勇敢地去面对、去解决。

2. 培养女孩面对挑战的勇气

现在的社会竞争越来越激烈，女孩的一生中会遇到许多挑战，在面对挑战时，女孩应有勇气迎接挑战。父母不应该认为女孩是弱小的，就给予过多的保护，应该鼓励女孩想办法，用自己的力量面对挑战，战胜困难。

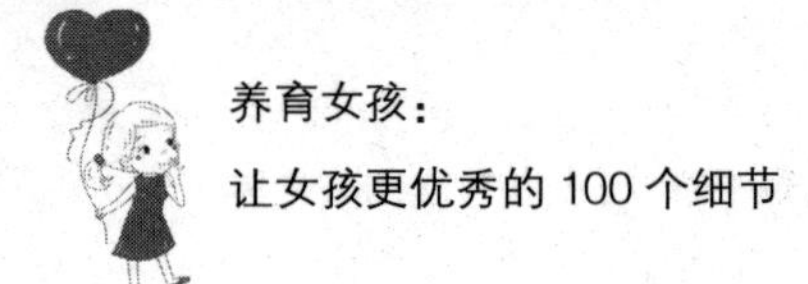

有这样一则寓言故事：

两只青蛙不小心掉进了一个奶桶里。一只青蛙想："这下完了，这么高的桶，我怎么可能跳出去呢？"它挣扎了几下，沉入了桶底。

第二只青蛙并没有沮丧，而是告诫自己要有战胜困难的勇气，一次不行，跳两次，总有一次可以跳出去！这只青蛙一次又一次地尝试，一次又一次地跳跃，不知过了多久，它突然发现脚下的牛奶变得坚实起来了。原来，经过它反复地践踏和跳跃，已经把牛奶变成了奶酪。它轻轻一跳，便从奶桶中跳了出来。

这个寓言故事说明了一个道理：遇到挑战要有勇气面对。当女儿面对挑战、困难时，父母应该多说一些鼓励的话："这点挫折算什么！我们的女儿一定有勇气克服它！""你一定行！""这点小事怎么能难倒我们的小公主呢！"鼓励会使女孩更有信心和勇气去面对挑战。

对于女孩来说，勇敢不是一两天就能培养出来的，是需要在日常生活中逐步培养的。

父母可以在孩子的活动中随时抓住问题，有针对性地进行教育，其效果比单纯的说教要好得多。

对于胆小的女孩，父母除了多加爱护外，还应利用各种机会进行教育，这样才能使她们克服恐惧和懦弱心理，成为勇敢的有出息的女孩。

细节56　勤劳，是另一种对女孩美的诠释

勤劳是女孩一生的美德，更是女孩长大后立足于社会的基础。但日常生活中，由于父母们的溺爱，一些女孩即使是一些自己力所能及的事情都做不了。如整理书包、洗袜子、洗头……这些事情都要父母来做。这是一

种极不正常的现象。作为父母，不要太溺爱女孩，因为勤劳是女孩应具备的品质。什么都帮女孩包办，就等于在抹杀女孩日后生存的能力。

当然，一些父母不让孩子干活，也有自己的理由：首先是竞争太激烈，女孩的压力太大，没时间干活。许多父母觉得女孩学习负担重，再让她们劳动，似乎有点不近人情。其次，她们干活也干不好，还得父母重干或者接着干。

“每次让她干点活，她总干得不好，我还得再弄一遍。”“自己的袜子总是过过水就完事了，根本洗不干净。”说到让孩子做点什么时，一些父母常有这样的言论。所以，现在大部分的父母都不让小公主们干活。但是父母要清楚，勤劳是一个女孩应具备的品质。女孩总有一天要离开父母的怀抱，到时候女孩什么都不会，该怎么办呢?

远在外地读大学的女儿千里迢迢快递回来一个大邮包，母亲以为是女儿寄回来的年货。不料打开之后，竟发现是一大包脏衣服。

某记者在汽车站专门开辟的学生候车区发现，许多学生跟前都是大包小包的，记者以为是给父母带的礼物，就上前采访：“三大包东西都是给父母带的礼物吗？”两个女孩不好意思地回答：“拿回家洗的脏衣服。”记者随后又问了几个学生，可能感觉说脏衣服不太好吧，有的同学小声说，是换洗的衣服。

要想不让这样的事情在自己的孩子身上发生，那么，父母该怎么做呢?

1. 让女孩做力所能及的家务劳动

父母可以根据女孩的不同年龄，有意识地进行不同的劳动训练，通过劳动，让女孩变得更勤劳。

女孩一两岁的时候是自我意识形成的阶段，可以让她自己穿衣服、脱衣服、自己吃饭。

3岁时，可以让她自己洗脸、洗手、叠被子。到了4岁，可以引导女孩

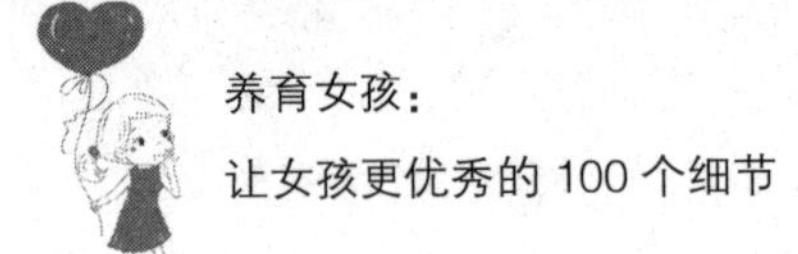

做力所能及的事，如洗袜子等。5岁以后，让女孩自己整理书包，自己穿好衣服。上了小学，父母更要有意识地要求她帮你做些简单的家务，如吃晚饭收拾碗筷、擦桌子、叠衣服等。上中学以后，所有小件的衣物自己洗……

只有循序渐进地长期培养，才能使女孩养成勤劳的习惯，并成为勤劳的人。

2. 保护女孩劳动的积极性

当女孩对劳动表现出主动性时，无论她干得怎么样，父母都要积极地鼓励。也许，她的袜子洗得不干净，衣服比没洗的强不了多少，东西放得不整齐，被子叠得七扭八歪……父母都应该高兴地鼓励，而不是挑毛病，打击女孩，否则可能会导致你的女儿失去劳动的积极性，以后再也没有劳动的兴趣了。

3. 别心疼，自己的事情自己干

有一些父母亲什么事都不让孩子去干，心疼孩子，总怕累着孩子。于是，本该孩子干的事父母亲都包办了。结果使得孩子独立性太差，依赖性太强。除学习之外什么也不让孩子干，以致造成一些孩子动手能力差，自私冷漠，不知节约，不关心他人，不尊重别人。父母们应该明白，什么事都由父母包办，这不是爱，而是害，是父母给孩子最可怕的“礼物”！

孩子的独立生活和创造力是其一生的财富，把孩子培养成什么样的人，不仅关系到家庭，更关系到祖国的未来。明智的父母就应让孩子自己动手，自己的事自己干。朱自清先生曾说过：“要让孩子去闯，不要让他们像小鸡似的躲在老母鸡的翅膀下，一辈子没出息。”女孩的勤奋是她一生的资本。越勤劳的人，拥有的会越多。相反，坐吃山空，即使父母给她们留下再多的财产，她们也会败光。

细节57 尊重别人，重在于行动

尊重是一种修养，更是一种品德和素质。尊重不因金钱、地位、利益而倾向一方，尊重别人的同时，女孩也将会得到别人的尊重。心理学家认为，尊重需要分为两类，自尊和来自他人的尊重。自尊包括对获得地位、能力、本领、成就、独立的愿望。来自他人的尊重包括权威、关注、承认、赏识等。人们往往容易做到自尊，要获得来自他人的尊重，就要先学会尊重他人。

有一次，英国维多利亚女王与她的丈夫吵架了，丈夫闷闷不乐地回到了卧室，闭门不出。女王要回卧室时，只好敲门。

丈夫在里边问："谁？"

维多利亚傲慢地回答："女王。"

屋里什么动静都没有。她只好再次敲门。

里边又问："谁？"

"维多利亚。"女王回答。

里边还是没有动静。女王只得再次敲门。

里边再问："谁？"

女王学乖了，柔声回答："你的妻子。"

这一次，门开了。

维多利亚女王是女王，但在夫妻关系中，她永远是妻子。

这个故事告诉我们，即使你是女王，也得先尊重别人，这样别人才会尊重你。

1. 让孩子明白，尊重别人就是尊重自己

哲学家威廉·詹姆士说过："潜藏在人们内心深处的最深层次的动力，是想被人承认、想受人尊重的欲望。"渴望受人喜爱、受人尊敬、受

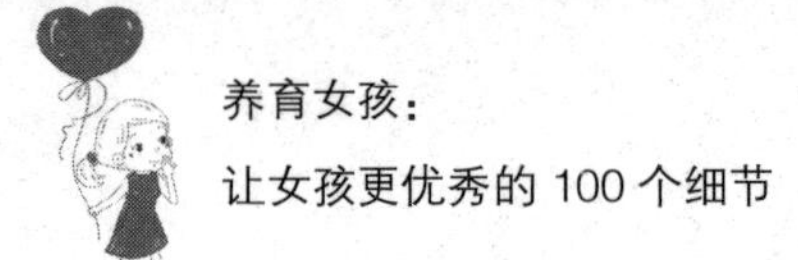

人崇拜，这是人类天生的本性。但是，有取必有予，我们希望获得些什么，也就必须首先付出些什么。尊重别人其实就是尊重自己，每一个生活在这个世界上的人都有尊严，只是有的人表现得强，有的人表现得弱而已。尊重是人生活下去的精神支柱，即使是乞丐也不例外。

一个年轻人每天上下班都要经过流浪汉聚集的地下通道，这天他遇到了一个乞丐，乞丐大约二十来岁，衣衫破旧，抱着一把旧吉他，唱着悲伤的歌曲。

“这些人，有手有脚的，完全可以自食其力，却在这里乞求别人的施舍，他们为什么不觉得脸红？”想到这里，年轻人加快了脚步想尽快离开这里。

这时那个乞丐在他的后边说：“先生，请等一等。”

“还来追我要钱了！我是不会给他钱的。”想到这，年轻人生气地回头对乞丐说：“干什么，我没有钱给你。”

乞丐好像没听他说什么，手里拿着一个钱包，问年轻人：“我想问这是您的东西吗？”

看到乞丐手里拿着自己的钱包，年轻人才发现，那是自己的钱包，那里面可有几千元呢。

年轻人感到了羞愧，当他接过了钱包时，为了表示谢意，他从钱包里拿了几百元钱给乞丐，说：“这点钱，表示感谢！”

“先生，我是需要钱，但每个人都有自己的做事原则。”那个乞丐说完，又回到了原地，继续弹那把旧吉他。

年轻人收回自己的钱，很为自己过去没有尊重这些乞丐们而心感内疚。

2. 父母要尊重自己的孩子，为孩子树立榜样

尊重，是对孩子最大的心理帮助，这可能会影响孩子的一生。郑渊洁谈到自己的成功时，他感触最深的就是父母对自己的尊重。如果父母尊重

了自己的孩子，反过来孩子也会尊重自己的父母。只有父母尊重、了解孩子的想法，孩子才敢于向父母说出自己的想法。

尊重别人，不能光作为一句口号，要把它变成实际的行动，让女孩从日常生活的点滴做起，从小事做起。

尊重他人，是孩子必须具备的品德。只有尊重他人的孩子，才可能正视他人的意见，才有可能接受他人的教育。尊重，也是人际关系的起点。人与人之间的交往，都应建立在真诚与尊重的基础上。人唯有尊重他人，才能尊重自己，才能赢得他人对自己的尊重。

细节58　忍耐，能湮没不必要的“战争”

忍耐是人生战胜逆境的磨刀石，可以磨掉生活中的棱棱角角。人的一生中不可能都是一帆风顺的，总会遇到这样那样的问题，也会遇到各种各样的逆境，关键是我们如何面对。“退一步海阔天空”，当我们感到无路可走的时候，只要再忍耐一下，胜利就会属于我们。

三国时期诸葛亮第六次出祁山驻扎五丈原，司马懿深知自己的计谋不如诸葛亮，不敢贸然行动，他知道诸葛亮远道而来，一定会求速战速决，于是命令部下，按兵不动，采取拖延的战术。为了激司马懿出兵，诸葛亮派人给司马懿送去一套女人的服装，并传信说：“你如果不敢出战，便应跪地投降；如果你还有点男子气概，便立即批回，定期作战。”司马懿的将领们看后，非常气愤，纷纷请战，但司马懿却坚守不战。不久，诸葛亮因积劳成疾而死，司马懿没伤一兵一将，不战而胜。难怪古人说：“必须能忍受别人不能忍受的触犯和忤逆，才能成就别人难及的事业和功名。”

“吃亏人常在，能忍者自安”，是提倡忍耐的至理箴言。忍耐是人类

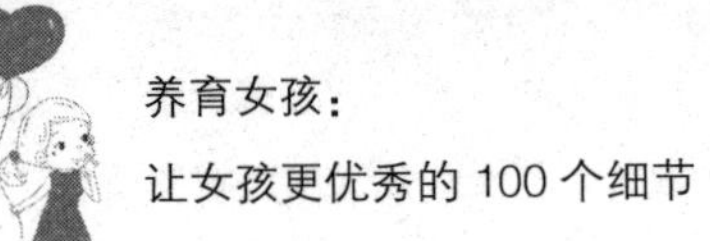

为了适应自然和社会必须学习的一项内容。大凡世上所谓的争端多起于小事，一时不能忍，铸成大祸，不仅伤人，也会伤己，这是匹夫之勇。生活中经常会遇到很多不公平、看不下去的事，这时女孩要学会忍耐。当不能改变这一切的时候，女孩不能任性，更不能随便发大小姐脾气，要学会忍耐一些，等待时机，这样才能找到解决问题的方法。忍让并不是懦弱，也不是伤自尊，而是另一种聪明的处世方式。

1. 拖延一分钟法

相对于男孩，女孩体质弱、个头小、力量小，但女孩的耐力比男孩的好。当然，如果父母不好好培养的话，这些先天的优势也会消失。

法国教育家卢梭在《爱弥儿》中说：“你知道用什么方法能使你的孩子得到痛苦吗？方法是：百依百顺法。因为当欲望无止境地增长时，你会用各种各样的方法满足她。结果，你迟早有一天因为无能为力而拒绝。但是，由于她平时没有受到过你的拒绝，突然不好使了，将比得不到她所要的东西还痛苦。”

一天晚上，女儿要去公园打羽毛球，这时妈妈正在洗苹果，妈妈就对她说：“等我洗完苹果再去。”女儿的小嘴撇了撇，看得出来，她很不耐烦，于是妈妈把洗好的苹果递给她一个，并和女儿聊起她今天在学校发生的事，聊了几句，女儿就开心起来。女儿在愉快的聊天中学会了等待。

在某种特定的情况下，我们提倡“拖延一分钟法”。当父母听见女孩哭时，一定要先沉住气，你可以和她说说话，等一分钟后再过去，让女孩在熟悉的声音中得到安慰。

让女孩晚一会吃到她想要的糖果、蛋糕，迟一个星期去公园，晚一个月买新衣服……这些事看起来微不足道，却能培养女孩的忍耐力。

2. 适当让孩子承受一些挫折

任何一个家庭，不可能永远笼罩着平安、快乐、温馨和祥和，难免会

有困难、不幸、病痛、忧愁、灾祸、生离死别等事情发生。当这些事情发生时，一般不要瞒着孩子。苦难是人生一笔很重要的财富，在困苦而温馨的家庭中长大的孩子，特别具有善良、坚强的性格，一般也特别有出息，这是被古今中外人才史一贯证明的规律。所以，女孩要学会生活，也要学会接受不幸和苦难。

印度前总理甘地夫人，是一位非常出色的女性，也是一个很会教育孩子的妈妈。大儿子拉吉夫12岁时，因病要做手术。面对紧张、恐惧的拉吉夫，医生打算说一些“善意的谎言”，安慰孩子：手术并不痛苦，也不用害怕。

甘地夫人却认为，孩子已经懂事了，应该让孩子知道实情。她来到儿子的床边，平静地告诉拉吉夫，让他有心理准备。因为手术后有几天会相当痛苦，并且谁也不能代替他受苦，哭泣或叫苦都不能减轻痛苦，可能还会引起头痛。手术后，拉吉夫没有哭，也没有叫苦，而是勇敢地忍受了这一切。

生活中有幸福，也有坎坷。教育的目的就是培养孩子健全的个性，使他们以后能够从容不迫地适应生活中的各种变化。作为父母，帮助孩子平静地接受挫折，培养孩子自我克制的能力，让孩子学会忍耐，是父母们责无旁贷的事。

人是否有耐性，是其人生和事业成败的重要因素之一。培养女孩的忍耐力，就等于为孩子增加一些成功的因素和砝码。

细节59　沉稳的女孩能成大器

沉稳的性格不仅是一个人心理成熟的表现，更是为自己赢得成功的

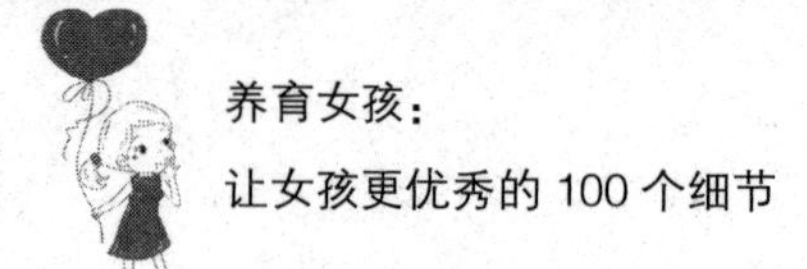

基础。性格沉稳的人，在生活中遇到任何挫折都不会产生丧气、抑郁、悲伤、绝望等严重影响心理健康的负面情绪。每一个人的一生都不可能风平浪静地度过，我们唯一能做的就是遇事不惊慌，沉着而冷静。只有这样，你才能凌驾于生活，才能凌驾于人生。沉稳的另一面是浮躁、轻挑、虚浮、急躁，失败者缺乏的就是沉稳的性格，而成功者大多数都具有沉稳的性格优点。

1. 培养女孩良好的心理素质

父母要让孩子懂得，沉稳的性格是一个人心理素质高的体现，只有具备这种性格的人，才能够做到临危不惧。

印尼海啸发生当天，一个10岁的小女孩跟妈妈在海滩上散步。突然小女孩对妈妈说："妈妈，可能要发生海啸了！"小女孩进一步解释道："我们老师说过，在海啸发生之前海水会冒泡，并且会有退潮现象。"

母亲听完小女孩的话，仔细观察海水的情况，发现是有异样，于是马上通知了当地的海上救援队。海上救援队很重视她们的意见，马上撤离了海滩上的157人。撤离后仅10分钟，高达数十米的海啸将海滩上所有设施全部卷走。

一个10岁的小女孩用她的智慧和沉稳救了157人，这就是沉稳性格的作用。

此外，父母还要指导孩子学会调控自己的浮躁情绪。例如，做事时，让孩子用语言进行自我暗示："不要急，急躁会把事情办坏"，"不要这山看着那山高，这样会一事无成"，"坚持就是胜利"。只要孩子坚持不断地进行心理上的练习，浮躁的毛病就会慢慢改掉。

2. 让孩子立长志、立大志

沉稳从志向而来。一个有远大志向的人，才能为了实现心中的目标百折不挠地拼搏。郭文珺夺冠就是她为了实现自己的理想而努力拼搏的结果。2008年8月10日，时隔8年之后，她为中国射击女子手枪再度获得了渴

望已久的奥运金牌。

夺冠的那一刻，郭文珺的脸上看不到欣喜若狂的表情；激动不已的现场观众大叫她的名字，她也只是微笑着挥手致意，似乎这一切来得很自然。夺冠之后，郭文珺在评价自己的表现时表示："自己今天打得很沉稳。"正是这种沉稳、冷静，让她在落后1环的情况下，最终逆转俄罗斯名将夺得冠军。

郭文珺的沉稳来自于她心中的一个梦想：为中国夺回失去8年的奥运金牌。有了这个目标，在训练中，她从不瞻前顾后，打得好或者不好，对手强或者弱，对她来讲都不会有什么不同。只要一站上靶场，她的眼中就只有靶子，心中想的是射上靶子的最中心。

所以，在比赛中，人们几乎看不到郭文珺因为每枪成绩的好坏微笑或者摇头。

沉稳成就了她的夺冠梦，也圆了中国人的夺冠梦。

俗话说："有志者立长志，无志者常立志。"父母也应多问问女儿："你长大了想做什么？""为了实现这个理想，你打算怎么做？"父母应该帮助孩子树立一个长远的目标，当孩子对未来有了思考，她才会潜下心来学习、生活，向自己的既定目标前进。

3. 让孩子经受磨砺，学会从容应对

拥有沉稳性格的人能做到遇事不慌乱，从容面对生活中出现的任何危机，这种性格不是与生俱来的，也并不是每一个人都能拥有的，它需要在生活中磨炼。没有经历挫折与磨难的人，一遇到困难或挫折就心浮气躁的人，是无法拥有沉稳性格的，也就无法取得辉煌的成就。沉稳从磨砺而来，文王完成《周易》，孔子写作《春秋》，左丘明著《国语》，孙子修正《兵法》，无不是经受了常人所无法承受的磨砺。

吴玉章在1964年曾让自己的子女到艰苦的环境中去锻炼。他指出：

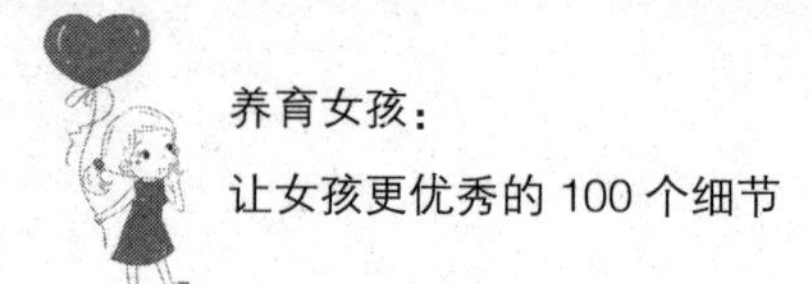

“正确教育子女的方法，我以为最主要的是爱与严相结合。在生活上既要给子女适当的爱，又要严格要求他们，特别要舍得让他们到艰苦的地方去锻炼，在风雨中成长，这才是真正的爱。”

为了让孩子拥有沉稳的性格，父母应该舍得让孩子经历生活的磨炼，只有这样，孩子才能从容面对艰难困苦、挫折和失败，才能成大器。

古人说：“天下有大勇者，卒然临之而不惊，无故加之而不怒，此其所挟持者甚大，而其志甚远也。”面对百味人生，面对世事百态，我们需要潜伏的是不平之气，消沉之心，躁动之性和致远之志，需要张扬的是自信、勇气、愈挫愈勇和百折不挠。沉得低，才能跳得远；沉住气，才能成大器。

细节60　节俭，让女孩远离虚荣的攀比

节俭的美德如甘霖，能让贫瘠的土地长出植物；节俭的美德似雨露，能让富有的土地结下智慧的果。很多伟人都有着节俭的优良品质。随着生活水平的不断提高，当今有许多人的节俭意识淡漠了，节俭的美德渐渐从女孩的身上消失了。然而，不管是贫穷还是富有，我们都应该养成节俭的习惯。

1. 节俭，从小事做起

冰冰从小就在富裕的家庭中长大，在她的字典里根本没有“节俭”这个词，上了私立小学以后，比吃比穿更加严重了。每天中午都和同学去饭店，不是名牌的衣服不穿，同学过生日，比谁送的礼物好……她还振振有词地说：“同学都这样，我不这样多丢面子啊。”

因为家庭生活富裕，使得孩子不知道节俭，只知道攀比。这对孩子的成长是不利的。要培养孩子的节俭习惯，就要从下面的一些小事做起：

节约用水。随手关好不用的水龙头，做到人离水断，杜绝长流水；若

发现漏水问题，应及时告知父母。

节约用电。告诉女孩要养成随手关灯的好习惯，做到人走灯熄。尽量打开窗帘用自然光，光线充足时不开或少开灯。超过30分钟不用电脑则关闭电源，看电视时不要开太多的灯。

节约粮食。每个女孩都知道“锄禾日当午，汗滴禾下土。谁知盘中餐，粒粒皆辛苦”。合理消费，吃多少买多少，坚决杜绝浪费粮食。

节约衣物。用过的书要分类装好，用过的本子可以当作草稿纸用；笔只有坏了才可以扔；衣服不能不喜欢就不穿，破了的衣服补补依然漂亮。

2. 让女孩体验“贫穷”生活

在优越的生活条件下，有些女孩往往体会不到为什么要节俭，她们不知道贫穷的滋味。所以，父母应该创造机会让她们切身地体会一下“贫苦”的生活。

不经历苦难，就不懂得珍惜。让女孩吃点苦，在吃苦中学会节俭，效果比家长的说教要好得多。

3. 教女孩节俭花钱

在日常生活中，父母该教会女孩怎样花钱，“授之鱼不如授之以渔”。引导她们正确地消费，形成节俭的意识。

节俭是我们中华民族的传统美德，我们要让女孩继续传递下去，形成节约的好风气。

节俭，并不是过苦日子，也不是在反对富裕，而是一种追求更大幸福的积极合理的生活安排，是一种全新的健康的时尚。富裕和节俭并不矛盾，富裕不是挥霍的代名词，节约也不是贫困时才需要。正如古人所说：“俭，德之共也。”节约是社会的一种高尚的道德风尚。女孩应该追求这种风尚，做一个勤俭节约、道德高尚的人。这样，不仅可以为家庭节省开支，更为社会节约了宝贵的资源。

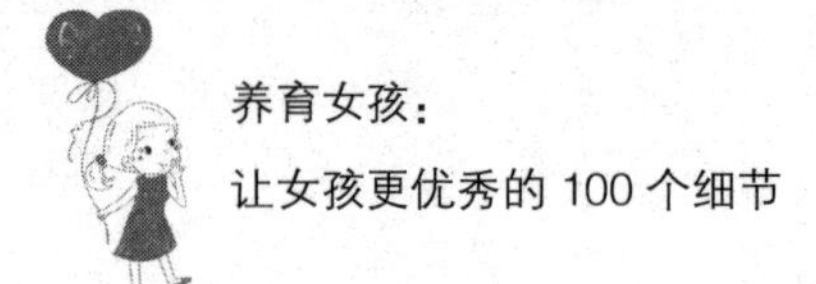

细节61　坚强，任何时候女孩都需要

“野火烧不尽，春风吹又生”。这就是小草坚强的品格。

坚强是在遇到艰难险阻时，有较强的心理承受能力，能勇敢地面对困难，勇于战胜困难。相对于男孩来说，女孩由于女性荷尔蒙的作用，当遇到挫折时，容易退缩，缺乏战胜困难的勇气。因此，学会坚强，是女孩一生都不能失掉的必修课。

1. 遇到问题自己解决

女孩要健康成长，就必须培养自己经受挫折的能力，学会坚强面对困难。

让孩子尝试学会遇到问题自己解决，在这个过程中，父母要多调动孩子的思维，让她们感到自己有权利也有责任去思考、解决自己的问题；避免养成一遇到不愉快就本能地请爸爸妈妈或老师当帮手的习惯。

2. 学会坚强地直面挫折和坎坷

女孩要学会面对自己，面对父母，面对一切，尤其是面对困难和挫折。

女孩千万不要一遇到不顺的事，就变得歇斯底里起来，甚至要起小性子大吵大闹。

其实，挫折和打击并不可怕，怕的是遇到挫折和打击不知道想办法应付。只有那些敢于面对社会，面对困难，面对人生坎坷的人，才是真正坚强而勇敢的人，才是最了不起的人，才有可能成就大事。

张海迪5岁患脊髓病，胸部以下全部瘫痪。从那时起，张海迪开始了她独特的人生。在残酷的现实面前，张海迪没有沮丧和沉沦，她以顽强的毅力和恒心与疾病作斗争。她无法上学，便在家中自学。15岁时，她跟随父母到农村劳动锻炼，她给孩子们当老师。

张海迪没有机会走进校门，却发奋学习，自学了大学英语、日语、德语和世界语，并攻读了大学和硕士研究生的课程。张海迪从事文学创作，

先后翻译了《海边诊所》等数十万字的英语小说，编著了《向天空敞开的窗口》《生命的追问》《轮椅上的梦》等书籍。其中《轮椅上的梦》在日本和韩国出版，而《生命的追问》获得了全国“五个一工程”图书奖。张海迪怀着“活着就要做个对社会有益的人”的信念，以保尔为榜样，勇于把自己的光和热献给人民。她以自己的言行，回答了亿万青年非常关心的人生观、价值观问题。

人的生命似洪水在奔流，不遇着岛屿、暗礁，难以激起美丽的浪花。而当挫折不期而遇时，只有敢于直面挫折，变得坚强，战胜挫折，才能到达成功的彼岸。

3. 认识自我，完善自我

女孩要学会坚强，就要正确地认识、了解自我，只有这样，才能在面对困难时，保持清醒的头脑迎接新的挑战。女孩要确信，“相信自己，我并不比别人笨，别人能做到的事，我也能做到”。久而久之，就会懂得正视自己，信心大增，用积极的心态面对困难。

任何人的成功都不是一蹴而就的，都会经历失败，战胜失败的最好药方就是坚强。坚强可以让女孩在黑暗中看清前方的光亮，可以在荒漠中寻到水源。只有坚强，女孩才能在困难中继续前行。

细节62 感恩他人，滴水之恩当涌泉相报

感恩是一种为人处世的哲学，感恩是一个人对自己与他人关系的认识。人生在世，不可能一帆风顺，不可能不需要别人的帮助。从小时候起，我们就接受了父母的养育之恩；上学以后，又有老师的教育之恩；工作以后，有领导和同事的关怀、帮助之恩；年纪大了之后，又免不了要接

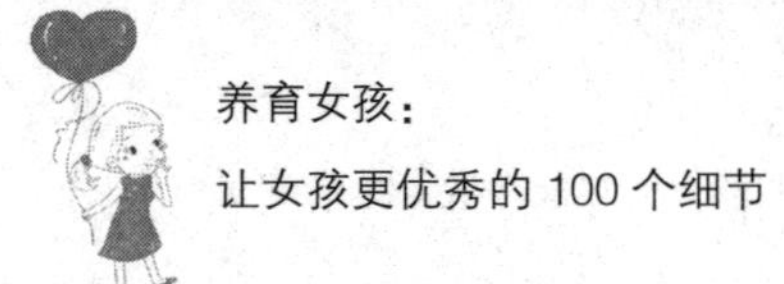

受晚辈的赡养、照顾之恩。

当女孩接受了别人的帮助，是该转身就忘记，还是应该铭记在心里？当别人需要帮助时，毫不犹豫地帮忙，还是无动于衷？英国作家萨克雷说：“生活就是一面镜子，你笑，它也笑；你哭，它也哭。”无论你现在的处境如何，你都需要感恩。

不懂得感恩的人，是不懂得生活的；不懂得感恩的人，也不配得到他人的帮助。

1. 让女孩拥有一颗感恩的心

美国的感恩节是美国国定假日中最地道、最美国式的节日，这个节日就是要人们一定要记得感恩。父母不妨在这天和女孩们一起感恩，让她们想想都应该感谢谁，应该怎么表示感谢，别人需要帮助的时候该怎么做等。

拥有一颗感恩的心，女孩的心中就会充满阳光，就会在挫折中产生力量，就会架起心灵沟通的桥梁，就会凝聚人间的真情。

2. 对父母感恩

对父母感恩就是体谅父母，感受父母工作的艰辛，感谢父母对我们的养育之恩。女孩对父母的感恩，首先要知恩，要了解父母一天的劳累：做饭、洗衣服、整理家务、上班等；要能体会父母是如何关心自己的。知恩就要感恩，感恩就要报恩。女孩从小就应养成关心父母、体贴父母、爱护父母的好习惯，如为妈妈梳梳头、给爸爸捶捶背，等等。

在汉文帝时，有一位叫淳于意的人，是著名医师杨庆的徒弟，他和师傅一样有着高超的医术，曾经做过齐国的仓令。在老师去世后，他听从老师的遗愿，弃官行医。因为个性刚直，行医的时候，淳于意得罪了一位有权势的人，导致后来自己惨遭陷害，被押往京城治罪。他的女儿缇萦听说了这件事，不辞劳苦，长途跋涉前往长安向皇帝诉冤。她陈述了父亲做官时清廉爱民，行医时施仁济世，惨遭奸人陷害的故事，更愿意替父受刑。

汉文帝被缇萦的孝心深深感动，经过再次调查，证明了她父亲的清白，并赦免了她的父亲。

愿意为父亲献出生命，这是女儿对父母最大的报恩。

3. 对他人感恩

怀着一颗感恩之心的女孩懂得：她降临到这个世界上，每天都在享受着别人的关心和照顾，她的每一步成长和发展都离不开大家的恩赐，因此，她应该用行动表达自己的感谢。

每个女孩都应该怀有感恩之心，感恩帮助过自己的朋友，感恩教诲过自己的师长，感恩曾经给予自己帮助的所有人。更要感恩我们的父母，不要漠视父母辛劳的背影，更不要“吝啬”自己对父母知恩图报。

感恩，是世上最不可缺少的情怀。懂得感恩的人，四周荡漾着温馨与笑脸；懂得感恩的人，时刻沐浴着灿烂的阳光，她的心灵会像永不枯竭的甘泉一样清澈。

细节63　孝顺父母，别让爱“迟到”

中国有句古语：“百善孝为先。”孝敬父母在人的各种美德中占第一位。人的生命都是父母给的，是父母养育我们长大，无论在什么时候，首先想到的，都应该是父母。父母的养育之恩，我们终生难报。

东汉时的黄香，是历史上公认的“孝亲”的典范。黄香小时候，家境困难，他10岁时母亲就去世了，父亲还多病。一个闷热的夏天，他在睡前用扇子赶打蚊子，扇凉父亲睡觉的床和枕头，以便让父亲早一点入睡；寒冷的冬夜，他先钻进冰冷的被窝，用自己的身体暖热被窝后才让父亲睡下；冬天，他穿不起棉袄，为了不让父亲伤心，他从不叫冷，还表现出高

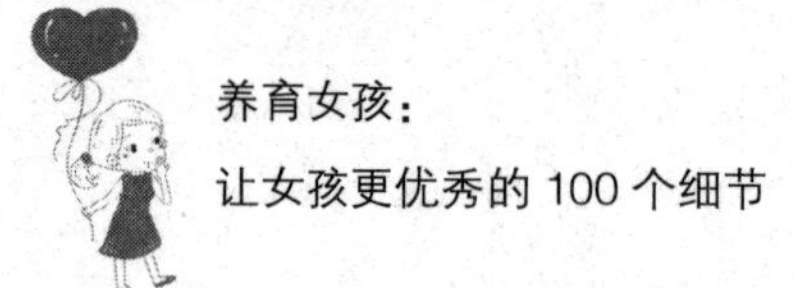

兴的样子，努力在家中营造一种欢乐的气氛，好让父亲宽心，早日康复。

很多父母都会为这个故事感动，但现在的独生子女能有几个这么孝敬自己的父母？

人活在这个世界上，都应该有孝敬父母的心。光知道对父母感恩还不够，还要用实际行动来孝顺父母才对。

孩子们应该从小孝敬父母，让父母从年轻时就享受你的爱和回报。

1. 让女孩知恩并懂得孝顺父母

爱孩子是父母的责任和义务，但同时，也要让孩子了解父母为她付出的一切，让孩子知道父母养育她付出了多少辛苦劳动。今天，关于传统的孝顺的教育被学校和父母所淡化，教育孩子的重点都放在了怎样学习上。实际上，这些做法是不合理的。百善孝为先，这是千古流传的真理。

现在有不少女孩不知道父母挣钱的辛苦，不知道每一分钱都包含着父母的汗水。小公主们只知道向父母要这要那，不给就要脾气。在她们看来，父母给她们的都是天经地义的。父母应当有意识地把自己的辛苦展示给女孩，让她们体会父母为她的付出。

有个小女孩名叫玛丽，从她懂事起，她就习惯于父母的付出，理所当然地享受着一切。一天早晨，玛丽在妈妈的盘子里放了一张折得整整齐齐的小纸条。妈妈打开纸条，上面写道：

妈妈应付给玛丽：跑腿费3美分，倒垃圾2美分，扫地板2美分，小费1美分，妈妈一共应付给玛丽8美分。

妈妈读了以后，笑了一笑，没有说什么。

到了午餐时间，妈妈把一张纸条和8美分放在玛丽的盘子里。玛丽看到钱时，眼前一亮。同时，她也看到了另一张小纸条。玛丽打开纸条，发现这是妈妈给她的账单，上面写着：

玛丽应付给妈妈：怀孕10个月免费，喂奶水免费，出水痘时照顾她免

费，教育她免费，买衬衫、鞋子和玩具免费，一日三餐免费，漂亮的房间免费，玛丽一共应付给妈妈：0美元。

玛丽坐在那儿看着这张新账单，没有说一句话。几分钟后，她站起来，从口袋里掏出那8美分并将它放到妈妈的手里。从此以后，她开始珍惜爸爸妈妈为她做的一切了。

让孩子知道父母的艰辛，让孩子知道父母都为自己付出了哪些辛苦，对孩子的健康成长是非常有利的。“妈妈今天上班很累，你能不能给妈妈捶捶背啊？”“为了给你买漂亮的衣服，吃好吃的东西，你看爸爸妈妈多辛苦啊！”“明天妈妈过生日，你要送给妈妈什么礼物啊？”

虽然做父母的并不是真的让女孩送自己昂贵的物质方面的礼物，但这一做法可以有效提醒女孩改变思维，懂得孝顺父母。适当地给孩子一些这样的教育是父母应该做的。

2. 父母应以身作则

俗话说：“言教不如身教。”父母要用自己的行动去教育自己的女儿。父母怎么对待长辈，女孩将来就会怎么对待父母。

3. 孝顺父母，从现在做起

孝敬父母是中华民族的传统美德，是做人的起码标准。随着社会经济的高速发展，人们的生活节奏越来越快，工作、学习也越来越繁忙，很多子女都忙着学习，忙着工作，却没有时间回家看望父母，尽管心里一直想着要孝敬父母，却由于各种原因而没有实施行动。结果等父母离开人世，而自己却没有看到最后一眼，也没有来得及孝敬父母，造成终生的遗憾。因此，女孩要真正地学会如何孝敬父母，从现在做起，从小事做起，而不要做“语言的巨人，行动的矮子”；女孩要懂得，孝敬父母，就不要让自己对父母的爱“迟到”。

第七章

女孩也要懂点为人处世

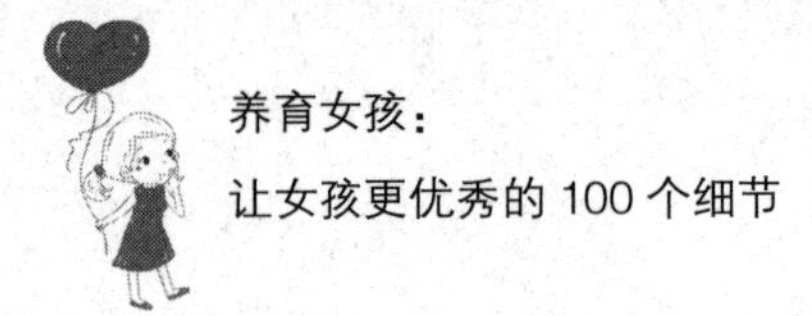

细节64　真诚待人，为自己赢得好的第一印象

真诚是一种优秀的品格，是人与人交往中赢得他人信任的基础。孩子生活在群体中，无论是与亲人相处，还是与同学、朋友相处，都要付出真诚。真诚待人，就是要真心实意地对待他人，其中包括尊重、宽容、理解、关心、帮助、同情等。真诚是相互的，要想得到别人的真诚，自己首先要付出真诚，只有真心实意地与人交往，才能赢得他人的信赖。相反，虚情假意，欺骗他人，就得不到他人的信任。女孩要学会真诚待人，这样才能为自己赢得好的第一印象。

1. 父母首先要真诚待人

真诚，是对生活的一种执着，对情感的一种专注。孔子说："己所不欲，勿施于人。"孟子说："爱人者人恒爱之，敬人者人恒敬之。"若想叫孩子真诚待人，父母要为孩子树立榜样。

2. 用名人的故事激励女孩

2005年，赖斯被任命为国务卿后，《纽约时报》上有这样一句评语："一些人之所以能交上好运，多数是由于具有细微而不起眼的美德。"赖斯的美德是什么呢？让我们听听她的故事：

赖斯在丹佛大学读书时，一天，一位老太太要找科贝尔。很多人都热情地为第一次来这里的老太太指路，但依山而建的校园里的路异常复杂，老太太绕了半天还是迷了路。当赖斯看到正在着急的老太太时，就说："我带你去吧！"赖斯带着老太太很快就找到了科贝尔。原来老太太是波兰大使夫人；科贝尔是丹佛大学国际关系研究生院的创办者，苏联和东欧问题专家。回来的路上，赖斯接到了科贝尔讲座的宣传单，她想，既然认识了，何不去捧捧场呢？

演讲当天，赖斯来得很早，占到了第一排的座位，而且对科贝尔的演讲充满浓厚的兴趣。科贝尔先生认出了她，还特意邀请她一起吃午饭。席间，科贝尔发现这个黑人女孩很聪明，对问题总有独到的看法。于是，科贝尔动员她毕业后报考他的政治学研究生。从此，赖斯便成了“被上帝垂青的人”。她19岁成为科贝尔的研究生；26岁获得政治学博士学位；46岁成为小布什的首席对外政策顾问；51岁出任国务卿，成为有史以来美国政府中职位最高的黑人妇女。

尊重他人，待人以诚，就是赖斯的美德。真诚待人难的是诚心诚意，不图回报，难的是急人所急，在看似不关自己的小事中表现出的真诚。

3. 教孩子真诚待人

生活中，有一些女孩会抱怨，为什么自己的同学人缘那么好，而自己却没有一个以诚相待的朋友。其实，原因很简单。要想得到别人的真诚相待，那就应当主动真诚地去对待他人。

有一个孩子，他不知道回声是怎么回事。一次，他独自站在山谷里，大声叫道：“喂！喂！”附近大山立即反射出他的回声：“喂！喂！”他又叫：“你是谁？”回声答道：“你是谁？”他又尖声大叫：“你是个大笨蛋！”立刻又从山上传来“你是个大笨蛋”的“回答声”。孩子十分愤怒，向大山骂起来，然而，大山仍旧毫不客气地回敬他。

孩子怒气冲冲地回到家，对母亲说了这件事。母亲对他说：“孩子呀，那是你做得不对。山也是有灵气的，你把它当作朋友，真诚地待它，恭恭敬敬地对它说话，它就会真诚待你，和和气气地回答你。”孩子又回到山谷，对着大山喊了些恭敬的话，果然山也愿意和孩子做朋友。

这位妈妈非常聪明，她不失时机地教育了孩子应该怎样真诚待人。

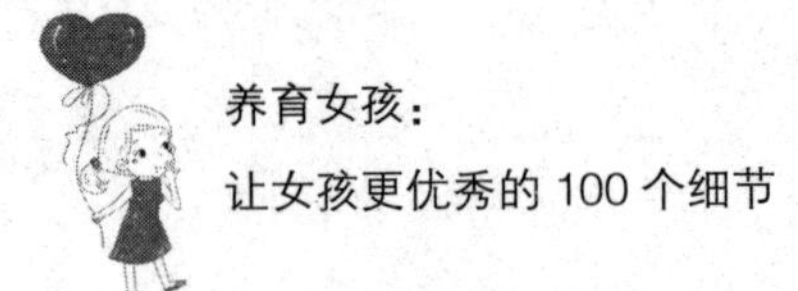

教女孩真诚待人，父母首先要真心爱自己的女儿，还要用榜样激励孩子，让女孩用真诚待人，这样才能结交到更多真心的朋友，得到老师和同学的信任，得到领导的赏识。

真诚是一种美德，可帮女孩获得好人缘，提高自己的人气；真诚是一种胸怀，真诚待了别人，别人才会真诚待你；真诚是一种境界，它需要有勇气去坦然面对自己和他人。真诚的人，更容易受到机会的青睐。

细节65　女孩需要被呵护，也应学会爱别人

女孩是在父母和亲人的呵护中长大的。女孩天生柔弱，所以父母往往给予她们过多的溺爱和保护。父母的爱使她们享受到温馨和幸福，然而，一些女孩却身在福中不知福，不懂得爱与被爱是相互的，不懂得关心父母、关爱他人。

1. 让女孩懂得爱与被爱

作为父母，都希望女儿有一颗善良友爱的心。女孩的爱心，从小的方面讲是对身边事物的态度，从大的方面讲就是一个人的品德修养和生活态度。只有在享受到爱的同时，也对他人献出爱心，她才能是一个高尚的人。但是，如今的独生子女家庭，对女孩们宠爱有加，教育不足，孩子总是希望凡事以自我为中心，只希望别人都为自己，自己却没有意识到还要为别人。因此，要让女孩学会关爱他人，就要从小告诉她们，在这个世界上，没有哪一个人是孤立存在的，每一个人都需要不同的关爱。一个从小就懂得关心父母、爱护他人的孩子，也一定会是一个珍爱生命、热爱生活的人。长大后，她也能更快地学会与人合作，也会关心爱护周围的一切。没有爱心的人，享受不到爱他人的快乐，除了父母之外，别人也不会爱

她。当女儿懂得了爱心在一个人的成长中的作用以后，还要引导女儿从小事、从身边事做起，关爱他人，奉献爱心。

2. 父母要懂得呵护自己的女孩

在孩子的成长过程中，比较起来，女孩比男孩更容易受到伤害。所以，作为父母要精心呵护自己的女孩，别让女孩受到伤害。

前几年某报载，只因5岁女儿偷看小朋友撒尿，母亲一气之下体罚孩子，导致孩子肝脏破裂出血，不治死亡。这样的家庭意外伤害及其他意外伤害时刻危害着孩子，所以，用心呵护女孩，让她们顺利健康地长大是父母应尽的责任。当然，呵护孩子不能过分，过分的呵护对孩子也是一种伤害。

3. 让女孩学会爱别人

有人说，被爱是一种幸福，付出爱更是一种幸福。女孩天生就是让人疼、让人呵护的，当然，女孩在被呵护的同时，也应该学会爱别人。为了让女孩学会给予、付出爱，父母要鼓励孩子承担适度的家务劳动，从一点一滴中培养女孩的爱心，女孩就会以爱心回报爱她的人。

女孩小的时候善于模仿，父母孝敬老人，无形中给孩子树立了榜样，长大后，她们也会像父母那样对待长辈。

女孩生来并不缺少爱，只是由于父母对孩子的溺爱和过分保护，在不经意间把孩子的主动付出爱的一面忽视了。父母的责任是让孩子懂得爱与被爱，用真心爱自己的父母、长辈及身边关心、帮助自己的人。

细节66 “近墨者黑”，女孩要慎重交朋友

女孩愿意交朋友，这无可厚非，但结交什么样的朋友对于女孩的健康

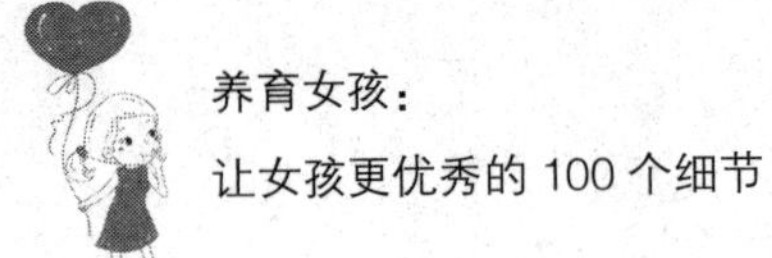

成长至关重要。生活的丰富多彩、网络的快速发展，都使女孩交友的空间进一步扩大。但由于女孩正处于成长阶段，内心不够成熟，辨别是非的能力较弱，对复杂的人际关系和隐藏在网络后面的陷阱缺乏识别力，稍有不慎，容易“近墨”，也难免变“黑”，迷失自我。所以，父母应告诫女孩一定要慎重交友。

1. 让女孩交益友而非损友

古时候，“孟母三迁”讲的就是由于懂得“近朱者赤，近墨者黑”的道理，母亲为孩子的健康成长选择好的居住环境的故事。父母在教育女孩时，最简单明白又容易见效的方法就是找出孩子应该学习的榜样，应该避免的不良后果，让她们自己去鉴别什么是美好的，什么是丑恶的，这样比单纯的说教或用强力去阻止她们结交损友都更为有效。尤其是对于那些正在成长的女孩来说，没有生活经验和在社会上交友的经验，交友不慎，就可能影响自己的一生。因此，当女儿结交朋友时，父母要用适当的方法了解她们，多提醒女孩，要“交益友而不交损友”。让她们通过与益友的交往，更加努力学习，增长才干，做一个德才兼备的人。

2. 女孩要慎重结交校外朋友

女孩结交校外朋友，一定要慎之又慎，否则很容易误入歧途。

中考后小丽想放松一下，她爱唱歌，连续一个星期泡在KTV里，一次她在歌厅唱歌时认识了小红。小红虽然比小丽大5岁，但那爱玩的劲头一点不比小丽差。经小红介绍，小丽与她的一帮朋友认识了。后来小丽发现，这帮朋友都是社会上的混混，他们整天无所事事，还常到学校找小丽。小丽害怕了，就不再与这些人来往，但没想到，这些混混竟闯进教室拉她出去。她不肯，混混就威胁她，不跟他们走就杀了她全家。幸亏老师们及时赶到，才把混混们赶出了学校。这场风波在小丽心里留下了阴影，她不敢来上课，只好长期逃课。最后，父母只好给她转学。

小丽的遭遇告诉我们，女孩交朋友一定要慎重，一定不要轻易相信那些不了解的人。对于那些有恶习的，又妨碍你学习、进步的“朋友”，要丢开面子、抛开顾虑，果断地与其一刀两断，免得被人利用，遗憾终生。

3. 提醒女孩要慎重结交“网友”

网络的发展扩大了女孩交友的空间。很多女孩热衷于上网聊天，但网络同样存在着危险。那些具有诱惑性的网络语言，往往会让女孩入迷，还会觉得找到了知音，轻易相信对方所说的一切，以致最后上当受骗。

小雪今年17岁，学习之余，喜欢上网聊聊天。一次，她在网上认识了一个网名叫“营长”的人。“营长”告诉小雪，自己是营长，并且还通过视频向小雪展示了他身着军装的英武和帅气。

几天后，小雪在网上又碰到了“营长”，他说自己心情很不好，喝了好多酒。在小雪的追问下，“营长”才说出他想让小雪假扮他的女朋友，去看得了血癌就要死去的母亲，以了却母亲对他婚姻的牵挂。起初小雪并没有答应，但在“营长”的一再请求下，小雪被他的孝心打动，就答应了他的要求。

小雪如约而至，“营长”把小雪带到了他的租住房。一进门，“营长”就将房门反锁了，小雪觉得不对劲，就说：“赶紧去看你妈妈吧，如果不去的话我就要回去了。”但是已经晚了，小雪最终还是没有逃过“营长”的魔掌。

这样的案例不在少数。网络聊天具有隐蔽性，双方隔屏而坐，谁也不知道谁的真实底细，即使不上当受骗，一个人常常沉浸在网络之中不能自拔的话也会荒废学业。所以，父母要提醒女孩，为了她们的安全，最好不要与陌生人聊天，不要让虚幻的东西毁了前程；还要告诉女孩，遇到困惑或苦恼的时候不妨告诉父母，父母真心地爱她们，真心地关心她们，会竭尽全力帮助女孩解决问题。

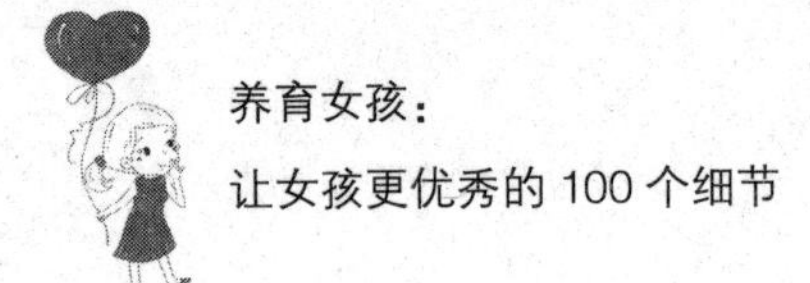

“近朱者赤，近墨者黑”，女孩要自尊自爱，多与“赤者”交往，这样会激励自己不断奋进，越来越完美；拒绝“墨者”的无理要求，在人生的道路上顺利前行。

细节67　背后多说人好话，少贬损他人

中国有句俗语：“谁人背后无人说，谁人背后不说人。”事实也的确如此，这种现象不仅在成年人中存在，在孩子们中间也普遍存在。女孩愿意扎堆，学习之余，不免议论起别人的是是非非，自然会牵扯到某位同学的优点或缺点。有的是无心评论他人的好坏，也有爱嫉妒人的，借此发泄一番，说过讲过到此为止。但有时“言者无意，听者有意”，经过个别人的丰富想象，谣言就产生了。背后说人坏话，无论是有心还是不经意，都有可能影响孩子之间的关系，所以，父母应提醒女孩，背后要多说人好话，切忌背后说人坏话，更不要贬损他人。

1. 谁都愿意听好话

一个人做事，无论好坏，都会有人议论的。当听到别人的赞扬时，孩子们的心里总是美滋滋的。希望听好话、赞扬的话，这是人的普遍心态。

赞扬能给人带来信心和勇气。其实，女孩们努力学习，在各项活动中刻意地表现自我，除了为自身的发展外，她们还想得到别人的赞扬。而一旦听到别人的“坏”话时，她们就会产生反感，甚至会反击，以致影响同学之间的关系。所以，女孩不要忘记，既然你喜欢听赞扬的话，别人也是如此。

2. “坏”话要少讲，好话要多说

议论人，有的是无心而论，有的却带有目的性。说人好话，多数出于赞赏的目的，说人坏话，目的可能大不相同。有的是恨铁不成钢，有的

是想贬损她人的人格，达到抬高自己的目的。当这些坏话传到当事人耳中时，遇上不计较的人，可能大事化小，小事化了；而遇到心胸狭窄的人，就会起风起浪，影响彼此之间的关系。女孩应该提高自身修养，切忌在背后说人坏话；多看他人的优点，背后多说人好话。

3. 做一个道德情操高尚的好孩子

背后说人坏话不仅是不会说话的问题，还是道德品质的问题。父母们要十分重视对孩子思想品德的培养，抵御不良品质的侵袭。父母在思想道德教育中，还要让孩子分清什么是诚实、什么是虚伪，不能为博得好人缘而无原则地一味说人好话，对错误行为不加指责，让孩子做一个诚实的、又懂得批评方法的人。当孩子形成诚实的品质后，他们就不会在父母、老师、同学面前弄虚作假，当面一套背后一套，或挑拨是非。在孩子与同学的交往过程中，还要特别注意引导孩子不嫉妒比自己强的同伴、同学，不歧视比自己“差”的同伴、同学或竞争对手。培养孩子的合作精神，让孩子向好同伴、同学学习，帮助“差”的同伴、同学赶上来。

“坏话”要少讲，能不讲的就不要讲，能让孩子在成长的旅途中，多留下一些友善和温情的火花，点燃起友谊的火焰，这火焰就会照亮孩子的心灵，给她们以好人缘。

细节68　女孩，不要吝啬你的赞美

现在的女孩都希望在父母、亲人、老师的赞美声中长大。好强的女孩们不仅希望得到父母的赞美，同伴、同学的赞美在她的心中更有分量。但是有些家庭却忽视了让孩子学会先赞美他人，致使一些孩子在潜意识中形成了只要索取、不知回馈的心理，这种心理不利于女孩形成高尚的道德品

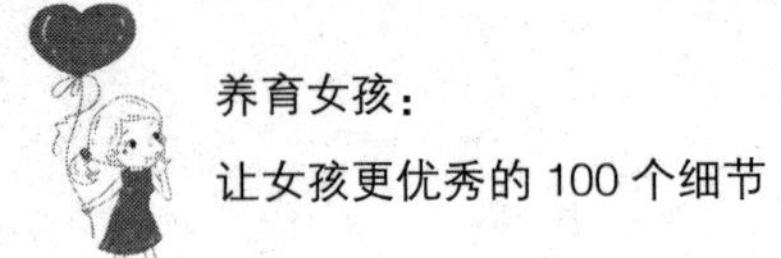

质和完美的人格。事实上，当女孩把赞美回馈给她的父母、亲人、老师和同学时，她们就会在精神上拥有更多的富足，在人格上向着完美又前进了一步。

1. 人人渴望被赞美

美国哲学家詹姆士说：“人类本质中最殷切的需求是渴望被肯定。”在这里，哲学家没有用“希望”“盼望”这样程度较轻的形容词，而是用了“渴望”——像需要食物和水一样，表达了人们需要被肯定的迫切程度。而人们渴望被肯定的本质说到底就是“渴望被重视”“渴望被赞美”。

表扬和赞美是孩子生命成长的雨露和阳光，对一个女孩来说，被表扬就意味着事情做对了，她的自我价值就会上升，自信也会随之增强。同样，当孩子的一个行为或一件事做对了，来自同伴和同学的及时表扬、赞美，会让她更自信。而且，这种自信心持续的时间越长，女孩前进的动力就越充足。因为女孩知道，这样的赞美不是一般的鼓励，而是对她出色表现的一种认可，这种认可让她产生一种优越感、自豪感。

2. 女孩，别吝啬你的赞美之辞

潘华是个自卑的女孩，她觉得自己个子矮，长得又丑，同学们瞧不起她，所以总独来独往，学习成绩也一般。一个星期天，她在公共汽车上遇见了同班的小薇。小薇属于各方面条件都比较好的女生，平时还真没好好看过潘华，偶然相遇，她发现潘华没有印象中的那么丑。于是，她顺便夸了潘华几句，说她的衣服挺漂亮，裤子的式样显得腿长。没想到几句并未认真思索的夸奖之词，竟让潘华激动得满脸通红，又是摇头，又是笑。从那以后，潘华竟然真的漂亮起来了，原来乱草般的头发修剪成了整齐的短发，人也精神了许多，学习劲头也比以前足了，还把小薇当成了知心朋友。

小薇也没有想到自己无意中的赞美，竟有这么大的作用，她更加用心地捕捉别人的长处，也更努力地鞭策自己了。

卢梭曾说过："世界上有一种最动听的歌——赞美，这也是世界上最美的语言。"所以，别吝啬我们的赞美，让赞美焕发出无穷的魅力，让有效的赞美去打开一扇紧闭的门，去开启一盏智慧的灯，去照亮一个人前进的方向。

有的女孩之所以不愿意赞美别人，是因为她觉得别人都不如自己优秀。赞美别人，不一定要赞美比自己强的人。别人的一点进步，我们可以去赞美，别人做的一件好事，我们也可以去赞美……别吝啬我们的赞美之辞，因为赞美会让我们和别人相处得更和谐、更融洽。

3. 真诚、善意地赞美他人

赞美需要真诚，如果赞美失去真诚，那就不是赞美了。真诚地去对待你的同学，真心地赞美她们的进步，那么你的同学就会真诚地对待你，真心地鼓励你，真心地赞美你。赞美需要发自内心，而不是敷衍和虚伪。

上面故事中小薇对潘华的赞美虽然不是完全有意的，但也不是虚伪的，是在特定时刻的一种对别人长处的发现。

所以，女孩在得到别人赞赏的时候，不要忘了别人也需要你的赞美。平日里，细心地发现同学的长处，要为她们的每一点进步而感到高兴，然后真心地恰到好处地去赞美她们。当每个孩子都这样做的时候，被赞美的长处、进步也会成为她们共同的财富。赞美了别人，富足了自己，优化了社会的精神道德风尚，何乐而不为呢！

细节69　女孩可以挑剔自己，却不能挑剔老师

近年来，学生挑剔老师的现象越来越多，学生不仅挑剔老师的教法和教态，还挑剔老师的高矮、胖瘦，有的学生因嫌老师不漂亮、穿着土气

而厌学；有的因为与老师产生一点小误会而怨恨老师，与老师产生抵触情绪。这一现象引起了家长和老师的忧虑。有人认为，现在的学生个性鲜明，敢于表明对老师的评价，这是时代进步的表现。有的则认为，过于挑剔老师的人将来难以融入社会。如何看待这种现象，让师生关系融洽起来，确实值得探讨。

1. 挑剔老师的学生不是“英雄”

由于受社会上一些不良现象的影响，孩子们从挑剔老师的衣着、长相、发型，到挑剔老师的才识、幽默、风趣，现在已经开始挑剔老师的时尚度、年龄段，老师要是邋遢点，更会遭到“非议”。这种现象在我们这个尊师重教的国度里是不应该发生的。

上初中时，王强因做物理实验时随心所欲，被物理老师批评了几次，就对老师有了成见，上课时经常跟这位老师对着干——从不愿听课，到对老师评头品足，甚至取笑老师的长相。在他的“带动”下，几个原本淘气的孩子联合起来，在课堂上公开取笑老师。有的学生故作“痛苦状”，弄出点怪动静，惹得同学们一片哄笑；有的公开给老师取外号，还以“仗义执言”的“英雄”面目出现。初三下学期，王强意识到了这个问题的严重性，便开始努力学习，但因那几个“铁哥们”的干扰，再加上时间太短，结果物理成绩很低，连高中都没考上。对此，王强十分后悔。

学生因挑剔老师而影响学习，实在得不偿失。养成了挑剔别人的坏习惯，将来踏入社会后，很可能也会挑剔工作、挑剔同事、挑剔领导，这样的孩子很难成才，也很难融入社会。

2. 女孩应挑剔自己

虽然取笑、挑剔老师是个别孩子所为，但很多孩子对这种行为没有反对，在默默地赞同，有的虽然没有当面挑剔老师，但一回到家里或要好的同学在一起时，也会数落老师，取笑老师。

可以设想，如果多数孩子都站出来抨击这种对老师不礼貌、不文明的行为，那么，个别孩子的行为就会因没有支持而自消自灭。所以，就这一点而言，女孩应多挑剔自己的是非观念，看看自己对正确和错误行为的判断能力如何。女孩还应挑剔自己的旧观念，挑老师的外表是以貌取人的旧观念在作怪，现代女孩一面有着极前卫的思想，却用旧观念论人，一面又有传统观念，这种矛盾说明她们还不成熟。女孩还应挑剔自己的学习目标是否正确，要问一问自己到学校是为了什么，是学习老师的优点、知识和高尚的人格，而不是来挑剔老师的。即使老师有不好的地方，我们也应该善意地指出，而不是取笑，更不应以此为荣。

3. 理解老师，敬畏老师

学生与老师的关系，是一种特殊的人际关系。女孩应学会处理与老师的关系，要从敬畏老师开始，从正确评价老师开始。要知道老师也是正常人，他们也会有正常人的问题。我们到学校是向老师学习知识、培养品质和能力，不是要挑老师的毛病。如果老师在教学方法、教态和责任心方面有不妥的地方，女孩可以通过正常的渠道提出来，即使是对老师的为人、衣着打扮、授课方法等有看法，也可以用适当的方法善意地指出。但是，因为对老师不认可，就对老师所教的学科“不感冒”，说明孩子们在价值观上出现了偏差，没有把握住人生各阶段的主要任务。因此，孩子们要从尊师重教的高度理解老师的甘苦和付出，学会感恩。要敬畏老师，这样才能虚下心来向老师学习。不敬畏老师的学生，觉得自己比老师还强的学生，是搞不好自己的学习的。

在学习过程中，在对待老师的问题上，女孩要多从自身找问题，对自己多挑剔一些，少找老师的问题，多向老师学习。

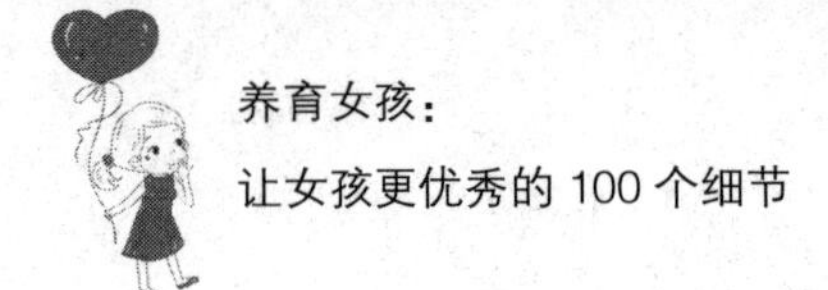

细节70　体谅他人，要从体谅父母开始

许多女孩，在外边和同学、朋友、老师相处得都很不错，与人关系融洽，能够得到相互交往的人的喜欢；可回到家里对父母就有些变样了，说话没有礼貌，不知道尊重父母，也不知道体谅父母的辛苦，觉得什么事情对她都是应该的。所以，女孩要学习一些为人处世之道，就要学会体谅他人，学会关爱和体谅自己的父母。女孩从小学会如何做人，学会各种处世本领，才能实现美好愿望，享受幸福人生。

1. 教育孩子通情达理

在人际交往中，懂得“通情达理”是人格高尚的体现。要知道，人格的力量是无价之宝，它会给人的一生带来无穷的快乐和幸福。大凡人格高尚的人，想问题，办事情，都能做到通情达理。通情达理的人才会有好人缘。人生一世，能赢得好人缘非常重要。从一定意义上说，“好人缘”就是做人的一种资本。人在少年时代，学会做人比学习知识更重要。今天的社会经验告诉我们：一个人的情商比智商更重要。孩子毕竟见少识寡，对生活的体验也不深，因而不太懂得人情事理。所以，父母要以一种朋友式的、充满人情味的、寓理于情的言传身教，去教育和感化她们，使她们及早学会如何通情达理地做人和处世。

2. 让孩子乐于分享

一些女孩容易因过多的宠爱而变得自私、狭隘，喜欢独吞独霸。这样的孩子长大以后，很难与他人正常交往，甚至无法适应社会。父母应该让孩子从小学会分享，并能体会到分享的快乐。比如，父母可以给孩子创造分享的机会。孩子喜欢吃水果，要鼓励她给家人分一份，自己的玩具要和别的孩子一起玩等。当孩子知道与别人分享时，父母要及时给予表扬和鼓励。

3. 教育孩子对人要宽容

现在的社会充满着激烈的竞争，磕磕碰碰的事经常发生。面对这些，最明智的选择就是学会宽容，凡事多体谅他人。

站在对方的立场上想一想，对人对事都要保持平和的心态。遇事不要急躁，不要斤斤计较，更不要埋怨他人的过错，要反省自己，看看自己有没有错。当然，要想真正让孩子懂得宽容，父母在生活中要以身作则，身教的力量远远大于言教。要让孩子懂得，宽容别人就是宽容自己，宽容别人自己内心也会快乐。

4. 教育孩子体谅父母

在外，孩子能够体谅别人，在家，孩子当然更应该体谅父母的难处，体会父母的艰辛。可能的话，父母可以把孩子带到工作单位，让孩子了解父母工作的不易，知道父母的辛酸；向孩子公开家庭的收入和支出情况，让孩子理解父母支撑家庭生活的不易。父母不要为了面子，而不顾自己的实际条件去满足孩子的要求，这样孩子就体会不到父母的难处，很少顾及父母的感受，也就不知道去体谅自己的父母。

一个女孩不管有多聪明，多能干，背景条件有多好，都应该学习如何去为人处世，学习体谅他人和父母。

细节71　冲动永远是魔鬼

冲动就是人的感情特别强烈，不受理智控制的极端情绪化表现，也就是我们常说的失去理智。冲动不仅影响学习、影响生活，也影响人的心理品质和身体健康。近年来，因冲动而导致的暴力事件已经成为不可忽视的一大社会问题，家庭暴力、一时兴起导致的打架斗殴和凶杀、吸毒甚至自

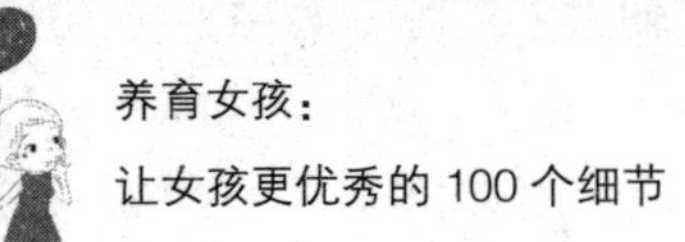

杀事件等，都是人们对冲动缺乏有效控制的表现。所以，女孩在处事的时候要避免冲动，要学会掌握控制冲动的方法。

1. 冲动是魔鬼

女孩大都感情细腻，容易多愁善感、情绪化，而在现实生活中又有许许多多的不如意，容易使女孩产生忧虑、悲伤、抑郁、不开心等情绪，当这种不易自知的情绪得不到宣泄，女孩做起事情来就容易冲动。

宋月是一名初一女生，对初三的男生李明产生了好感，两人交往密切。但因李明面临升学考试，就提出与宋月分手。宋月不能接受，一时冲动，就在家里吃了安眠药，幸亏父母及时发现，抢救及时，才使宋月脱离了生命危险。但大量的安眠药却损伤了她的神经系统，使她的记忆力严重下降，不得不休学进行康复治疗。对于宋月的不理智、冲动酿出的苦果，她的父母、老师和同学们都深表惋惜，宋月自己也后悔不已。

一念之差就可能造成终生悔恨，冲动的危害由此可见一斑。冲动是在不理智的情况下的行动，这样的行动也是对自己的不负责任。

2. 冲动是理智的缺口

女孩要避免冲动，首先要了解冲动是怎样形成的。有人说，女人是善变的动物，女人总是很情绪化，不能用理智控制情绪，情绪就会冲出理智的防线，做出不理智的行为。

小茜上初二时喜欢上同班的一个男孩，但那个男孩却不喜欢她，小茜虽然心里很不是滋味，但是仍然单恋着那个男孩。初三第一学期，一个偶然的机会，小茜发现这个男孩原来喜欢别的班的一个女孩，她绝望了。她想自杀，但一想到自己死了，岂不便宜了那个可恨的女孩，就没有去死，可她内心燃烧的妒火使她快要活不下去了。几天后，她找到了那个女孩，告诉她："他本来是属于我的，我得不到，也不能让你得到！"小茜一边说着，一边拿出事先准备好的硫酸瓶，打开盖，把硫酸泼向女孩的脸……

当女孩的理智控制不了自己情绪的时候，情绪就会冲出理智的缺口，导向冲动的行为。一般情况下，情绪冲动往往发生在要求得不到满足的时候，有些女孩就会出现做事不假思索、草率鲁莽、不计后果或行为具有挑衅性等情绪不稳定的情况。这时，如果女孩的理智能够战胜情绪，这种状态就会得到有效的改善。

3. 让女孩学会控制自己的情绪

既然冲动是情绪不受理智控制的结果，女孩要避免冲动就要学会控制自己的情绪。

（1）意识调节法。

人的意识能够调节情绪的发生与强度，我们平时所说的“有点涵养”，其中多半是指对情绪的自我控制水平而言的。有涵养的人往往能有意识地控制情绪的变化，时刻提醒自己“戒怒”，这样就可以避免冲动的发生。女孩也只有提高自身的修养水平，才能从根本上远离冲动。

（2）语言调节法。

语言是一个人情绪体验强有力的表现工具。通过语言可以抑制情绪反应，如，可以让女孩在心里反复说：“冲动是魔鬼”“好女孩不发火”等，用语言来调节自己的情绪。

（3）注意力转移法。

把注意力从自己消极的情绪上转移到有意义的方向上。当女孩在苦闷、烦恼的时候，看看调节情绪的影视作品，听听舒缓的音乐，或与好朋友煲个电话粥等，分散自己的注意力，调节自己的心情，都能收到良好的效果。

（4）行动转移法。

克服某些长期不良情绪，女孩可以选择旅游，到大自然中去呼吸新鲜空气、逛街、购物等，用新的行动去转移不良情绪的干扰，给自己的情绪

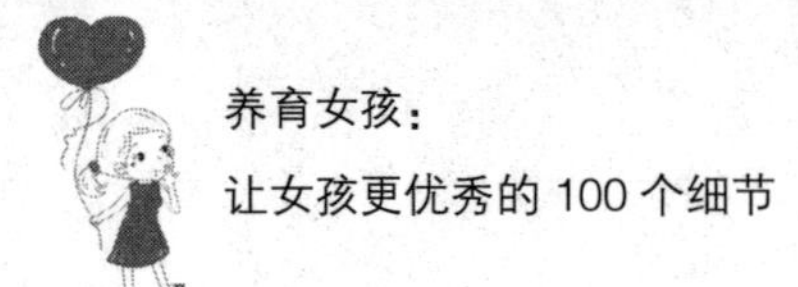

放个假；或去做健身运动等，这些都是舒缓紧张情绪的好办法。

女孩要避免情绪冲动，就要了解冲动的形成原因，提高自身修养，学会用适当的方法控制自己的情绪，以保持身心的健康和愉悦。

细节72 女孩要懂得“礼尚”与“往来”

近年来，国内曾就孩子为什么不知道对人以礼相待的问题进行过讨论。许多无奈的家长、老师都不禁发出这样的感叹：“如今的孩子个个练就了一副铁石心肠，无论你对他多关心，他都觉得是理所应当的。那小脸儿比夏天的天气变得还快，稍不顺心，就给你脸色看。”

当然，这里说的只是一部分孩子的现状，大部分的女孩在父母的教育下还是非常懂礼貌的。

有关专家认为，所谓孩子不知道以礼待人，并非是与生俱来的，而是家庭和学校对孩子的教育失误造成的。因此，要让孩子懂得，不管做事还是做人，都应以礼相待，这样既尊重了别人，也是对自己的尊重。而且，让孩子懂得礼尚往来，对于加强孩子与父母、同学的交流，对于密切同学之间的关系，都是十分必要的。

1. 礼尚往来是一种美德

“投之以木瓜，报之以桃李”，是祖辈传下来的“礼尚往来”之道。心理学家指出：人与人之间的行为具有“互酬性”，即“你对我怎么样，我也对你怎么样”。这里的“酬”不仅包括物质方面，也包括情绪情感等心理方面。

人与人相处中，彼此的互酬水平越高，关系越是稳定密切。有些同学之所以与别的同学处理不好关系，缺少彼此的互酬性也是一个重要的原因。这里的互酬性就是我们平时所说的礼尚未往来。一些孩子不懂得礼尚往来之道，只知理所当然地接受父母和同学对自己的关爱和付出，而对父母和同学的需求、困难漠不关心，让人感到很冷漠。所以，要让孩子懂得，世界上没有免费的午餐，懂得礼尚往来之道，是做人的一种美德。

2. 鼓励孩子要“礼尚”与“往来”

鼓励孩子礼尚往来，就是让孩子对关心她的亲人、同学及朋友都以礼相待，懂得回馈。父母不要认为孩子不必与太亲近的人客套，其实，正是因为家里人太熟悉、太亲近了，恰恰最需要以礼相待。一句“谢谢”，一句“我爱你”，是百听不厌的话语，它表明，孩子懂得了父母的关心和爱，懂得了往来，也希望从父母和亲人那里得到更多的关爱。

当孩子友好待人的时候，受益最多的人一定是孩子自己，“赠人玫瑰，手有余香”，就是这个道理。当孩子因懂得礼仪而能与周围人和谐相处的时候，她就会开心、幸福、快乐。鼓励孩子礼尚往来，不能只是索取，不知奉献，只有“来”，没有“往”，就不能算为一个知书达理的人。那样，别人就会渐渐地远离孩子，孩子就会失去朋友。

3. 礼轻情意重

逢年过节、生日、纪念日等，孩子之间可用多种方式来表达对彼此的关心和祝福。有时也可适当送点小礼物，让小小的礼物架起沟通、相互勉励的友谊之桥。同时，也可以让孩子亲身体验“礼尚往来”所带来的幸福感。

但对孩子“往来”的问题，父母要加强引导，不要让孩子陷入“礼海”。可以引导孩子发挥自己的特长，互赠自己的书法、绘画作品或者自己制作的小工艺品、小发明，还可以启发他们的创新思维，指导他们自己动手做贺卡，赠送给老师和同学。这样不仅可以避免学生之间相互攀比礼物的贵重，还可以锻炼女孩的动手能力和创新意识，同时这样的礼物也会显得更有意义。

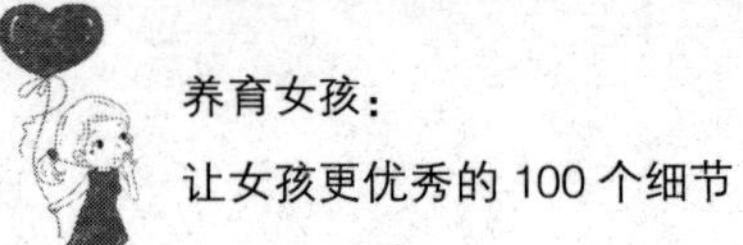

当然，孩子的主要任务是学习，不要让孩子把大量的时间浪费在这种“往来”上，只要能表达孩子的情意，一句问候的话语、一条短信、一份网上贺卡等，都会让接受的人感到孩子对他的关注，这就足够了。礼轻情意重，同学之间在乎的是情，而不是物。

第八章

掌握解决问题的艺术，女孩更易成功

细节73　交往能力：女孩走出自我的第一步

交往能力是人与人相互联系的一种最基本的方式，无论女孩处在什么年龄段，交往能力都是非常重要的。卡耐基说："一个人的成功，他的专业知识所起的作用是15%，而她的交往能力却占85%。"在现在的社会中，交往能力显得更为重要，只要你在这个社会中活动，就要与人交往。交往能力，是女孩走出自我的第一步。

女孩比男孩更渴望友情。教育专家认为，让女孩多交一个朋友，就等于帮助她们多打开一扇窗口，扩展其视野。孩童时代的友谊是非常珍贵的，朋友的缺失会使孩子的童年极为孤独。因此，女孩学会与他人融洽相处，有助于她健康快乐地成长。

在培养孩子的交往能力的过程，父母要注意：

1. 让女孩克服害羞的心理

许多女孩都具有两面性，在家里或者和熟人在一起时，活泼、可爱，能歌善舞，但在外面像变了一个人似的，不爱说话，胆小。女孩的这种表现往往源于一种害羞的心理。父母千万不要轻视女孩的害羞心理，不习惯和陌生人交往，这是女孩交往能力的巨大阻碍。研究表明，有将近五分之一的孩子有过分害羞倾向，有的孩子甚至一遇到陌生人，说话就会结巴，长期如此，会转化成一种心理障碍。

对于性格内向和愿意待在家里的女孩，父母应该多带她们出去与人交往，当遇到不熟悉的人时，让女孩主动打招呼，也请孩子的朋友到自己家里玩，给女孩创造充分的交际空间。

2. 教给女孩一些交往技巧

女孩之间的交往，也需要一些技巧，父母要帮助女儿学会一些基本的交往技巧，这样可以让女孩在人际交往中少走一些弯路。如主动和同学打招呼，哪怕是一个小小的微笑也好；使用礼貌用语：谢谢、对不起、没关系、再见等；不要随便打断别人的讲话，即使女孩认为对方说得不对，也要让人家说完。在别人说话时应该注意聆听；要讲诚信，做不到的事就不要承诺，一旦承诺就要想办法做到；不要嘲笑别人，更不要在背后说别人的坏话；交往过程中，不要因为小事而斤斤计较，也不要抓住别人的错误咬住不放。

3. 多鼓励女孩参加集体活动

让女孩融入集体生活，做些力所能及的事，这样可加强女孩与同学、朋友的关系，在交往的过程中得到信任。每个女孩都有她的优点和缺点，在交往的过程中，要多发现别人的优点，不要拿别人的缺点和自己的优点作比较，更不要炫耀自己的长处。每个人都以友好的心态交往，她们会彼此发现对方的不同，从而找到适合自己的朋友。一旦融入集体生活中，女孩会改变以自我中心的傲慢态度和优越感，与大家形成一种融洽的关系。

4. 让女孩学会分享

女孩在交往方面，通常最大的缺点是不爱与人分享。因此，在日常的生活中父母要鼓励女孩与他人分享自己的东西、分享自己的心情、分享自己的快乐。

交往能力是女孩走向社会的基础能力。适应社会的表现，女孩的交往能力如何，对她以后的学习和生活都有很大的影响。提高女孩的交往能力，能使她受益一生。父母应该帮助女孩克服害羞心理、鼓励女孩融入集体生活中去，快乐地与人交往。

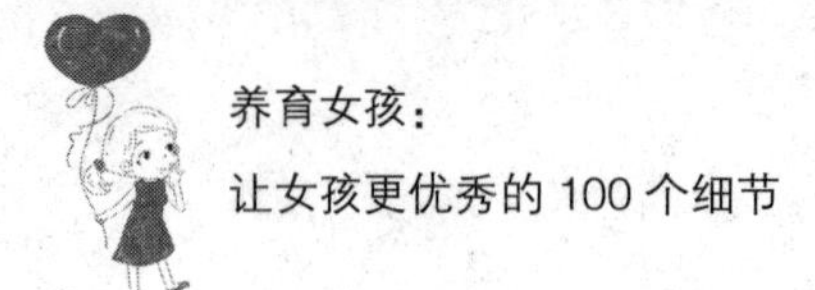

细节74　遇事冷静：女孩顺利解决问题的首要条件

美国知名演说家、心理咨询专家理查德·卡尔森说：“我们的恼怒有80%是自己造成的。”他把防止激动的方法归结为：“请冷静下来！要承认生活是不公正的。任何人都不是完美的，任何事情都不会按计划进行。”理查德·卡尔森的一条黄金规则是：“不要让小事情牵着鼻子走。”他说：“要冷静，要理解别人。”研究表明，当人不冷静时，呼吸道会扩张，以便为大脑、心脏和肌肉系统吸入更多的氧气；血管扩大，心脏加快跳动，血糖水平升高。所以，往往人在不冷静时脸易红，嗓门易高。

如何做到遇事冷静，这需要女孩养成良好的性格，提升自身的修养。

1. 让女孩懂得冷静的重要

父母要教育孩子遇事要冷静。无论遇到的是大事还是小事，第一反应都应该是冷静。冷静可以把坏事变小事，小事变没事，更可以化险为夷。

袁媛12岁时，她的父亲在工作时不慎脚部受伤，每天需要换药、泡脚，妈妈搀扶着爸爸进了浴室，打开热水器烧水，为丈夫换药。由于是寒冷的冬天，他们关闭了门窗。袁媛和往常一样，吃完饭写作业。

过了一会儿，袁媛写完作业，连叫了几声爸爸、妈妈都没听见应答。她来到浴室门口，听见里面传出“哗哗”的流水声，同时闻到了一股煤气味。她赶快用力推开门，只见父母已经双双昏倒在浴室的地上。

面对这样的情况，袁媛迅速关上液化气罐阀门，然后马上打开门窗，紧接着跑到楼道里大声呼救，并用手机拨打110、120。接到报警，警察和医院的救护车赶到了。经过全力抢救，爸爸妈妈都获救了。医生告诉袁媛家的亲戚：“真悬啊！再晚一会儿，他们俩肯定没救了。”

遇到这样的事情，袁媛的内心也特别恐慌，但是她理智地让自己先冷

静，然后立即找到解决问题的方法，把爸爸妈妈从死亡线上拉了回来。

看了袁媛的故事大家在赞叹之余，更感到了让孩子学会冷静处理问题是多么重要。

2. 让女孩摆脱负面情绪的影响

负面情绪容易使女孩失去信心，情绪低落、遇到紧急情况时女孩就会惊慌失措。

一天，好斗的武士向一位老禅师询问什么是天堂和什么是地狱。老禅师说："你性格怪异，行为粗鄙，我没有时间跟你这种人论道。"武士恼羞成怒，拔剑大吼："你竟敢对我这般无礼，看我一剑杀死你。"老禅师不动声色地说："这就是地狱。"武士恍然大悟，立刻给老禅师鞠躬，感谢老禅师的指点。禅师又言："这就是天堂。"

可见，冷静地处事，结果是"天堂"；冲动地处事，结果就是"地狱"。

学会摆脱负面情绪，女孩就可以清醒地弄清楚事物所处的发展状态并找到解决问题的方法。一个人对自己的情绪有了意识力，在任何特定的时候都能做出合适的选择，这时女孩会发现，负面情绪的"痛苦感"不见了，它已成为引导女孩寻找解决方案的原动力。

3. 正确看待不公平

在生活中，不公平的事常有，可能我们的孩子各个方面都比别的孩子强，她却没有当上班长；可能这件事不是孩子的错，老师却在责怪她……一般而言，学习生活中的不公平不是什么原则问题，只要这种不公平没有影响到孩子的正常学习和生活，就应该教会孩子学会忍耐，控制住自己的情绪，正确地对待这种不公平。忍耐也是一种品质，一个女孩若能很好地控制自己的情绪，她就能很好地处理问题。如果女孩不冷静地处理自己认为不公平的事情，那么她就会常常处在烦恼中。父母应该让孩子明白，不能事事都要求公平，遇到不公平的事应该用自己的奋发努力来求得公平。

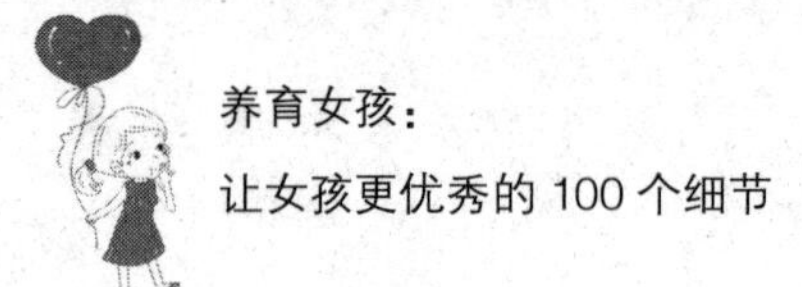

遇事冷静，能让女孩在心平气和中采用恰当的方法来处理所遇到的问题，这样就不会因控制不住自己的情绪而留下遗憾。遇事冷静，能使女孩在遇到不公平、不高兴的事时，仍然能泰然处之。

细节75　理性思考：女孩解决问题的保障

对于女孩来说，能够对问题进行理性思考是至关重要的，也是非常难得的。一个习惯于理性思考的女孩，不仅学业方面会更优异，成长中也会少走很多弯路。我们甚至可以这样说：女孩只有学会了理性思考，才能在以后的道路上做出更明智的选择。所以，现在许多父母在女孩小的时候就开始注意培养女孩的理性思维，这是非常正确的。

1. 对女孩进行逻辑思维训练

在日常生活中，训练女孩的逻辑思维是非常必要的。在逻辑思维形式中，推理属于理性认识阶段的逻辑思维形式，是人们思维活动的主要体现形式，是综合运用概念、判断的过程，由一个或几个已知判断推出一个新的判断的思维认识过程。

对孩子进行逻辑思维训练，目的是让孩子掌握一种正确的逻辑思维方法，养成健全的逻辑思维能力。传统观念认为，逻辑思维能力强是智商高的表现。我们平时说某人很聪明、智商很高的时候，也常常用反应快、思路清晰来形容。“思路清晰”的孩子，在对事物进行思考时就能找对方法，顺利地解决问题。

据有关研究表明，辩论是训练理性思维的好方法，父母不妨找一些简单的话题和女儿练习。

小华今年上初二了，暑假的时候，父母发现她迷上了上网。处在青春期

的女孩，特别敏感。父母急在心里，但还不敢多说。后来，父母想了一个办法。在家里办了个小型辩论会，如果女儿能说服父母，就让女孩继续上网。

到了周六，辩论会开始了，小华表现得很积极，她要第一个发言，还有模有样地拿出了稿子：

第一，我认为现在学生上网利大于弊。学生上网，有助于早期智力开发。键盘和手指配合大脑一起运动，有助于提高孩子的智力、技能和智能，而智力、技能和智能是体现人的素质的三大要素。

第二，学生可以通过网络获取更多的新知识。学生在上学期间，除了上课就是写作业，根本没有时间了解其他的知识，上网可以帮助弥补这个缺憾。现在学校和家长只重视考试，而忽视各种知识的整合，因此，素质教育战略很难完善，在许多领域，缺少复合型人才。

第三，在网上通过发E-mail，我们从小树立电子信函、电子写作的意识，可节省大量木纸浆，提高环保水平。过年过节送一张电子贺卡，既有新意，又省钱。作为祖国未来的我们，掌握电子商务的知识，提高利用电子货币的意识，是全民族素质的一个重要指标。

……

女儿一股脑儿说了七八条好处，父母都惊呆了，把自己的论点都忘了。于是，她们在良好的气氛下达成协议，小华每天都可以上网，但时间不能超过1小时。

这样既解决了矛盾，又锻炼了孩子的逻辑思维能力，正所谓“一箭双雕”。

2. 开发女孩思维的丰富性和灵活性

现实生活中，人们常常会按照一种常见的感性、直观的思维模式来思考问题，时间一长，就形成了惯性思维，而非理性思维。女孩正处于思维发展的关键时刻，如果形成惯性思维，不仅阻碍思考能力的发展，还会影响智力的发展。

空中飞行的飞机最怕与飞鸟相撞。别看飞机对于鸟儿来说是个庞然大物，但它和飞机之间的相对运动速度大，仿佛一颗炮弹，常常会机毁人亡。在美国，近20年来，飞鸟撞飞机的惨祸造成的损失高达1亿美元。为了避免这样的惨案再次发生，设计人员都在反复地实验，终于找到了比较理想的材料。可是，怎么试验呢？总不能开着飞机朝鸟群硬撞吧！设计陷入了僵局。

这时候，一位设计师的儿子——十多岁的中学生，居然想出了一个绝妙的主意，解决了这个难题。这个中学生的主意是：用鸡肉模拟鸟体，用机关炮发射这个鸡肉炮弹，可以达到飞鸟和飞机相撞时的高速度。这个简单的设想经过科学家们的反复推算，一致认为可行，并且取得了满意的结果——新型防风罩的抗撞击性能通过了鉴定。

这就是理性思维的魅力。

当然，遇到问题时理性思考的关键是克制自己情绪化，不让情绪影响自己，按照事物的规律去想问题和处理问题。女孩本身受性格的影响，做事容易情绪化，所以遇事能够理性思维是女孩解决问题的保障。

细节76　洞察能力：女孩需要观察事态的走向

洞察力是指人们对个人认知、情感、行为的动机与相互关系的透彻分析。

洞察力不是与生俱来，也不是深不可测的，更不是某些人的“专利”，它需要后天培养。培养洞察力是一个循序渐进的过程，它不仅要求女孩有必要的知识，还需要女孩有相当的经验。

1.教给女孩提高洞察力的方法

正确的方法可以帮助孩子提高观察的效果。从不同角度观察、分析事

情，会获得不同的信息和感受。因此，父母要教给女孩一些洞察事物的方法。

（1）直接观察和间接观察。直接观察是让女孩自己去观察，获得直观的信息、资料。间接观察是从侧面，也就是其他方面所获资料的基础上进行分析、概括，从而得出结论。

（2）长期观察和定期观察。长期观察是训练女孩在较长的时间内，对某个事物进行的不间断的系统的观察。定期观察是让女孩在设定的时间内，对事物进行间隔性的观察。

（3）全面观察和重点观察。全面观察是让女孩从各个方面对某个事物进行观察，以求获得比较全面、整体的认识。重点观察是让孩子根据特定的目的，对某个事物的某个方面有针对性的观察，以获得某事物在某个方面深入的认识。

2. 培养女孩的好奇心

好奇是孩子的天性。她们对事物有好奇，才会去观察，才会去思考、分析。女孩对事物的好奇心越强烈，就越具有探索的欲望。

居里夫人的女儿绮瑞娜·居里也是诺贝尔化学奖获得者。绮瑞娜从小就对事物有很强的好奇心。绮瑞娜在学校里遇到了一个难题：根据阿基米得定律，物体浸没在液体里，就会排开一定量的液体。如果把一条金鱼放在水里，金鱼并不排开液体，这究竟是怎么回事？

绮瑞娜想，也许是阿基米得定律只适用于非生物，不适用于像金鱼这样的生物。可是，她对自己的这些想法并不满意。她决定自己试一试。她拿来一只量筒，注满了一定量的水，再放进一条小金鱼。她惊奇地发现，量筒里的水面升高了。金鱼像别的物体一样，也要排出水；阿基米得定律不仅适用于无机物，还适用于生物。这次自己动手实验，使她变得自信起来。后来她发现了人工放射性，并因此荣获诺贝尔奖。

保护孩子的好奇心，引导孩子自己动手去探索和尝试，是培养孩子的洞察力的重要方式。

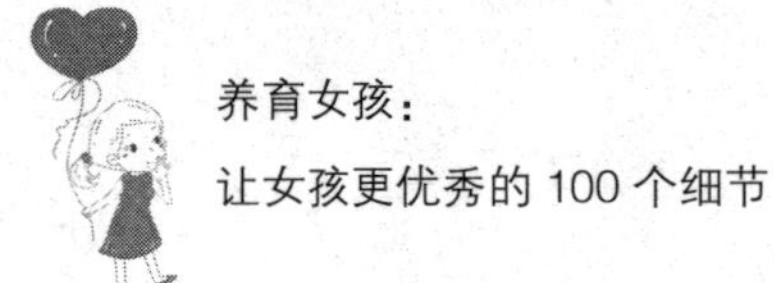

3. 做生活中的有心人

“欲要看究竟，处处细留心。”女孩要想对生活中的事物具有一定的洞察力，就必须学会做生活中的有心人。

没有细心观察，就没有法国科学家法布尔的《昆虫记》；没有细心观察，人类就不能通过蝙蝠发明雷达，通过小鸟的翅膀发明飞机，通过海豚流线型的身体想到提高潜艇速度……

洞察力能够让女孩全面、正确地认识客观现象，能深入地分析问题，能够透过客观现象审视事物的本质，并据此敏锐地推测事态未来的发展趋势和结果。洞察力的训练，能够让女孩练就一双“火眼金睛”，用自己的判断看出事态的走向，避免犯错或走弯路。

细节77　巧妙沟通：能帮助女孩打开疑难的症结

孩子在成长的过程中会遇到各种各样的问题，这些问题的解决，都离不开有效地沟通。如何解决好这些问题，如何有效地沟通，关键在于女孩在为人处世过程中的沟通能力。不懂得如何沟通，女孩会陷入各种矛盾与困境之中；懂得巧妙地沟通，女孩能轻而易举地打开各种疑难和症结。

1. 亲子沟通，解决难题

孩子与父母生活和相处的时间最多，所以女孩难免会和父母产生矛盾。亲子间多些沟通，沟通时多注意些方法，女孩和父母间的关系会变得更加和谐。

一天，小涵对父母说要和他们商量报考的事，父母非常高兴，因为平时父母和孩子这种坦诚的沟通实在太少了。小涵一口气说了自己不想报高中、想报公关学校的想法。父母感到女孩的决定太轻率了，便说：“我们想让你考高中……”下面的话还没说完，小涵就打断了父亲的话：“你们总想按自己的想法安排我的

未来，那你们愿意怎么报就怎么报吧，我不管了！”说完就赌气回到自己的房间去了。见女儿这样，父母没有立即找小涵，而是让她自己先冷静一下。过了两天，父母感觉小涵的情绪平稳了，便又心平气和地与她交流起来。这次父亲不仅说了他们让小涵报考高中的理由，还针对上次小涵耍小性子的问题帮助小涵分析沟通中应注意的问题。小涵觉得父亲说得有道理，便同意报考高中，同时也懂得了沟通中应认真聆听别人的谈话，不打断别人的谈话及注意沟通方法等问题。

孩子与父母沟通时，最能暴露出孩子沟通态度、沟通能力方面的问题，父母及时帮助孩子总结提高，是让孩子学会沟通的重要训练方法。当然，父母也要注意自己教育孩子的态度和方式方法，否则不仅让孩子意识不到自己在与他人沟通时所存在的缺点，还会引起孩子的反感。

2. 让女孩用积极的态度去和同伴沟通

同伴之间的交往产生矛盾是很正常的，怎样解决这些矛盾，对于女孩来说，有一个积极的态度很重要。态度积极能让女孩在沟通中处于主动，促进问题的解决。父母要告诉女孩，如果想让对方接受自己的想法，就要表现出积极的态度。有了这样的态度，才能感染对方。如果在沟通时，对方没有感受到女孩的积极态度，觉得女孩对问题满不在乎，那么，对方可能不仅会有否定的想法，还会对女孩产生歧视。用积极的态度去和同伴沟通，女孩和同伴间才会少生摩擦，少出矛盾。

3. 让女孩清楚地表达自己的想法

不论什么问题，不论想法如何，在沟通时女孩都要清楚地表达自己的想法，这是沟通得以持续并达到沟通目的的先决条件。只有把自己的意思表达清楚了，对方才能够明白我们的想法，那么这才是有效的沟通。不然，费了很大的劲，说了很多的话，对方还是不明白，这就是在做无用功。

另外，女孩还要懂得沟通应简洁明了，沟通要分对象，沟通要有针对性等。掌握了这些沟通的方法和技巧，女孩才会提高解决疑难问题的能力。

细节78 做事有计划：这样的女孩才能成就大业

做事有计划，心中有数不仅是一种做事的习惯，更是一个人性格的一部分。对于女孩来说，做事没有计划是儿童时期的一种自然反应，但如果父母不注意引导，放任下去，女孩往往会养成做事没有计划、拖沓、不遵守时间等不良习惯。

还没到月末，女孩就说："妈妈，我的零花钱花光了。"妈妈会质问她："月初不是给了你一个月的零用钱嘛，怎么这么快就花光了？"女孩很委屈地说："我也不知道，花着花着钱就光了。"

早晨一起床，女孩就把房间翻得一团糟，爸爸问她在干什么，她很着急地说："我的英语书不见了，爸爸，快帮我找找，马上要迟到了。"

这些情景很多父母都遇到过。其实，解决这些问题的方法很简单，就是让女孩学会做事有计划，即对自己要做的事情有具体的时间安排，有条理地做事。

1. 培养孩子的时间观念

没有时间观念的孩子做起事来总会拖拖沓沓，没有计划性可言。

8岁的女儿做事像电影里的慢镜头，磨磨蹭蹭的，没有时间观念。让她练琴，她一会儿喝水，一会儿上厕所，明明30分钟能练好的曲子，总要磨到一小时才能练好；做作业之前，总得看看这个，再看看那个；就连睡觉前洗脸也得磨蹭10分钟，每天晚上10点之前都不能上床睡觉……

很多父母都会有同样的苦恼，有如此感叹的妈妈不在少数。但她们没有细想到底是什么原因。其实，这就是女孩缺乏时间观念。在日常生活中，父母要有意识地培养孩子的时间观念，让女孩明白什么时间应该做什么事，严格按照制订的计划完成。时间久了，女孩自然就会养成好的习惯。

2. 帮女孩制订做事的计划

很多女孩做事没有计划，常常是想到什么就做什么，所以，父母有

必要帮助女孩学会自己制订做事计划。就拿女孩现在最重要的学习来说，父母可以帮助她们制订一个合理的计划，让女孩在高效率的学习中体会快乐。在制订计划时，父母要考虑下面的问题，才能做到真正的“合理”。

孩子的学习成绩在班内与全年级是处于上游、中游还是下游？在所有学科中，女孩比较喜欢哪些科目？不喜欢哪些科目？原因是什么？哪些科目成绩较好？哪些科目成绩较差？哪些科目提升潜力较大，哪些科目应保持现在的优势？应该采取什么样的学习方法？孩子是否有明确的奋斗目标？结合这些问题，父母就可以针对自己的女儿，帮助她做一个学习计划。

10岁的乐乐在爸爸妈妈的帮助下制订了放学后的学习计划：

吃饭前后的时间是自由时间，乐乐可以做自己想做的事情。

6：30—7：30练习钢琴

7：30—7：45休息15分钟

7：45—8：15做语文作业，并预习第二天的功课

8：15—9：00做数学作业，并预习第二天的功课

9：00—9：15读英语

9：15—9：30收拾书本，准备第二天用的物品

9：30开始睡觉

因为乐乐的数学比其他科目的成绩要差一些，所以时间会长一些。自从执行这个计划以后，乐乐每天都可以按时完成作业，生活很有规律，每天早上也不会出现丢三落四的情况了。

3. 让孩子学会每日小结

“一日三省”是一个很必要的环节，因为反省可以让孩子检查自己执行计划的情况。

每天晚上妈妈都会与豆豆聊一会儿天，问问她一天的学习情况，计划执行得怎么样。

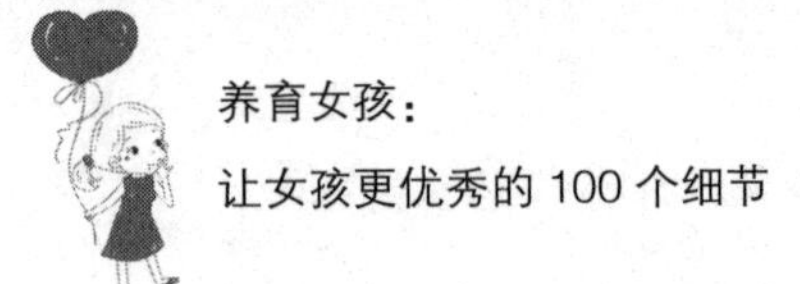

“豆豆，今天的英语课怎么样啊？”妈妈问。

“今天老师表扬我课文读得流利！妈妈，我特别开心！”

“那以后是不是要坚持读英语啊？”妈妈说。

“是的！”女儿高兴地说。

这位妈妈为我们树立了一个好榜样，她在引导女儿每日做总结，长此以往，不但能让女孩形成总结的习惯，还能增进与女儿的感情。

另外，让女孩写日记总结也是一个不错的办法。如果女孩能够把计划制订、实施情况、心得体会都详细地记录下来，等计划完成后，女孩就会发现自己又多了一笔财富！

让孩子经常总结自己的得失，同样能让孩子更清楚地知道自己哪一方面做对了，哪一方面做错了，哪一方面做得好，哪一方面做得不好，也对孩子的成长是十分有利的。

细节79　虚心请教：听取他人意见能帮女孩获得更多经验

孩子无论是在学习中，还是为人处世，都应该懂得并学会虚心向别人请教。正所谓“三人行，必有吾师”。只要别人有优点，女孩都应该放下身段，虚心向对方请教。有的孩子学了一点知识就自满起来，不能虚心向老师、同学请教，这些都不利于孩子的进步和提高。

1. 让孩子拥有“空杯”心态

能不能虚心向别人请教，既与一个人的心态有关，又是一个人道德修养的体现。

有一次，一位学者拜访一位禅师，想跟随禅师学禅。当禅师讲解时，这位学者频频点头，说：“对，是这样的，这些我知道。”禅师拿来一个

杯子给学者倒茶，茶水漫出来也不管，学者大叫：“师傅，水满了。”禅师答道：“你的心已满，不必学了，可以走了。”

从故事中，我们可以得到这样的启示，人心如同这个杯子，只有空虚时，才能容下东西。这就是“空杯心态”。女孩要想使自己更快地成长，将自己所重视、在乎的很多东西及曾经有过的成绩从心态上彻底清空，让更多的新思想、新知识进来，才能不断进步。古今中外，凡是有成就的伟人、圣人、领袖，他们都是胸怀广阔、心如虚空、能容纳万物的人。但是，对于孩子们来说，要虚心向别人请教，却并不是每个孩子都能办到的。这需要孩子养成谦虚的习惯，善于发现问题，善于向别人虚心请教。

2. 要教育孩子“不耻下问”

很多孩子也知道虚心请教的道理，但她们眼里只有老师和比自己学历高的家长，而对于学习比自己差的同学和学历比自己低的家长，总是认为他们没知识，向她们请教还不如向自己请教，这是一种误解。很多时候，知识并不在于学历的高低和年龄的尊长。

相传我国唐朝著名诗人白居易，每当作好了一首诗，总是先念给牧童或老妇人听，然后再反复修改，直到他们听了拍手称好，才算定稿。像白居易这样一位著名的诗人，并不因牧童和村妇的无知而轻视他们，他虚心求教于人民群众，这才使他的诗通俗易懂，为后人传诵。

中国杂交水稻之父袁隆平出生在一个农民家庭，从小就喜欢“研究”植物。后来，他为了培植优质水稻，常常深入田间地头细心观察，遇到不懂的问题，就虚心向农民请教。经过努力，他终于培育出了优质高产的杂交水稻，很大程度上解决了中国这个人口大国的吃饭问题。

上面两个例子中，白居易、袁隆平的成功，都得益于他们虚心向别人请教。所以，女孩要想成为一个有知识的人，要想将来为国家做出更大的贡献，就要学会虚心向他人请教。

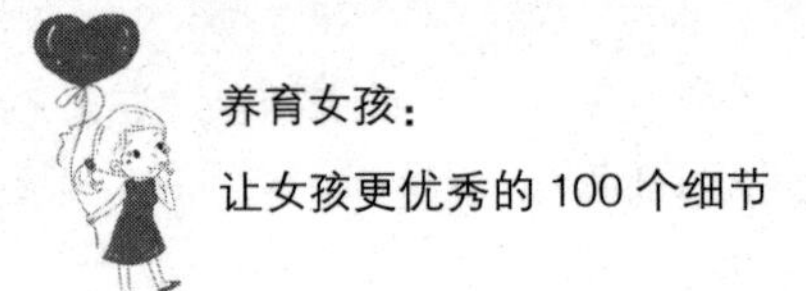

3. 培养女孩勤于思考、虚心请教的品格

虚心请教要以思考为前提，没有自己的深思熟虑，有了问题就发问，表面上很虚心，实际上是思想的懒惰。只有勤于思考又能虚心请教的人，才能获得真正的成功。

物理学家焦耳小时候和哥哥到野外去做实验时，天空忽然浓云密布，电闪雷鸣，下起雨来。焦耳发现，每次闪电过后好一会儿才能听见轰隆的雷声，这是怎么回事？焦耳顾不得躲雨，爬上一个山头，认真记录下来每次闪电到雷鸣之间相隔的时间。

第二天上学，焦耳把自己的记录告诉了老师，并向老师请教。老师耐心地为他讲解："光和声的传播速度是不一样的，光速快而声速慢，所以人们总是先看见闪电，后听到雷声，而实际上闪电雷鸣是同时发生的。"

焦耳听了恍然大悟。从此，他对学习科学知识更加入迷，后来终于成为一名出色的科学家。

正如邓拓所说："真正的虚心，是自己毫无成见，思想完全解放，不受任何束缚，对一切采取实事求是的态度。"女孩要使自己更快地进步，就要勤于思考、虚心向别人请教，做一个谦虚谨慎的人。

细节80　注重细节：女孩成败的关键

我们的生活是由很多个细节组成的，谁注重了细节、掌握了细节，谁就会成为一个出色的人。在日常生活中，一个人的举手投足都可能给人留下深刻的印象。如随手扔出纸屑，就会让人觉得这个人没有环保意识，甚至会认为他素质低；一个外表看起来非常完美的女孩，在公共场所大声喧哗，会给她的形象大打折扣……相反，见面时一句轻声的问候，一个善意

的微笑，都会让人感觉你是一个很有修养的人。生活中的点点滴滴，都有我们需要关注的细节。

对于孩子来说，细节更为重要。“养成良好的习惯，就像储存道德资本。这样的资本在不断地增值，一生中都可享用它的利息。”细节在不知不觉中影响着孩子，并左右着孩子日后的成败。

我们都熟悉的苏联宇航员加加林，他乘“东方”号宇宙飞船进入太空遨游了108分钟，成为世界上第一位进入太空的宇航员。他是怎么从二十多名优秀的宇航员中脱颖而出的呢？原来，起决定作用的是他的一个细节动作。在确定人员的前一个星期，主要设计师罗廖夫发现，在进入飞船前，只有加加林一个人脱下鞋子，只穿袜子进入座舱。就是这个细节一下子赢得了罗廖夫的好感，他感到这个年轻人如此珍爱他为之倾注心血的飞船，于是决定让加加林执行人类首次太空飞行的神圣使命。

懂得注重细节的女孩，不仅能在学习中取得优异的成绩，更能有效提高处事的能力，获得好的人脉；不懂得注重细节的女孩，有时会因小失大，导致不必要的麻烦，甚至在为人处世中给人留下不好的印象。

女孩要注意的生活中的细节很多，如站立行走，要讲究姿势；在与他人的交往中，要注意言谈举止；平日里要注意穿着打扮，衣着合体大方；要经常把微笑挂在脸上等。

美国佛罗里达州有位穷画家，名叫律薄曼。因为穷，他当时所拥有的画具很少，仅有的一支铅笔也是削得短短的。

有一天，律薄曼正在绘图时，找了半天也找不到橡皮擦。当他找到橡皮时，铅笔又不见了。铅笔找到后，为了防止再丢，他索性将橡皮用丝线扎到铅笔的尾端。但用了一会儿，橡皮又掉了。

“怎么能让它不分开呢？”律薄曼为此事琢磨了好几天，终于想出主意来：他剪下一小块薄铁片，把橡皮和铅笔绕着包了起来。果然，做出来

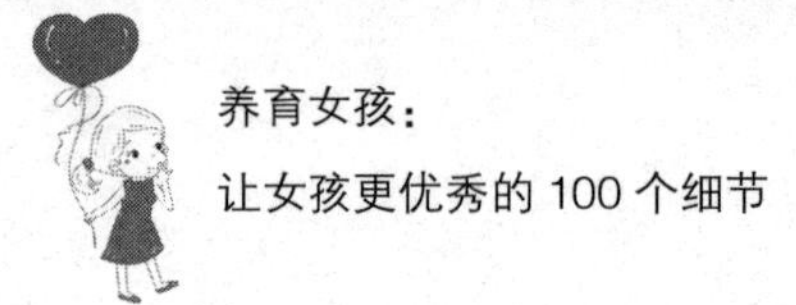

的这个玩意相当管用。

后来，律薄曼申请了专利，并把这项专利卖给了一家铅笔公司，从中赚得55万美元，他用这笔钱买了很多画画的材料，潜心绘画，终于取得了不错的成绩。

千万别小看生活中的细节，只要你留心观察，细节往往能够成就大的成功。女孩想做生活中的细心人，就要注意观察生活中的点点滴滴，这会为女孩未来的成功积累意想不到的财富。

小事成就大事，细节成就完美。女孩的成功往往是由若干个细节一点一滴汇集而成的。细节影响着女孩的品质，体现着女孩的品位，更决定着女孩的成败。

细节81　懂得选择：女孩成熟的标志

人生在世，总要面临各种各样的选择。选择走什么样的路，选择过什么样的生活，选择什么样的人生，都直接关系到女孩未来的发展前途和幸福。有的人来到这世上，匆匆忙忙，到人生将达终点的时候，却不免慨叹：忙碌了一生，努力了一生，却一事无成。世界首富比尔·盖茨在谈到成功的秘诀时说："做你所爱，爱你所做。"那么，什么是你的所爱，这就需要选择。对于女孩来说，不是等到需要工作时才去选择，成熟的女孩在于，她懂得如何选择，而且有自己的主见，会选择。

1. 选择是成功的基础

人生就是选择，每个人的选择不同，便有了不同的人生。在女孩的一生中，如果能从事与自己兴趣有关的职业，那么工作对她来讲就是一种乐趣，而不是一种负担，她就会倾尽毕生的精力去实现自己的选择，她就能

获得成功。

林巧稚是一位具有强烈自信心的女性。20世纪20年代以优异的成绩毕业于协和医学院，后被派往英国留学进修妇产科，当时有关负责人认为女人开刀动手术不可想象，就拍电报要她改学公共卫生系。这份充满性别歧视的电报使林巧稚感到很气愤，她坚信自己的选择，并努力学习，终于以优异的成绩及自信、自强的精神让众人认可了自己。几年后，林巧稚凭着精湛的医术和高尚的医德被提升为协和医院的妇产科主任，成为我国第一位女学部委员、著名的妇产科专家及中国妇产科学的主要开拓者之一。

世界上许多取得辉煌成就的人都和林巧稚一样，在关键时刻都做出了正确的选择，即做自己想做的事。对于女孩来说，选择并不是一件容易的事情，但无论怎样困难，每个孩子都必须做出自己的选择。当女孩面对选择优柔寡断、无所适从时，要听从自己内心的呼唤——我想做什么，我对什么感兴趣；还要牢记，选择在于发挥自己的优点而不是克服自己的缺点。这对于克服选择中的盲目性或者被动地选择，都会有一定的帮助。

2. 尊重孩子的选择

在生活中，父母应该让女孩学会自己选择，从小事、小问题开始，不要什么都替女孩做主，这样她们才能在大的选择中做出明智、理性的选择。父母的角色只能是参谋者、指导者，而不是包办代替者。

童年的邓亚萍，因为受当时体育教练父亲的影响，立志做一名优秀的运动员。但是她个子矮，手脚粗短，根本不符合体校的要求。于是，年幼的邓亚萍决定跟父亲学乒乓球，父亲也尊重她的选择，一心一意教她练习。邓亚萍虽然只有七八岁，但为了能使自己的球技更加熟练，基本功更加扎实，便在自己的腿上绑上了沙袋，而且把木牌换成了铁牌。

对一个女孩来说，这是多么难能可贵！从事了这项体育运动，不但要使身体备受煎熬，心理方面也要承受巨大的压力。更何况小小的她，每闪、展、腾、挪一步，都可以用举步维艰来形容。腿肿了，手掌磨破了，这是家常便饭，但她从不叫苦，不喊累。

付出总有回报，由于邓亚萍的执着，10岁的她便在全国少年乒乓球比赛中获得团体和单打两项冠军。在她的运动生涯中，曾经获得过18个世界冠军，成为世界家喻户晓的巾帼英雄。

小时候的邓亚萍是个有主见的孩子，做出了适合自己的选择，她用自己的坚强意志成就了自己的人生。

尊重孩子的选择，帮助孩子把握人生的方向，这是父母应该尽的责任。

3. 放弃也是一种选择

有的时候，放弃也是一种选择，放弃是人生的大智慧。在女孩的一生中，摆在每个人面前的诱惑实在太多，这就需要女孩保持清醒的头脑，勇于放弃。如果抓住想要的东西不放，甚至贪得无厌，就会带来无尽的压力，甚至会毁掉女孩的一生。

2001年5月，美国内华达州的麦迪逊中学在入学考试时出了这么一道题目：比尔·盖茨的办公桌上有5个带锁的抽屉，分别贴着财富、兴趣、幸福、荣誉和成功5个标签；盖茨总是只带1把钥匙，而把其他的4把锁在抽屉里，请问盖茨带的是哪一把钥匙？其他的4把锁在哪一个或哪几个抽屉里？

参加考试的学生到底给出了多少种答案，我们不得而知。但是，麦迪逊中学的网页上有比尔·盖茨给该校的回函。函件上写着这么一句话：在你最感兴趣的事物上，隐藏着你人生的秘密。兴趣是你最好的导师，做你感兴趣的事、想做的事，你才更有可能成功；做你想成为的人，你才可能享受到人生的美好。

放弃，在很多人看来，好像是一种很无奈的选择，其实不然，人生短暂，人不可能什么都得抓住。上面的例子中还有一个耐人寻味的地方，它有五个选项：财富、兴趣、幸福、荣誉和成功，即使比尔·盖茨那样的天

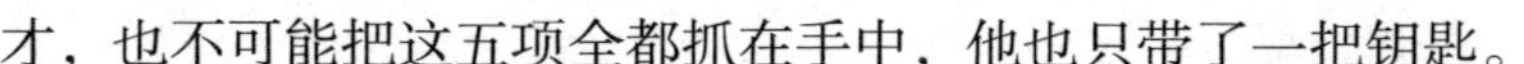
才，也不可能把这五项全都抓在手中，他也只带了一把钥匙。

选择是人生的头等大事，它甚至比努力都重要。女孩的成熟在于她懂得如何选择，并且懂得按照自己内心的声音去选择自己的人生。

细节82 创新能力：决定女孩解决问题的水平

中华民族是一个智慧的民族，中国孩子智商也高，在各类知识性考试中往往比其他国家的孩子优秀，但中国孩子的创造力却不能与一些国家的孩子相比。

教育进展国际评估组织对世界21个国家的调查显示，中国孩子的计算能力排名世界第一，而创造力却排名倒数第五。1994年，新西兰、印度、中国等九个国家和地区参加的“未来家庭娱乐产品概念设计大赛”，中国共有20所学校1300多名选手参赛，人数众多，真可谓阵容强大。然而，比赛结果却令人寒心，从冠军到季军，中国孩子连边也没沾上，最后只获得一个纪念奖。在其他国家那些想象大胆、构思独特的作品面前，中国孩子的作品显得那样苍白，缺乏独创性。而且这次比赛，一些欧洲发达国家还没有参加，所以这个结果更让人震惊。

那么我们来看看中外父母的一些不同做法：

一位中国母亲拿着她女儿的画问她的女儿：“你为什么把香蕉化成粉色啊？”女儿说：“我觉得粉色的香蕉更好吃！”“但是香蕉是黄色，而不是粉色的，下次记得一定要画黄色的香蕉啊。”妈妈说。

一位国外的母亲看见女儿用粉色笔画了一串香蕉，她高兴地说：“画得太好了！”有人问这位母亲：“你为什么不纠正孩子呢？”这位母亲回答：“为什么要纠正呢？可能有一天她真的会培养出粉色的香蕉呢！”

孩子的创新能力是要从小开始培养的。

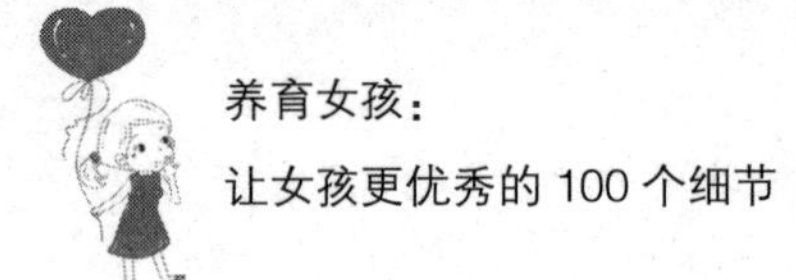

1. 给女孩“创作空间”

事实证明，“淘气”的男孩往往比“老实”的女孩更有创造力。对于心灵手巧的女孩，父母不妨多创造一些机会，让女孩尽情施展自己的创造力和想象力。

父母可以让女孩想象一下外星球是什么样的，外星球的生物是什么样的等；可以给女孩准备好一些大的纸张，铺在地上，让孩子画出20年以后世界的样子；可以让女孩为她的芭比娃娃设计衣服，设计生活的情景……在孩子创造的过程中，父母还可以给予女孩适当的指导，如告诉孩子针的用法，孩子自然会小心的。对于女孩富有创造力的作品，父母也应该进行表扬，父母的夸奖往往会成为女孩不断进取的积极暗示。

2. 鼓励女孩大胆想象

创新离不开想象，孩子要靠想象力来开启自己的幻想世界。爱因斯坦说过：“想象力比知识重要，因为知识是有限的，而想象力概括着世界上一切进步的东西，并且是知识进步的源泉。”

父母应在现实的基础上，鼓励女孩大胆地想象，尽量发掘女孩的想象能力，并对孩子富有想象力的图画或自编的故事等，给予充分的肯定和赞赏。

一个外国教育代表团到中国的一所小学参观，他们对中国学校的教育有许多疑惑：孩子上课都是规规矩矩地坐在座位上，老师在前面讲课，没有人会向老师提问题。考试卷中的一个题目问：“雪化了以后是什么？”有学生答：“雪化了以后是美丽的春天。”却被老师判了一个红红的“×”。

代表团成员询问中国的老师，老师回答说：“标准答案是水。”他们表示异议：“学生答的‘雪化了以后是春天’，虽然不符合标准答案，但他们的这个回答更有创意，更富想象力。要是在我们学校，肯定会受到更多的表扬。”

这就是我们的教育和国外孩子所接受的教育的差别，也是我们的孩子创新能力不太高的原因所在。

3. 带女孩多接触新鲜事物

创造一个新事物需要凭借想象，但人的想象不是凭空而来的，而是依靠丰富的生活实践。

要想培养女孩的创造能力，扩展女孩的想象空间，父母可以多带女孩接触一些新的事物。看得多，听得多，接触得多，女孩的脑子里才能积累丰富的想象素材，经过改造、调整，女孩才能创造出新的有意义的作品。父母还可以带孩子参加各种活动，带孩子到大自然中去，丰富孩子的生活，开阔孩子的视野。这样可以触发女孩新的灵感，让女孩产生新的想法。在学习中，女孩可以交出富有创意的答卷；在以后的工作中，女孩也会做出完美的令人耳目一新的方案。

孩子是国家的未来，他们持续的自主创新能力，是我们社会进步的原动力。女孩的世界是独特的，她们的想象力是丰富的，谁都不想用成人的思维方式扼杀她们的创作原动力，而希望她们能够展开想象的翅膀，发挥自己的创新特长，为国家和社会的发展增砖添瓦。

细节83　动手能力：女孩“手巧”才能“心灵”

“心灵手巧”是对女孩动手能力的最高褒奖，劳动可以使女孩的双手和大脑得到协调发展，使她们的脑细胞得到更多的刺激，加快脑部的发育，促进女孩的智力发展，也可以减少女孩依赖父母的心理，促进女孩独立意识的形成。

科学研究表明，在大脑中支配手部动作的神经细胞有20万个，而支配躯干的却只有5万个，可见手部的灵活程度对大脑的发育有着重要的影响。让女孩拥有一双灵巧的手，将使她终生受益。大量事实表明，从小愿意动

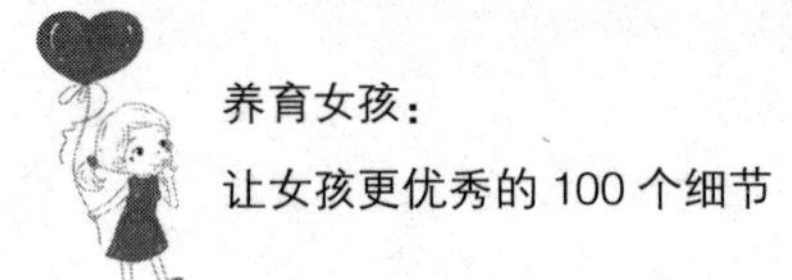

手做家务、爱劳动的女孩，以后往往都比较成功，家庭生活也更美满。

日本的保育园、幼儿园非常重视培养孩子的动手能力。每学期都有“开饭店”的游戏，虽然叫“游戏”，但孩子们做出的食物是可以吃的。

“开饭店”前两天，孩子们用纸叠成钱包，用彩笔自己画“钱”。“开饭店”当天，孩子们穿上漂亮的小围裙，头上戴上三角巾。3岁的孩子把生菜洗干净，用手掰成小块放入筐中；4岁的孩子给胡萝卜、生土豆去皮；5岁和6岁的孩子用小刀把削了皮的蔬菜和香肠切成块，在老师的指导下煮咖喱饭、油煎香肠，还有一些孩子做蔬菜沙拉和大酱汤。到了中午，2岁的小朋友在大哥哥大姐姐的带领下，拿着“钱”来“买”饭，接下来是3岁、4岁的孩子们，而大班的孩子给所有小朋友服务完之后，才坐下来吃饭。

用这样的活动，锻炼孩子的动手能力，也让孩子理解劳动的意义，并从中收获经验和快乐。那么父母该怎么培养女孩的动手能力呢？

1. 让女孩自己的事情自己做

现在的小公主们自理能力普遍较差，自己的事不会干或干不好。由于父母的溺爱，不让女孩做这做那，使得动手能力成为她们的致命弱点。

孩童时期是培养女孩自理能力的关键期。通常女孩到三四岁时，就已经萌发出独立的意识，父母应抓住这个时机锻炼女孩自己动手的能力，给女孩锻炼的机会，也可以让女孩自己的事情自己做，也可以让女孩帮助父母做一些力所能及的家务。

2. 让女孩在劳动中练出一双灵巧的手

劳动可以使女孩们练出一双灵巧的手，这是因为手部肌肉群的训练有利于大脑的开发。

父母会发现女孩有很强的模仿能力，看见父母拿着扫把做，就拿着扫把像模像样地学着做，看见父母要洗菜，就去伸手洗菜，对此父母要及时对女孩进行鼓励，正确引导和培养她的劳动兴趣。另外，女孩一般都爱玩

折纸，用塑料管折叠漂亮的风铃等，这些细小精致的活都能锻炼女孩的动手能力。父母们千万不要因为自己的兴趣而加以阻止。

女孩小的时候，有些东西需要父母引导她去做，而不是把所有的事情都做好，这样孩子会产生依赖性，什么事情都会“一来伸手、二来张口”了，结果只会造成孩子的独立能力差，大脑的智力也会低下。

所以，父母千万不要娇惯孩子，一定要正确地引导孩子，多给孩子提供动手的机会，这样女孩不但能学到更多的知识，还能在动手的同时体会劳动的乐趣。女孩的手“灵巧”了，心自然就“灵”了。

细节84　非凡的自制力：成功女孩的必备能力

自制力是人的一种意志品质，是善于控制和支配自己行动的能力。有人说，自制力就像汽车的刹车，能在关键的时候让你控制住汽车。同样，自制力对女孩走向成功也起着十分重要的作用。

美国著名的心理学家瓦尔特·米歇尔曾经在一群孩子身上做过一个有趣的实验。他给每个孩子发一块软糖，然后告诉他们说，自己有事要离开一会儿，他希望孩子们都不要吃那块软糖。他许诺说：“假如你们能将这块软糖留到我办完事情回来，我会再奖励给你们两块软糖。”他出去了。孩子们守着那块诱人的软糖等啊等，终于有人熬不住，吃了那块软糖，接着，又有人吃了糖……20分钟后，米歇尔回来了。他履行诺言，奖励没有吃糖的孩子每人两块糖。实验并没有没有结束，心理学家继续追踪研究。多年以后，他们发现，那些不能等待的孩子大多一事无成，而日后创出了一番辉煌事业的，全都是当年那些没有吃软糖的孩子。

自制力不但影响孩子们的生活、学习，还会影响到以后的发展。自制

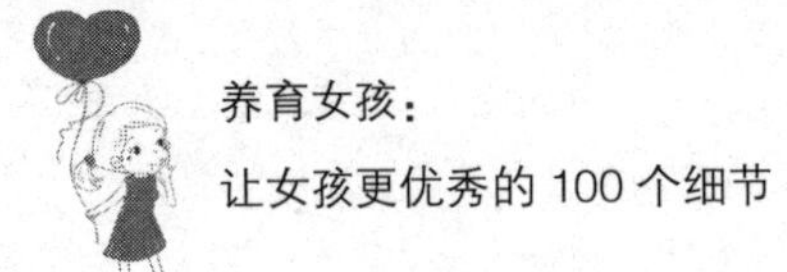

力差的女孩会在诱惑面前因不能控制自己而失去自我。所以，培养女孩的自制力，父母不能掉以轻心。

1. 从小事做起

缺乏自制力，是女孩中比较常见的现象。有的女孩不能很好地控制自己的脾气，爱哭爱闹；有的女孩在写作业时总会受到电视、玩具等“诱惑”，或边看边写，拖拖拉拉；有的女孩做事虎头蛇尾，只有“三分钟热度”；有的孩子想到的挺多，做到的却很少。这些都是女孩自制力弱的表现。这些虽然都是小事，但对孩子的影响却很大。

2. 建立一套家庭规范

没有规矩不成方圆，父母应该建立一套家庭规范，让女孩有据可依。要知道什么事情可做，什么事情不可做，什么事情到什么程度就是底线，底线是不能超过的。开始时，女孩可能只是粗略地懂得“不要这样做”“这样做是不允许的”“要那样做”，即使不理解原因，时间长了，也会习惯成自然。有规可循，孩子才能逐步建立起抵抗不良诱惑、规范自己行为的能力。

3. 利用活动和游戏培养女孩的自制力

女儿刚上学，还不能适应小学生活，加上性格急躁，更加难以控制自己。表现在上课坐不住板凳，和同学说话，不认真听讲等。对于爱玩的女儿，妈妈发现在活动和游戏中培养女儿的自制力效果非常好。如学校组织安全教育活动中，女儿当“交警”，她竟能站15分钟“指挥交通”而不乱动；在家里，让她当“老师”，她就很有耐心地给妈妈讲故事。

活动和游戏能让孩子的自制行为日益积累，变成习惯。因此，父母应鼓励孩子参与活动和游戏，孩子便能在自然的条件下形成自制力。

很多父母总是为了孩子做事不专心、自制力差的问题而大伤脑筋，这也说明培养孩子的自制力是个十分重要的问题。要培养女孩的自制力，就要从点滴做起，还要采用恰当的方法，才能事半功倍。

第九章

完美女孩所必备的魅力

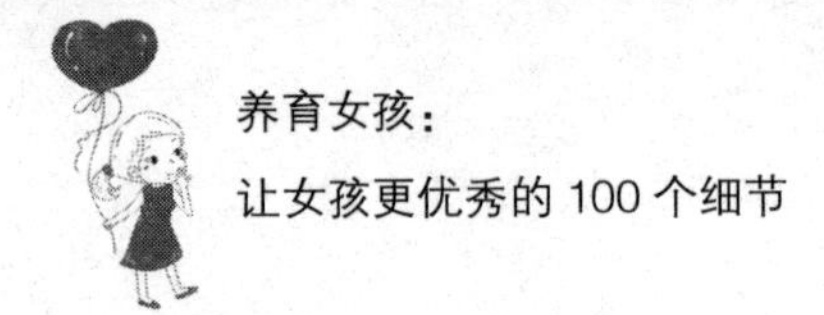

细节85　微笑：是女孩最好的名片

人最厉害的武器是微笑。达·芬奇笔下蒙娜丽莎最吸引人的就是她的微笑，这个神秘的微笑曾使多少人为之倾倒，感受到了美的真谛；我国古代四大美人之一杨贵妃的“回眸一笑百媚生，六宫粉黛无颜色”，几千年来一直被人们所传颂；NBA赛场上有个叫托马斯的球星，不论输赢，都始终带着灿烂的笑容，他以高超的球技和动人的微笑，赢得了广大观众的喜爱，当选NBA历史上的五十大球星，被称为“微笑刺客”。

微笑，是战胜困难的利器，是征服人心、美化社会的法宝。微笑的本身就是一种魅力，它让人无法拒绝它的感染，也可以让人放下所有的烦扰。女孩们要增添自己的魅力，就应该大方地亮出自己的微笑。

1. 父母首先要有乐观的人生态度

父母首先要有乐观的人生态度，才能将微笑传染给女儿。著名教育学家塞利格曼曾说：“父母自己的品格行为，明显地影响着女孩日后性格的发展，是乐观还是悲观，都取决于父母的生活态度。”

在女孩的成长过程中，父母是她们的第一任老师，为了让女儿快乐地学习、快乐地生活，父母一定要积极营造一个乐观和谐的家庭氛围，让孩子在笑声中成长。如果女孩生活在一个吵吵闹闹的家庭中，父母的关系剑拔弩张，父母不快乐，女儿自然也不会快乐。在这种家庭中成长的孩子，往往心理承受能力比较弱，她的心理也会是“灰色”的。这样的女孩，想要每天保持灿烂的微笑，是很难的。

2. 微笑能给女孩带来不一样的魅力

雨果说："阳光和鲜花在达观的微笑里，凄凉与痛苦在悲观的叹息中。"微笑是一个很简单的动作，仅仅就是嘴唇微微一动。微笑是最廉价的装饰品，几乎没有任何成本，但在社会交往中，它却能获得意想不到的结果，为我们的生活锦上添花。

贝斯·海尔是芝加哥地区受欢迎的电台节目主持人之一。她并不仅仅在芝加哥受欢迎，而是遍及全国。有听众写信给这位声音里带着微笑的主持人说，他们透过她的声音看到了她的微笑。

可见微笑的力量有多大。

一件又一件普普通通的小事，都让我们看到了：微笑可以化干戈为玉帛，协调人与人之间的关系，更可以创造快乐的气氛。

作为女孩，就要用微笑迎接每一天的到来。微笑是一种幸福，微笑是一种美丽，微笑可以创造奇迹，微笑具有最独特的魅力。女孩每天都把微笑挂在脸上，就会成为人人喜欢的微笑天使！

细节86　自信：越有主见的女孩越自信

一位学者说过："自信是能力的催化剂，信心能把人的一切潜能调动起来，并将身体各部分的功能调整到最佳状态。"自信是有能力的女孩的一种外在体现，自信的女孩往往更容易获得成功。

在日常生活中，很多女孩都有某种程度上的自卑感，缺乏自信。某儿童心理健康研究所对全国各地1000余名6岁至12岁孩子做了一项专题调查，结果表明，40%的孩子自称"至少一两个方面完全丧失信心"。他们有的对自己的外貌、身高等生理条件缺乏信心，有的则对自己的学习能力、交友本领没有信心。而进一步的调查却证实，实际上，这些孩子往往不论在外貌还是能力上，都丝毫不比一般的孩子逊色。自信不是与生俱来的，是需要培养的。

1. 女孩的自信是“宠”出来的

自信心，是人们相信自己、追求自我、实现自我价值的积极的心理倾向，是形成健康人格的基础。一位哲人说得好：“谁拥有自信，谁就成功了一半。”自信是孩子成长过程中的精神核心，是促使孩子充满信心去面对困难，努力实现自己愿望的动力。但是，由于孩子缺乏自我评价的能力，常常会以成年人的评价来衡量自己、认识自己，所以，她们更需要父母帮忙给予自信，尤其是父母的赏识，能“宠”出孩子的自信来。

老舍的三女儿在谈到自己取得的成就时，最有感慨的是父亲“宠”出她的自信心的事，她回忆说：“有次珠算考试，我得了40分，哭红了鼻子不敢告诉母亲。父亲却安慰我说：‘我小时候比你还差，连30分都考不到。’我听后，破涕为笑。其实，他的算术很棒，我当时是小孩，信以为真。”

老舍的这句话不仅把孩子沉重的心理压力解除了，还包含着这样的潜台词：“你能行！你比我行！”短短一句话，“宠”出了女儿的自信。

2. 有主见的女孩更自信

有一句教育名言说：“要让每个孩子都抬起头来走路。”“抬起头来”意味着对自己、对未来、对所要做的事情都充满信心，意味着在内心中对自己有肯定性的评价：“我能行！”“我不比别人差！”“我的目标一定能达到！”“小小的挫折对我来说不算什么”……假如每一个女孩都有这样的自我意识和心态，遇事就会有自己的见解，而不会轻易盲目地跟从他人的意见，这是一种胸有成竹的处世作风，是一种自信的外在流露。

德国女总理安哥拉·默克尔是当今世界上令人瞩目的女政治家之一，她的那种处变不惊的铁娘子形象给人留下了深刻的印象。

安哥拉从小就是一个优秀的女孩子，她思路敏捷，兴趣广泛，在学校一直是品学兼优的好学生。14岁那年，小安哥拉满怀信心地参加学校学生会主席职位的竞选，可是，她却遭到了惨败，同学们指责她不苟言笑，缺乏亲和力；思想保守，缺乏创造性，完全不适合担任学生会主席。小安哥拉无法接受别人的批评，伤心得好几天连学校都不愿意去。

安哥拉的父亲劝女儿说："在生活中，当有人赞扬我们是英雄或者贬低我们为狗熊的时候，那不过是他们把自己的某些想法强加在我们的身上而已，并不代表我们真的就伟大或者渺小。"聪明的安哥拉明白了父亲谈话的深意。从此以后，这个小姑娘不再看重别人的评价，而是相信自己的能力，按照自我评价选择自己的人生理想，不断地奋斗拼搏，一步一步地走向了成功。她先成为一名有杰出贡献的物理学家，然后步入政坛，出任政府部长，最终成了德国历史上第一位女总理。

自信是一种自我接受、自我悦纳的人生态度，是在"我能行"的心态中积极主动，勇于尝试，乐于接受挑战，从而在自信中成就美好的人生。

不在意别人的评价，选准方向后就充满信心地走下去，是安哥拉·默克尔取得成功的法宝。可见，越有主见的女孩越自信，越有自信的女孩，就越容易成功。

细节87　真诚：是女孩获取他人信任的金钥匙

真诚是对他人付出的一种真实情感，是一把获取他人信任的金钥匙。真诚，在人的内心就像没有受到污染的、纯净的水，给人以甘甜的味道。真诚的女孩，心胸坦荡，率真自然，真实而不虚伪。

1. 播种真诚，女孩就能就收获真诚

法国作家左拉说过："真诚是通向荣誉之路。"许多名人伟人都是因为他们拥有真诚的品质而走向成功的。

有一天，一个穷苦的农民救起一个掉到深水沟里的孩子。第二天，一位气质高雅的绅士坐着一辆豪华的马车来到农民家门口，见到农民说："我是昨天被你救起的孩子的父亲，我今天特地过来向你表示感谢。"农民回答："我不能因救起你的孩子就接受报酬。"

正在这时，农民的儿子从外面回来了。绅士问："他是你的儿子吗？"农民无不自豪地回答："是。"绅士说："我们订立一个协议，我带走你的儿子，并让他接受最好的教育，如果这个孩子能像你一样真诚，那他将来一定会成为让你自豪的人。"农民答应了。数年后，他的儿子从事医学研究，发明了抗菌药物盘尼西林。

后来，被农民从深沟里救起来的那个孩子染上了肺炎，而正是盘尼西林将他从死亡的边缘救了回来。

那个农民叫弗莱明，他的儿子就是天下闻名的弗莱明·亚历山大爵士。那个绅士是"二战"前英国上议院议员老丘吉尔，他的儿子就是"二战"时期英国著名首相丘吉尔。

弗莱明因为真诚才让自己的儿子有了成才的机会；而老丘吉尔也因为真诚才挽救了一位20世纪影响人类历史进程的政治家。

本杰明·富兰克林曾说过："一个人种下什么，就会收获什么。"那么，对于女孩来说，只要播种真诚，就会收获真诚。

2. 真诚能赢得他人的信赖

日本的一位佛学大师说："一个诚实的人，不论他有多少缺点，同他接触时，心神就会感到清爽，这样的人一定会找到幸福，在事业上有所成就，这是因为以诚待人，别人也会以诚相见。"一个女孩只要真诚地待人保持自己的信用，就容易获得别人的信任，然后走向成功。

3. 让女孩做一个真诚的人

一个真诚的人，必定是一个有着丰富精神世界的人。真诚不是用嘴说的，而是渗透在无数个细心的行动中。它是父母为你付出的无私的爱，它是在遇到困难时朋友向你伸出的一双手，也是你为朋友伸出的一双手。真诚的人付出自己真诚的时候，不需要别人的回报，只要人人相互理解和安慰就足以让他欣慰。一个真诚的人，有时候也可能做傻事、做蠢事，但他绝不会做出对不起良心的事。

女孩要做一个真诚的人，除了要有一颗真诚的心，还要有一个宽广的胸怀。法国作家雨果曾经说过：“世界上最广阔的东西是海洋，比海洋更宽阔的是天空，比天空更宽阔的是人的胸怀。”女孩需要有比天空更宽阔的气度，不在小事上斤斤计较，即使偶尔发生点小摩擦，也会首先反思自己的行为，如果的确是因为自身的问题导致了彼此之间的矛盾，就会真诚地向对方道歉，并在以后注意自己的言行。

真诚能赢得信任，真诚能赢得友谊，真诚是女孩获取他人信任的金钥匙。只要女孩怀着一颗真诚的心，就能收获到更多的真诚。

细节88　宽容：对女孩从来都不是一种奢侈品

宽容是一种良好的心态，也是一种崇高的品质，能够宽容别人的女孩，其心胸像天空一样宽阔、透明，像大海一样广阔深沉。

女孩的宽容心是一种非常珍贵的情感，它能使女孩消除许多无谓的矛盾，有助于女孩个性的健康发展，尤其是情感的健康发展，更好地处理各种人际关系。富有宽容心的女孩往往心地善良、惹人喜爱，而缺乏宽容心

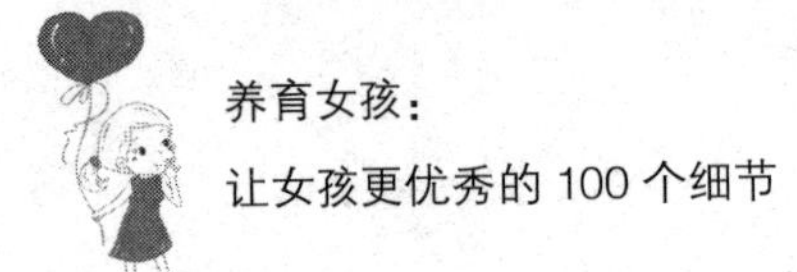

的女孩往往不易与人亲近，各种关系往往也处理不好。

在林肯纪念馆的墙壁上刻着这样一段话："对任何人不怀恶意；对一切人宽大仁爱；坚持正义；因为上帝使我们懂得正义；让我们继续努力去完成我们正在从事的事业；包扎我们国家的伤口。"

父母要教孩子学会宽容，培养孩子的宽容之心，以宽容之心待人。

1. 让女孩学会理解他人

要让女孩学会以一颗宽容的心来对待别人，就要学会真正理解别人。父母应该让女孩知道：金无足赤，人无完人，每个人都有缺点和不足。和别人相处，没有必要求全责备，完全可以求同存异。对于别人的缺点和不足，没有必要斤斤计较。多一次宽容和理解，女孩不仅可以获得好的心情，也会使自己在个性完善的道路上继续向前迈进。

2. 让女孩学会换位思考

当双方产生矛盾时，懂得宽容的女孩往往能够站在对方的角度思考，为对方着想。如果女孩能够做到真正的宽容，就能减少很多不必要的矛盾。

站在爸爸妈妈的角度考虑，女孩就会理解他们辛苦地工作都是为了自己；站在老师的角度思考，女孩就会理解老师为什么会那么严格；站在同学的角度思考，女孩就会觉得同学都那么善良、可爱。学会换位思考，女孩的学习和生活都会充满希望、充满阳光。

3. 让女孩用宽容之心与朋友交往

宽容之心是在交往活动中培养起来的。父母要鼓励女孩多和别人交往。在交往过程中，女孩要学会理解、宽容地对待对方，学会包容别人的缺点和错误。女孩只有怀着一颗宽容之心，与他人交往，彼此才能够友好相处。

有的人质疑林肯总统对待政敌的态度："你为什么试图把他们变成朋友呢？你应该想尽各种办法，使出各种手段打击他们，消灭他们才对。"

林肯总统说："我这样做难道不是在消灭政敌吗？当我们成为朋友时，政敌就不存在了。"将敌人变成朋友，这就是林肯总统消灭政敌的方法。

林肯的大度和宽容是值得我们学习的，连自己的敌人都能够宽容，还有什么值得我们去斤斤计较呢？对于女孩来说，只有通过交往，女孩才能体会到宽容的意义，体会到宽容所带来的快乐。

需要注意的是，在女孩与他人交往的过程中，父母要特别注意引导孩子容忍比自己强的朋友，帮助比自己"差"的朋友，以形成良性的竞争。

宽容别人就是宽容自己，女孩只有融入集体生活，以宽容之心对待他人，才不会感到孤独，才能得到真正的快乐。

细节89　幽默：给别人带来快乐的女孩容易拥有好人缘

幽默在人的交往过程中起着举足轻重的作用。擅长幽默的女孩在人际关系方面往往更容易拥有好的人缘。幽默还可以淡化消极的情绪，消除沮丧，缓和尴尬的气氛，帮助孩子更好地应对生活。

幽默的个性是良好人格的重要保证，风趣幽默的个性、乐天达观的性格，是心理健康的重要指标之一。富有幽默感的女孩往往乐观而自信，能以宽容之心待人接物，从容地面对多样的生活。然而，人的幽默感大约三成是天生的，七成是后天培养的。所以，父母要通过后天的训练、培养，使女孩拥有幽默感。

1. 用幽默感染孩子

一个气氛温馨的家庭，一对幽默的父母，家里就会处处充满欢声笑语。一个家庭中如果充满了幽默感，就会减少许多不必要的矛盾。幽默能带给我们欢笑，能减轻我们遇到的种种不开心，让我们享受着健康的人生。

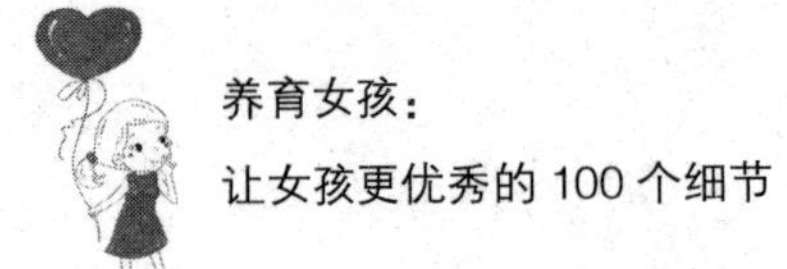

有一次，苏联著名诗人米哈伊尔·斯维特洛夫刚进家门，就发现家人乱作一团。原来，诗人的小儿子舒拉别出心裁地喝了半瓶墨水。诗人明白：喝墨水是不至于使人中毒的，所以用不着慌张，这也正是教育舒拉的好时机。于是，他轻松地问儿子："你真的喝了墨水？"舒拉还得意地伸出带墨水的舌头，做了个鬼脸。诗人从屋里拿出一沓吸墨水的纸来，对儿子说："现在没有别的办法了，你只有把这些吸墨纸吞下去，这样才能把你肚子里的墨水吸出来。"一场虚惊就这样被诗人的一句幽默的话给冲淡了。

诗人是聪明的，用幽默代替板起脸，这样教育子女的效果往往会更好。

2. 指导女孩用幽默化解矛盾

当女孩遇到矛盾或困难时，可以让她们用幽默的手法来化解。这样不但可以收到好的效果，还能体现女孩的智慧。

智者说："机智的舌头往往比幼稚的拳头，有更大的作用。"的确，动不动就跟别人发生冲突，只会更加突显你无法驾驭自己的"幼稚"，而用机智和幽默的语言来化解自己和别人的冲突则是一种成熟和睿智的表现。

3. 欣赏幽默作品，提高对幽默的领悟力

培养女孩的幽默感要先培养对幽默的领悟力。欣赏幽默作品是提高女孩对幽默领悟力的重要途径。幽默作品内容丰富、形式多样，有漫画、故事、诗歌、音乐等。漫画往往是女孩最喜欢的一种。它不但可以增加女孩的幽默感，还可以让女孩学到更多的知识。

从巧巧两岁时起，爸爸就开始经常收集一些优秀儿童漫画，并把这些漫画放在女儿可以看见的地方，或是制成挂图吸引她的注意。巧巧的视觉理解力很强，常常看着漫画就大声笑起来。现在女儿三岁了，已看了像《幼儿智力世界》《看图说话》中富有幽默感的连环画，如"光头探长""老博士与小滴答"等。这些故事培养了巧巧的幽默感，而且在适当的时候她还会运用这些幽默故事。

一次，女儿又挑食了，爸爸想起了一个故事，就对女儿说："你忘了《珍珍的故事》了吗？"聪明的女儿马上就说道："珍珍就是因为挑食，这也不吃，那也不吃，结果变得又瘦又小又轻，才被蚂蚁抬走的……我再也不挑食了。"

巧巧的爸爸对孩子的幽默教育，值得我们借鉴。幽默不是大人的专利，女孩也要懂点幽默。

幽默是生活的调味剂，更是一种智慧。如果女孩在交往中逐步掌握了幽默技巧，就会巧妙地应付各种尴尬的局面，很好地调节生活，甚至改变人生，使生活充满快乐。

细节90　谦逊：让女孩犹如一株饱满的麦穗

谦逊是一种为人处世的态度，也是一个人品德修养的重要体现。一个人保持谦虚恭谨的行为和态度，谦让有礼貌地对待他人，才能更好地赢得他人的信赖，才能不断地接受新思想、新知识而不断进步。

对于女孩来说，保持谦逊恭谨的态度更为重要。女孩好胜心强，有的甚至虚荣心、嫉妒心也强，这一方面会影响女孩学习吸收新知识，也会影响她们与同学的友好相处。因此，要让女孩谦逊地对人对己，需要父母的教育和引导。

谦逊，不是虚伪和做作，而是实实在在的有实力，是一个人建功立业的前提和基础。

1. 谦逊能赢得更多朋友

任何人都不愿与骄傲的人交往，而愿意与谦逊的人交朋友。

爱因斯坦深受人们的敬仰。当时，在纽约河滨教堂所设的世界最伟

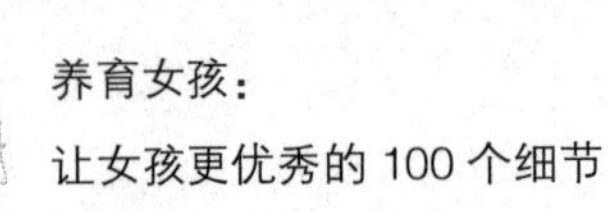

大的学者的塑像中，爱因斯坦是唯一活着的人。但他并没有被荣誉冲昏头脑，始终保持着谦逊的品质。他对别人把他当成偶像感到无法理解，对报刊上的宣传和赞扬十分厌烦，特别是那些记者、画师、雕塑师来找他拍照、画像、塑像，更使他难以忍受。

爱因斯坦从不认为自己是一个超人。他认识到，自己所走的道路是前人走过的道路的延伸，他总是抱着敬仰和感激的心情赞赏前人的贡献。爱因斯坦对同行的工作非常尊重，就是对自己的下属和学生，也没有任何傲慢的态度，凡是和他接触过的人，无不为他的和蔼可亲和平等待人而感动。

事情就是这样，你越是傲慢地对待他人，他人就越不理会你；而一个懂得谦逊的人，却因自己的谦逊赢得人们更多的尊敬和赞赏。真诚坦率的人容易获得信任；正直勇敢的人容易赢得他人的尊重；谦逊宽容的人总是广受欢迎。

2. 让女孩保持一颗平常心

谦逊的人，往往是淡泊名利的人，这对现在的女孩十分有意义。很多女孩因虚荣心作怪，争强好胜，在同学和朋友中比这比那，结果失去了一颗平常心，这对女孩的成长是十分不利的。所以，女孩应保持一颗平常心，该表现自己的时候表现自己，该谦逊的时候就谦逊，不要事事都争赢，这样女孩不仅得不到真正的胜利，反而会失去更多。

泰国前总理川立派的老母亲川梅，86岁时仍然在曼谷的一家市场内摆摊卖虾仁豆腐、豆饼、面饼。别人不理解，都劝她："儿子都当总理了，还不回家享清福去？"她说："儿子当了总理，那是儿子有出息，与我摆摊并不矛盾。我不觉得有什么丢人的，我很喜欢摆摊，在这儿，能见到很多老朋友。"

川梅最高兴的事，就是看到儿子下班回家后，狼吞虎咽吃她亲手做的豆腐。泰国的媒体称赞说："一个来自平民阶层的平凡母亲，教育出一名以其诚实正直而受人尊敬的总理。”而面对记者时，川梅却谦逊地表示：“其实我没有做什么，我只不过在他小时候教导他做人必须诚实、勤劳和谦虚。我从不打骂他，但我也不记得他有哪件事让我失望。”

望女成凤是普天之下父母的共同心愿。当女儿成“凤”后，能否像川立派和他的母亲那样仍然保持谦虚的作风，谦虚待人，谦虚做人？

这使我们想起了麦穗，麦穗空瘪的时候，它总是长得很挺，高傲地昂着头，但肚子里的小麦却不实在；当麦穗结出大粒的果实、变得饱满的时候，它却谦虚地低下了头。

女孩要像成熟、饱满的麦穗一样，具有谦逊恭谨的态度，才能赢得他人的信赖。而保持谦逊的美德，需要从修养和做人态度方面提高自己，完善自己。

细节91　勤奋：女孩要学习蚂蚁精神

一说到蚂蚁，我们最先想到的就是它的勤奋，人们说蚂蚁是一种生命不息、工作不止的昆虫，确实很恰当。然而，如果我们不留意，就很难注意到小小的蚂蚁们，它们是那么的微不足道，以至于我们完全可以忽略它们的存在。但作为一个整体，蚂蚁也是地球上最重要的生命形态之一。蚂蚁能够举起相当于自己体重400倍的重量，能拖动相当于自己体重1700倍的东西。身体娇小的蚂蚁们无时无刻、不知疲惫地劳动着，为自己积累粮食，积累财富，也为人类树立了勤奋的榜样。

女孩也应该学习蚂蚁的这种精神，天下没有不劳而获的东西，女孩只有通过勤奋地努力，才能获得成功，实现自己的人生价值。勤奋与懒惰只是一念之差，能勤奋学习、工作，必能获得成功的果实；如果为了贪图享

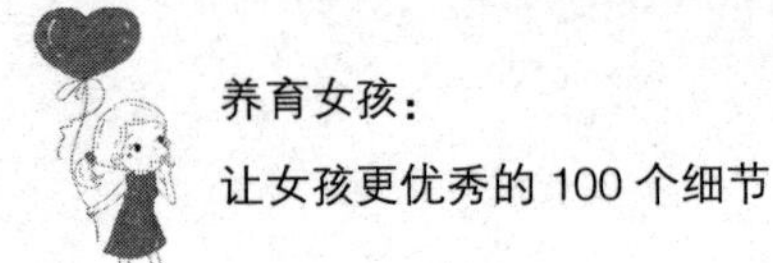

乐，懒惰成性，就会一无所获。

1. 不畏挫折，勤奋向上

成功，说来容易，做到却很难。唐代文学家韩愈说：“业精于勤而荒于嬉。”事实一再证明，任何人做任何事都离不开勤奋，勤奋是成功之舟。

勤奋是成功的阶梯，成功是勤奋的结果，只要女孩勤奋学习，勤奋探索，勤奋实践，付出更多努力和坚持，终有一天会成功。

2. 多给女孩讲名人勤奋做事的故事

父母经常给女孩讲一些关于勤奋的故事，或是给她们买一些有关的书让孩子读，潜移默化地影响她们。比如：在看比赛时，女孩往往看见的是冠军的辉煌，却没有看到他们背后付出了多少代价。父母就可以给女儿讲讲他们刻苦地训练、顽强地拼搏的故事。让她们明白成功不是那么容易，需要用勤奋来争取。

每天，天刚刚亮，斯蒂芬·金就伏在打字机前开始一天的工作。他每天坚持写作，一年当中只休息3天，那就是自己的生日、圣诞节和美国的独立日。其余的时间，他都坐在打字机前不断地写作。在无数个日夜的勤奋努力下，他的每部小说都受到人们的追捧，他也成为美国著名的作家。

3. 让勤奋成为一种习惯

当父母对培养女孩有了一定计划和目标时，一定要严格执行，不能因为心疼女儿，就“三天打鱼两天晒网”。好的习惯是要长期坚持才能养成的。

作家冰心有一句名言：“成功的花儿，人们只惊慕它现时的明艳。然而当初她的芽儿，浸透了奋斗的泪泉，洒遍了牺牲的血雨。”女孩想成功并不难，只要她认真学习蚂蚁精神，像蚂蚁一样勤奋：勤奋地学习，勤奋地做人，勤奋地做事，终会有所收获。

细节92 倾听：为女孩打开成功的另一扇门

在人际交往中，倾听，是拉近距离最自然的方式，也是真诚沟通的桥梁。学会倾听是了解别人最好也是最有效的途径，父母应引导女孩学会去倾听。

古希腊哲学家苏格拉底说："上天赐给人两耳两目，但只有一口，就是多见、多听而少言。"人与人之间需要交流、沟通，善不善于倾听，不仅体现了一个人的道德修养，还关系到她是否能与他人建立起一种正常和谐的人际关系。

倾听是对别人的尊重和理解。倾听父母的唠叨，是孝心，可以帮助他们排解内心的孤独与不快；倾听老师的教诲，就如同读一本好书，受益匪浅；倾听朋友的诉说，是与朋友共同分享快乐，分担痛苦。

1. 教给女孩倾听的技巧

倾听是一门学问，有时我们和朋友在聊天时，就会发现别人若没有注意你说什么，你就不想再说下去了。这就告诉我们，女孩要学会倾听就要注意掌握倾听的技巧。

一是要有良好的精神状态。良好的精神状态是倾听的重要前提，如果倾听者处在昏昏欲睡或萎靡不振的状态下，是不会取得良好的倾听效果的，也是对诉说者的不尊重。

二是不要随便打断别人讲话。无论在什么情况下，你都应该耐心地听完对方的叙述。当与人交谈时，女孩随便插话打岔，改变说话人的思路和话题，都被认为是一种没有教养或不礼貌的行为。

三是及时用动作和表情给予呼应。交流或交谈时，女孩应善于运用自己的表情、插入语和感叹词，如微笑、点头等，可以让说话人感到你对她的重视，她就会集中精力组织自己的谈话内容，这种心灵感应，会使谈话

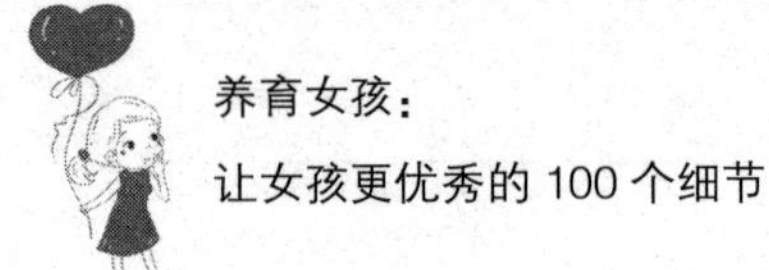

更加融洽。

四是要适当地提问。适当地提出问题是一种倾听的方法，能使谈话内容更为深刻，能够给讲话者以鼓励，有助于形成互动融洽的气氛。

2. 用心倾听

真正的倾听，是要用心、用眼睛、用耳朵去听。

专心倾听是对讲话者最真诚的尊重。认真地听对方讲话，是倾听者所能给予对方的最有效的反馈。

在小说《傲慢与偏见》中，丽萃是个不漂亮且身材有点发福的女孩。在一次茶会上，她专心地听着一位刚从非洲旅行回来的男士讲着他的所见所闻，除了点头、微笑以外，她几乎没有说什么话。但在茶会结束后，那位男士却对别人说，丽萃是个多么擅言谈的姑娘啊！是的，丽萃用她的专注和倾听赢得了朋友的好感和信任。

注意倾听别人讲话总会给人留下良好的印象。做个认真的倾听者，让说话的人在你的专心倾听中感受到被关注和被理解，享受到表达所带来的乐趣和成就感，那么说话的人就能把你当成朋友。

倾听是我们对别人最好的一种尊敬，女孩不仅要会说，更要会听。善于倾听，女孩才能博采众长，丰富自己的思想，萌发各种灵感；善于倾听，女孩才能获得对方的信任，从而形成良好的人际关系；善于倾听，女孩才能集思广益、取长补短，增加自己的真才实干，从而在漫漫人生旅途中风雨无阻，立于不败之地。

第十章

好的心态，才能成就幸福女孩

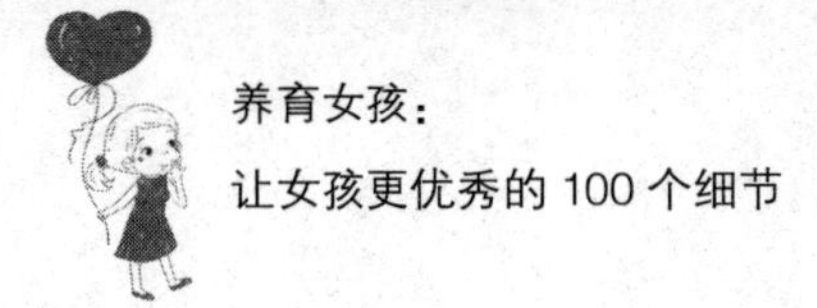

细节93 乐观让女孩对未来充满希望

乐观既是一种心理、精神状态，也是一种性格品质。调查显示，开朗乐观有助于孩子的成长发育，形成良好的性格，还能为孩子提供勇气和克服困难的力量。乐观对于女孩尤为重要，女孩如花似玉，天真烂漫，然而也更容易受到伤害，在困难面前更容易灰心丧气，所以现在“富养女孩”的观念除了让女孩有高雅的气质外，也是为了让女孩具有乐观的心态，让她们对未来充满希望，以积极乐观的心态去实现自己的理想。

乐观是一个人获得美好生活的源泉，它能为成长中的孩子注入生命活力，让他们克服悲观情绪，对未来充满希望。因为乐观者与悲观者之间对待事物有两种截然不同的态度，当我们问：希望是什么？悲观者会说：那是地平线，就算看得到，也永远走不到；而乐观者则说：那是启明星，它能告诉人们曙光就在前头。对待生命之花，悲观者看到的是花凋谢后的凄凉；而乐观者看到的却是花落后留下的果实。

不难看出，这是两种不同的人生态度，它会形成两种不同的人生道路，我们当然希望女孩子们都能如前者。

孩子乐观开朗的心态和品格不是先天就有的，这也需要父母有意识地教育和培养。

1. 首先要把乐观的人生态度“传染”给女儿

父母自己首先要有乐观的人生态度，才能将它们“传染”给女儿。

著名教育学家塞利格曼说过：“父母教育孩子的方式正确与否，显著地影响着孩子日后的性格是乐观还是悲观。”为了让女儿快乐地学习、快

乐地生活，作为父母，一定要积极营造一个乐观和谐的家庭氛围，让孩子在乐观中逐渐找到生活的自信。在孩子的成长过程中，父母是她们的第一任老师，一个自信乐观的父母，是女儿最好的老师。他们营造的欢乐融洽的氛围，他们在困难和挫折面前的乐观精神，他们战胜困难的勇气，都会传达到女儿那里，成为女儿的榜样。

2. 多鼓励赞赏，少指责

大多数女孩羞怯懦弱，但又聪明心细，父母们要对她们多加爱护，多给予赏识与鼓励，多给予笑声与温暖，帮助孩子克服怯懦和抑郁的悲观因素。当孩子做错事时也不要横加指责，给孩子自己改正的机会，就会使孩子逐渐形成乐观开朗的性格。

杰克·坎菲尔德是美国著名的儿童心理学家。一次他谈教育孩子的问题时，讲了一个他女儿的故事：有一次，他和妻子、女儿一起出去吃饭。席间，7岁的女儿碰翻了装满饮料的玻璃杯。父母没有指责她，于是心细的女儿自己把桌子擦干净之后说：“爸爸妈妈，我真想对你们说一声‘谢谢’，因为你们没有像别的父母一样。我的朋友如果犯了这样的错误，他们的父母就会对他们大喊大叫，批评他们做事如何不小心。你们没有这样做，谢谢你们。”心存感激的女儿心中又多了一缕阳光，这缕阳光就会融化她心中阴暗的角落，甚至照亮她生命的旅程。

3. 让孩子体验成就感

想让女孩变得乐观，就要培养她们广泛的兴趣和爱好，还要经常引导孩子做她力所能及的事。广泛的爱好不仅能增加孩子的学习兴趣，还能给孩子创造更多的表现机会，有助于女孩克服羞怯感，在学习中保持长久的快乐感和成就感。当然，培养女孩广泛的学习兴趣，要以孩子乐于接受为尺度，不能把父母的意愿强加给孩子。让孩子做她力所能及的事，如适当做点家务或帮助别人的事。在孩子做事的时候，尤其是遇到困难和挫折的

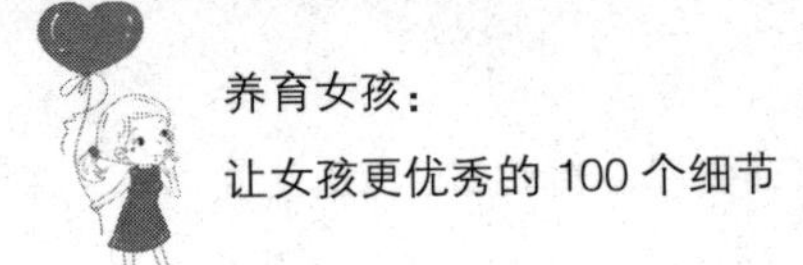

时候，父母要多加引导和鼓励，让孩子在完成学习、劳动任务，在战胜困难的过程中体验到“成就感”。

4. 多注意孩子心理情绪上的细微变化

帮助女孩克服“成长烦恼”，父母就应成为孩子依赖的心理医生。随着女孩的成长，其生理和心理都会发生较大的变化，而且女孩的变化要大于男孩。父母应更为细致地关心爱护她们，注意她们身上发生的细微变化，及时帮助她们消除疑虑，以积极的心态应对这些变化，让她们始终保持乐观的精神状态，促进她们的健康成长。

乐观是女孩成长过程中的天使，它为女孩插上了希望的翅膀，让女孩在未来的理想中展翅翱翔。

细节94　走出悲观情绪的沼泽地

悲观是一种消极的自我评价、自我否定的自我意识和消极心态。

悲观和乐观是两种截然相反的人生态度。父母都希望自己的孩子有一个充实完美的人生，这样的人生是以积极乐观的心态去创造未来的。

就心态而言，在面对挫折和困难时，女孩和男孩有着截然不同的表现。男孩性格粗犷，较为坚强，这一特点使得男孩遇到困难和挫折时情绪变化相对较小，失败留下的记忆时间相对较短，所以能够较快地从失败的情绪中走出来。女孩的意识中自我娇贵和好胜心强、爱面子的特点使她们往往对成功抱有很多不切实际的幻想，在遇到困难和挫折时，尤其是面对失败时心理落差大，受到的伤害也大，情绪变化容易走向两极。

1. 告诉女孩别被自己打败

教育女孩消除悲观心理，就要用自己的行动告诉孩子，生活中最强

大的敌人不是困难和挫折，也不是失败，而是我们自己。自己说服自己，是一种理智的胜利；自己超越自己，是一种心理境界的升华；自己征服自己，是一种人生的成熟。凡是能够说服自己，超越自己，征服自己的人，就具备了足够的力量征服一切艰难。所以，不管遇到什么事，女孩都要学会消除悲观，先战胜自己。

2. 保护女孩的好胜心

女孩的好胜心是一种可贵的财富，保护好了会使她们受益一生。

有一年夏天，李大钊让女儿和儿子临帖写大字。女儿星华生平第一次临帖，心里有些紧张。她左临一张，看看不像，右临一张，看看还是不像，气得小脸发红，就放下笔，躲到后院里偷偷地抹眼泪。发现女儿在哭，妻子正要张口问星华，却被李大钊拦住了。他给妻子讲了一个故事："一个很可爱的小女孩，一不留神，用小刀划破了自己的手指，这个小女孩立即把伤口包了起来，生怕别人包括自己的爸爸妈妈发现，直到伤口长好了才给人看。你说这是一种什么心理呢？这就是女孩的一种好胜心，你明白了吗？"妻子这才恍然大悟。

过了一会儿，李大钊把小星华叫来，一同走到八仙桌前，指着星华写的字微笑道："你的字写得很好，有点像魏碑帖上的。因为这是你第一次临帖，写得还不大整齐，笔画有的地方粗，有的地方细。字有的个儿大，有的个儿小，要是天天耐心练习，就一定会写好的。你看，你哥哥写得也不整齐呀，可是他不着急，沉得住气，只有这样，将来才会把它慢慢地写好。"

李大钊的话使星华受到很大鼓励，她也知道了自己遇事悲观、不自信的缺点。从此，星华天天练习写大字，字写得越来越好了，性情也比以前沉稳多了。这个故事告诉我们，女孩的好胜心是她们克服悲观情绪的良药。

3. 树立信心，走出悲观情绪的沼泽地

一个人所持的心态往往决定他一生的命运。悲观的人认为自己什么都做不好，即使做了结果也是失败，所以悲观失望、消极等待，甚至自暴自弃。怀有这种可怕的心理状态的人是不会成功的。乐观者把每一天都当作新生命的诞生而充满希望，尽管这一天会有许多不如意的事情或困难等着他，但他也在所不辞。悲观的人则容易沮丧、失望，对生活和人生充满了抱怨，在自我封闭、不求进取和消极等待中扼杀自己的潜能。

让女孩子走出悲观的情绪，父母要有信心。悲观是可改变的，只要每天给她鼓励，多给她讲一些积极的故事，多带女孩出去认识世界，每件事都引导她往好的方向思考，时间久了，悲观女就会变成自信女。

细节95　摆脱做事胆小的阴影

害羞、爱哭、胆小，似乎成了女孩的代名词。心理学研究表明，胆子小是一种不健康的心理，它不利于孩子的发展，因为胆小，孩子可能会失去许多展现自己、锻炼自己的机会。

女孩胆小既有自身的生理原因，也与成长环境和父母的教育方式有关。

1. 对胆小的女孩少指责、多鼓励

过于苛刻的斥责和嘲笑会使女孩变得唯唯诺诺，缩手缩脚。孩子都有好奇心，这种好奇心常常驱使她们做出一些在大人看来错误的行为，当父母大声斥责或嘲笑她们的错误行为时，也就同时扼杀了行为背后隐藏着的孩子积极探究世界的热情，孩子会因此变得冷漠，甚至胆小怕事。做父母的要鼓励孩子多接触不熟悉的人和事物，扩大眼界，消除害怕心理。对孩子出现的错误行为也不要随意指责或嘲笑，而是给予必要的指导和鼓励，使女孩在实践中增长知识，增强克服困难的勇气，让胆小的女孩真正地勇敢起来。

2. 对胆小的女孩多关爱

女孩经历过失败或曾经被吓唬过，一般都会在心里留下阴影，如在女孩年幼时，一些父母就吓唬她们“别哭了，再哭大灰狼就把你叼走”“你不听话，就把你送给坏人”，这些威吓的话语无形中给孩子造成一定的心理压力。孩子会认为外界环境危机重重，就会产生防备心理或者逃避心理。对这样的女孩，父母们要多关心她们情绪上的细微变化，及时化解她们的恐惧心理，并注意自己的日常言行。

3. 激励孩子说出心里的愿望，并尽量帮助她实现

香港著名女作家梁凤仪小时候胆子很小，甚至在父母面前也不敢说出自己的要求。有一次，小凤仪跟爸爸逛商场，就要离开时，她眼睛盯着柜台里漂亮的洋娃娃，用手拽住爸爸的衣角说：“爸爸，再玩一会儿吧。”爸爸看出了她的心思，却没有主动给她买。小凤仪忍不住了，她怯生生地说：“爸爸，我……想买一样……东西。”“买什么？说出来！”“我想买一个洋娃娃！”终于，小凤仪鼓起勇气说出了自己的想法。于是，她得到了一个洋娃娃。在爸爸和妈妈的鼓励和帮助下，渐渐地，小凤仪敢说话了，做事不再胆小了，性格也开朗了。

让女孩不再胆小，父母就应该有意识地寻找机会磨炼女孩的胆量，使她们在父母的认可中建立起自信，逐步从胆小中走出来。

4. 对女孩不要过分保护

父母的过度保护可能会造成女孩的胆子小。多数女孩的父母认为女孩柔弱，容易受到伤害，便给予她们过多的保护和限制。在日常生活中，我们常会看到这样的情形，当女孩刚爬到桌子上，父母就嚷：“快下来，别摔了！”本来没有危险，可是女儿被这一吓，慌忙下来时反而摔下来了，加剧了孩子的依赖心理和被保护意识，造成女孩不敢去尝试没有做过的事情，对实践产生畏惧心理。这样的女孩，在面对突发事件和强者的欺负时

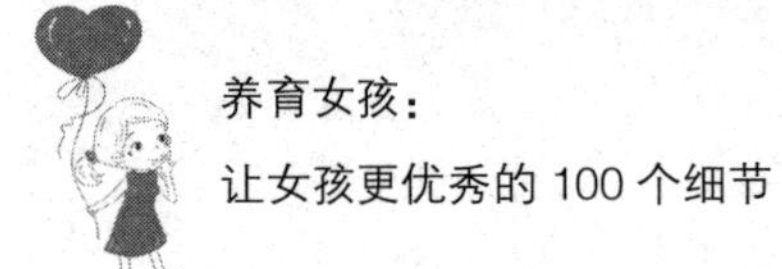

就会不知所措，会更加胆小。

父母的关爱、孩子的努力，会让胆小的女孩勇敢起来，做事果断、勇敢也会成为女孩的代名词。

细节96 正确对待竞争的优胜劣汰

父母的溺爱、过度保护和包办，都有可能使女孩们缺乏独立能力，缺乏竞争意识；社会竞争中的性别歧视，也会使女孩不适应这种环境，在竞争中成为“弱势群体”，甚至成为竞争中的被淘汰者。所以，正确认识竞争，认识自身在竞争中的位置，提高竞争意识，便成为父母对女孩进行教育的必修课。这些必修课的主要内容包括：

1. 帮助女孩克服自卑心理，培养竞争意识

胆小的女孩们，面对改革开放和市场经济的发展，面对如此多的诱惑和挑战，所承受的心理压力在不断加大，很容易产生自卑心理。虽然许多女孩没有直接参与经济上的竞争，但是生存竞争已成为无形的力量，将女孩们也卷了进去，这是女孩们必须面对的现实。对于十几岁的女孩来说，家庭教育仍具有相当的引导作用，父母们要让女孩们认识到竞争是人生发展的一种动力，也是每个人都逃避不了的一种压力。只有积极进取，敢于竞争，才能不断取得新的成就，达到新的境界，如果女孩安于现状，不求进取，抱着“干得好不如嫁得好”的心态，是很容易被这个社会淘汰的。

2. 教育女孩克服嫉妒心理，正确对待竞争

很多女孩心眼小，好胜心又强，容易产生嫉妒心理。

李悦已经是小学四年级的学生了，她是个好胜心强的女孩。学校开展评选卫生先进班活动，以往这个荣誉常常被隔壁的五班获得，李悦所在的

三班同学都不服气。于是她们憋足了劲，这次一定要争得这个荣誉。所以当科技活动课下课的铃声刚一响过，全班就干了起来。尽管她们干得很卖力，可是当学校卫生检查组下来检查时，还有一小堆垃圾没来得及清理。好胜的李悦想了个办法，她和一个同学偷偷地把垃圾从走廊的窗口倒了出去，垃圾落到了窗外五班的清扫区内。结果，自己班得了流动红旗，五班却挨了批评。五班的同学不服气，向学校反映了情况，学校经过调查，了解了事实真相，不仅批评了李悦班的做法，还拿走了流动红旗。

在这个事件中，李悦表现了很强的竞争意识，表面上，她是为了集体争荣誉，但实际上却是在嫉妒心引导下的不正当竞争行为，不仅不能给集体带来荣誉，还损害了集体的荣誉。所以，父母应在培养孩子的竞争意识时，帮助她们克服妒忌心理。要让孩子知道，妒忌是一种不健康的心理，它既影响自己学习别人的优点，也妨碍自己诚恳地帮助别人，对自己、对他人的进步都没有好处。

3. 培养女孩的合作精神

竞争的关系还应该是互相合作的关系，因此在指导孩子学会竞争的同时，也应该指导孩子学会与他人合作。我国独生子女家庭越来越多，乖巧的女孩自然成了全家人关注的重心。有些父母对孩子的各种要求百般顺从和迁就，女孩们也自觉身价百倍，是家里的小公主，于是滋长了一些特殊化的思想、心态和性格，如脾气大、娇气、不合群、与人合作能力差等。竞争需要合作，合作是以开朗、宽容、善解人意为基础的良好的心理素质，培养孩子的合作精神，不仅有利于提高孩子的道德素质、心理素质及与人共事的能力、适应社会发展的能力，也有利于孩子在竞争中不断成长。

4. 培养女孩战胜挫折的勇气

在女孩成长的过程中，激烈的竞争常常会让女孩遇到挫折和失败。如果父母不及时疏导，女孩面对挫折和失败所产生的紧张状态和消极的情绪就不容易得到化解，女孩们由于缺乏经验，所受的挫折自然会更多些。父母应让孩子们认识到挫折是一把“双刃剑”，它一方面给人以教益，磨炼人的意志，使女孩更加成熟、坚强；另一方面，如果女孩因遇到挫折而消极、颓废，甚至一蹶不振，是不利于她们成长的。

女孩自身的弱点决定了她们有可能成为竞争中的弱者，但女孩的好胜心又使女孩在挫折和失败中不断奋进，甚至能在激烈的竞争中有一席之地。女孩的父母应该付出更多的心血和热情，帮助女孩发挥自己的特长，摆正自己的竞争心态，从而成为竞争中的强者。

细节97　女孩，别让浮躁毁了你

浮躁是一种冲动性、情绪性、盲动性相交织的病态社会心理，它与艰苦创业、脚踏实地、励精图治、公平竞争是相对立的。浮躁使人失去对自我的准确定位，使人随波逐流、盲目行动。浮躁心理在女孩那里表现得更为强烈，它与女孩青春期的躁动相互呼应，极大地危害着女孩们的心理健康。

女孩浮躁心理的形成有其社会原因，但父母的影响是不可忽视的。在家庭中，父母的浮躁心理在潜移默化地影响着敏感细心的女孩，父母对家庭生活的担忧、对压力和挫折的抱怨、对工作繁忙的不满，父母的患得患失、心神不安和急功近利的浮躁心态，都对女孩们的心理产生了不良影响。因此，消除女孩的浮躁心理，父母应担起主要责任。

为了改变孩子的浮躁心理，父母应指导孩子注意以下几点：

1. 帮助孩子确立长远的人生目标

俄国伟大作家托尔斯泰说过：“理想是指路的明灯。没有理想，就

没有坚定的方向；没有方向，就没有生活。”女孩浮躁心理的产生很大部分来自于对成长和未来的焦虑。升学和就业中的性别歧视，未来生活状况的不确定性，都让女孩处在焦虑的心理状态之中。所以，父母应帮助孩子确立人生目标，让孩子在明确的生活目标中追求崇高理想，实现人生的价值。在这个过程中，父母要帮助孩子根据自己的特点来确立人生目标，教育孩子目标要专一，要有恒心，才会有成功的希望，培养孩子对生活和学习的高度责任感，这对防止孩子浮躁心理的滋生和蔓延十分有利。心定才能专一，心定才能更好地思考，才能产生实现目标的力量。

温哥华冬奥会冠军中国的选手周洋在谈到自己的理想时表示自己一定会更刻苦地训练，一定要像杨扬姐那样站在奥运会的领奖台上。年仅17岁的周洋能成为目前世界短道速滑1500米排名第一位的运动员，她付出的努力是可想而知的。平时的训练很苦，也很少有时间回家看看，尤其是在训练后累得不行的时候最想家。可是她知道，作为运动员，没有吃苦的精神怎么能取得好成绩呢，所以每到这个时候她都告诉自己，一定要坚持，只有不断地坚持，才能站在最高的领奖台。一分耕耘一分收获，她终于靠脚踏实地的拼搏成功实现自己的理想。

2. 用榜样的力量教育孩子

身教重于言教，父母首先要调适自己，改掉浮躁的心理，为孩子树立勤奋努力、脚踏实地工作的良好形象。父母要影响孩子，就要以正确的心态面对物质和金钱的诱惑，摒弃拜金主义、个人主义、盲从主义，坚定自己的目标；不盲目攀比，不见异思迁，不投机取巧，热爱自己的工作，具有敬业和奉献精神。这些都是在营造一种氛围，一种不骄不躁、锐意进取的氛围，让孩子在这种氛围中耳濡目染，受到熏陶，自觉克服浮躁心理，像父母一样，潜心于学习之中，用浓厚的学习热情冲淡浮躁的因子，为更快更好地成长积聚力量。

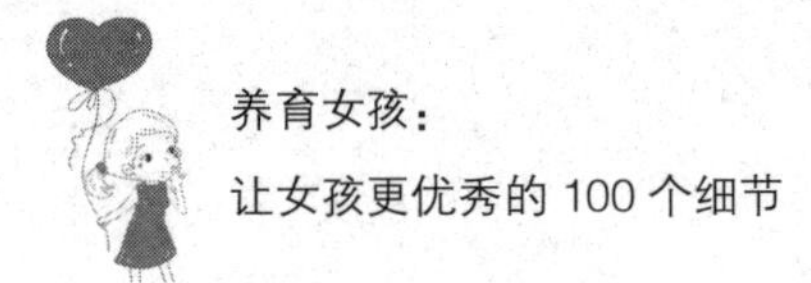

罗雪娟，国家游泳队的一位优秀运动员。在2004年雅典奥运会上，她为中国游泳夺得八年以来的第一块金牌。沉着镇静的心理品格，正是她取得成功的一个极为重要因素。在半决赛时，成绩名列第七；在决赛时，又被安排在第一泳道。许多人都很担心，但她却很镇静，一脸轻松，尽管她身边是美国名将比尔德，尽管澳大利亚选手琼斯的夺冠呼声最高。事后，琼斯不无敬畏地赞叹道："她太优秀了，她的优秀来自于她可怕的稳定。"

3. 教育孩子一步一个脚印

孩子的成长是在一点一滴的积累中完成的。帮助孩子克服浮躁心理，最好的办法就是让孩子静下心来踏踏实实做事，不急于求成、急功近利，做事不仅要有始有终，还要做好它，争取每一件事都有收获、都有进步。从小事做起，从一点一滴做起，积少成多，浮躁心理就会退出女孩的精神领地，女孩就会告别浮躁，一步一步向目标迈进。

细节98　远离嫉妒的女孩更有好人缘

据美国儿童心理学家斯坦贝格的研究，孩子在婴儿时就有了嫉妒心理，当她们看见母亲给别的孩子喂奶时，她们就会急得大哭。五六岁时，嫉妒会更频繁地升上心头。至于上学以后，由于和小朋友进行多种"比较"，他们可能会遭到更多的嫉妒的折磨，只是随着年龄的增长，渐渐学会"掩饰"自己的嫉妒。不过，绝大多数10岁以下的孩子仍会表现出较明显的嫉妒情绪，如果稍加留意，就不难发现：有的孩子会因为别的同学受到老师表扬而闷闷不乐；对自己最好的朋友穿上好看的新衣服莫名其妙地耿耿于怀；还有的会以为你自己的父母多夸奖别人而噘起小嘴。

女孩特别注重与他人的关系，一旦嫉妒心缠身，就会看不到别人的长

处，就会疏远与被嫉妒人的关系，久而久之，就会失去优秀的朋友。

明明是一个聪明漂亮的女孩，在小学一直是老师信任、同学拥护的好班长，但升入中学后，被指定为班上的临时班长，在后来的班委选举中，她落选了，而好朋友新新被选为班长。由于明明的嫉妒作怪，不时对新新进行讽刺和挖苦，不但不配合新新的工作，还和几个同学一起，故意给班长出难题。一对昔日的好朋友便从此疏远了。由于妒忌心理作怪，明明变得极为敏感，听不得一句说新新的好话，成绩也明显退步了。

在嫉妒心理的作用下，女孩会变得冷漠、自卑甚至仇恨他人。有一点嫉妒心是很正常的，但怎样把它转化为积极的竞争意识，转化为一种积极的生活态度，仍然很重要。

1. 不要过多地批评孩子

当孩子显露出其嫉妒心时，父母没有必要严加批评指责，更不要冷嘲热讽，因为这只能使孩子丧失自尊，身陷自卑的情绪中难以自拔。比较合理的方法是，对引起孩子嫉妒的“背景”通过询问加以了解，面带微笑、语气平和地和孩子讨论她嫉妒的原因。

2. 指导孩子正视别人的优点

嫉妒心理的产生总是在与他人的比较之中形成的，这就要求女孩对自己对他人有一个客观公正的评价。对孩子来说，客观地评价自己和他人，是一个苛刻的要求。但是我们可以帮助孩子尝试写出被她嫉妒的人身上的闪光点，让孩子客观地评价这些闪光点。然后，与孩子交流自己的看法，让孩子看到别人的长处。在父母的几次“诱导”下，在与被嫉妒人的接触中，女孩们可以渐渐淡化这种情绪。

3. 帮助孩子树立自信心

心理学家认为，缺乏自信的孩子往往更容易产生嫉妒心理。对有嫉妒心的女孩来说，父母的爱、赞扬和理解是她们医治自卑、进而克服嫉妒心

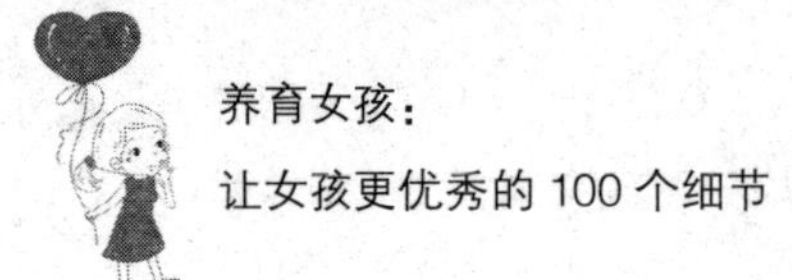

理的佳方良药。要让孩子知道，别人的成绩是通过努力取得的，你要通过自己的努力超过他们，你就不会嫉妒他们了。为此，父母对孩子的长处由衷地肯定和赞美，都会大大增加孩子的自信和自尊，而一个充满自信和自尊的孩子往往会充满安全感、满足感和快乐感，就不会因自卑而过分嫉妒他人。

4. 父母要用宽容大度为孩子做出榜样

研究表明，生活在充满嫉妒心的家庭里的孩子，嫉妒心也往往较强。因而作为父母，需留意自己的行为：切记不要在孩子面前表现出嫉妒的情绪。父母要用自己的宽容大度为孩子做出榜样，并潜移默化地影响孩子的心理和行为，使她们在不知不觉中将嫉妒的心理排除。

嫉妒，会让女孩生活的圈子变得越来越小；远离嫉妒的女孩，才会拥有广阔的天地，才会拥有欢声和笑语，才会赢得更多的好人缘，这样她们才能健康、快乐地成长。

细节99　跌倒不是失败，女孩要勇敢地站起来

在人生的旅途中，没有人可以一路顺风地走完人生的全程，每个人都注定会有无数次跌倒的经历。跌倒不是失败，勇敢地站起来，把挫折和失败当作训练自己的好机会，积聚力量继续前行，人生可能就会因此而变得美好起来。

挫折和失败对于胆小懦弱的女孩具有特殊的意义。人们都希望自己的生活中能够多一些快乐，少一些痛苦；多些顺利，少些挫折，可是命运却似乎总爱捉弄人、折磨人，总是给人以更多的失落、痛苦和挫折。既然挫折和失败是不可避免的，那么女孩就要正确对待它。然而在现实生活中，有很多女孩却常常经不起跌倒和失败的磨难，知难而退或躲进父母温暖的

怀抱，甘愿平庸。

女孩跌倒了不能自己爬起来，除了女孩自身的弱点外，主要还是父母的娇惯和过分保护造成的。

因此，女孩的父母要担负起自己的责任，培养女孩战胜挫折的坚强意志。女孩在哪里跌倒，就应让女孩从哪里勇敢地站起来。

1. 帮助孩子正确认识挫折，善于将压力化为动力

要让孩子懂得，任何人在一生中都不可能是一帆风顺的，总会遇到一些挫折和失败。只要明白人生中的挫折是不可避免的，就能以正确而积极的态度地去坦然面对挫折，无所畏惧。在挫折降临的时候，女孩要用积极的心态去面对，使自己尽快从消极无助的失落中走出来，恢复自信，重新振作起来。

要让孩子树立辨证的挫折观，认识到挫折和失败是坏事又是好事，挫折和教训能使女孩变得聪明和成熟，凡是有成就的人都是经历了一次次挫折和失败后才走向成功的。从这个意义上可以说，正是失败本身才最终造就了成功。只有能容忍挫折，在挫折面前始终保持积极和乐观的情绪，才能积极寻找通向成功的道路，才能在跌倒之后爬起来，满怀信心地继续前进，才能克服困难，战胜挫折，获得更大的成功。

2. 要让女孩懂得一个道理：跌倒了得自己爬起来

每一位父母都是爱自己女儿的，但真正的爱是要赋予女孩生存的本领，培养孩子坚强的品质，使她们在遇到困难和挫折时能勇敢地站起来，让她们更好地在社会上立足，让她们的生活更幸福。

日本动画片《聪明的一休》中，一休的母亲对一休的教育值得我们深思。

有一次，小一休跌倒了，石头磨破了他的腿，母亲离他只有几步之遥，一休把手伸向母亲，可是他的母亲却说："用手撑一下，自己爬起来。"为了磨炼一休，母亲不惜让一休离开自己、离开舒适的生活去当和

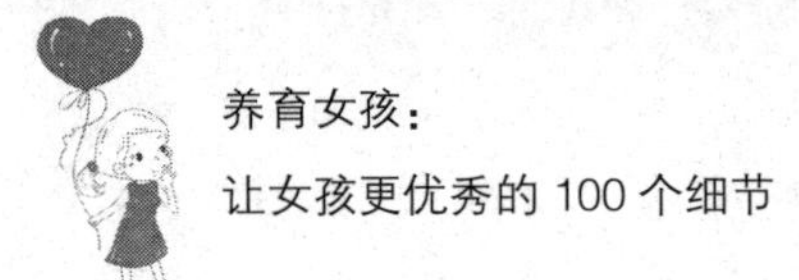

尚，过独立生活。一休母亲的良苦用心，让一休明白了一个道理：自己的事情得自己做，跌倒了得自己爬起来。

3. 提升孩子战胜挫折的能力

战胜挫折不仅需要勇气，还需要一定的本领，最重要的本领就是让孩子有解决所遇到问题的能力。

在孩子成长的道路上，失败和挫折是经常发生的，父母应有意识地引导和培养孩子在不同情境下战胜挫折的意志和能力，使她们从挫折和失败中获得可贵的人生智慧，在战胜挫折和失败中更健康地成长。

细节100　自力更生，不要过分依赖他人

在人类历史上，有许多女人自立自强，成就了一番事业，在历史上留下了她们的芳名。然而在当今，受物质享受的诱惑，一些女孩却信奉“干得好不如嫁得好”的哲学，不思进取，不愿承担风险。究其原因，女孩缺乏自立教育、没有摆正自己的心态是主要原因。

对女孩进行自立教育，让更多的女孩摆脱对父母的过度依赖，让她们成为生活中的强者，是当务之急的事。

对女孩进行自立教育，要针对女孩的特点。

1. 母亲要成为女儿的榜样

在日常生活中，大多数的女儿都会把自己的母亲当作模仿对象。也正是在生活的各个细节中，女儿们敏锐地感受着母亲所传递给她的对于自我、事业、家庭、男人，以及生活的一般观念，在她们的心中渐渐形成一幅幅未来生活的图景。可以说，妈妈在很大程度上决定着女儿将会成长为一个什么样的人。如果妈妈自立自强，热爱自己的工作，又能与爸爸和谐

相处，女儿也会这样向妈妈学习。所以，想让女儿成长为一个什么样的人，做妈妈的首先自己要成为那样的人。作为一个女人，必须要有一份自己的事业，无论是做白领还是普通女工，都要热爱自己的工作，不依靠任何人，自力更生才能掌握住自己的命运，使自己的生活充实、幸福，才能对女儿的未来产生积极的影响。

2. 疼爱但不包办

作为父母，关心疼爱孩子，为子女排忧解难，乃人之常情。但无论如何，一定得量力而行，量度而做，心平行直，切忌包揽，千万不能让孩子对父母产生过分的依赖心理。

3. 教育女孩自力更生，有尊严地生活

“尊严来自于实力”，尤其对于现代女性，要想活得有声有色，一定要有自己的事业，有了自己为之奋斗的事业，才会有独立的人格，生活才会充实，经济才会独立，才会有自己的一片天空。

靳羽西是一位很成功的“名女人”，谈到女人的魅力，靳羽西认为，除了健康和美丽，女人最重要的是经济独立。

她说：“我现在最大的自由是，我可以从自己的口袋里掏钱买书、买我喜欢的衣服，这是女人最大的自由。现在许多年轻的女孩需要什么东西的时候就对她的男朋友或爱人说我喜欢这个我喜欢那个，她们是不自由的。我以前曾经嫁过一个很有钱的男人，可是他没有给过我一毛钱。”

靳羽西的故事告诉我们，自立能让女孩找到自己的尊严，只有自立了，才能更好地把握自己的命运。

自立对女孩来说尤为重要，一个自尊、自立、自强的女孩，不仅在家庭中有独立的地位，也会在社会中体面地生活，这样的人生才是美丽的，也是幸福的。

参考文献

[1]沧浪，赵文明. 培养优秀女孩的十堂课[M]. 北京：中国妇女出版社，2008.

[2]谢乐尔·艾伯利. 绅士淑女课[M]. 郑海娟，译. 上海：上海社会科学院出版社，2005.

[3]天祺. 用最好的方法教育孩子——父母必知的95个教子心经[M]. 北京：朝华出版社，2009.

[4]云晓. 培养完美女孩的100个细节[M]. 北京：朝华出版社，2009.

[5]李春. 培养了不起的女孩[M]. 北京：中国长安出版社，2009.

[6]安君杨. 男孩穷着养 女孩富着养[M]. 北京：中国言实出版社，2006.

[7]文锦. 女人幸福的资本全集[M]. 哈尔滨：北方文艺出版社，2007.

[8]崔华芳. 做最成功的父母：赏识孩子的55个细节[M]. 北京：中国水利水电出版社，2006.